Tony Kriz

Die Weisheit des Barkeepers

Gott erfahren an ungewöhnlichen Orten

TONY KRIZ

DIE WEISHEIT DES BARKEEPERS

GOTT ERFAHREN AN UNGEWÖHNLICHEN ORTEN

Aus dem amerikanischen Englisch von Wolfgang Günter

SCM Hänssler

SCM

Stiftung Christliche Medien

MIX
Papier aus verantwortungsvollen Quellen
FSC® C006701

SCM Hänssler im SCM-Verlag GmbH & Co. KG · 71088 Holzgerlingen
Internet: www.scm-haenssler.de · E-Mail: info@scm-haenssler.de

Originally published in English under the title: *Neighbors and Wise Men*

Übersetzung: Wolfgang Günter
Umschlaggestaltung: Kathrin Retter, Weil im Schönbuch
Titelbild: sjharmon.com
Satz: typoscript GmbH, Walddorfhäslach
Druck und Bindung: CPI – Ebner & Spiegel, Ulm
Gedruckt in Deutschland
ISBN 978-3-7751-5468-0
Bestell-Nr. 395.468

INHALT

Für Kevin

Du bist das beste Beispiel dafür,
dass Freundschaft alles überwinden kann:
Unterschiede in Herkunft, Gemeindezugehörigkeit,
Konfession und Glaubensbekenntnis.
Du kennst mich besser als jeder andere,
weißt um meine guten und meine schlechten Seiten,
und trotzdem hast du mich gern
und unterstützt mich nun schon seit zwanzig Jahren –
und sicherlich noch bis zum Ende meines Lebens.

Vorwort

Neue Stimmen erheben sich. Wenn Mauern zusammenstürzen, sich Freiräume auftun und der Wind sich freier bewegen kann. Bücher wie *Die Weisheit des Barkeepers* stehen für ein bestimmtes Genre innerhalb dieser Stimmen. Diejenigen unter uns, die als globale Nomaden leben oder in einer ihnen fremden Kultur aufgewachsen sind, junge Leute, die sich keiner Partei zugehörig fühlen und mit konfessionellen Bindungen nichts anfangen können, die nicht nach Tradition fragen, sondern prüfen, ob sich die Dinge im Leben bewähren, begreifen solche Veränderungen als Einladung zu einer Reise über das stürmische Meer.

Ich glaube, dass es einen persönlichen Gott gibt, der das Schiff liebevoll mit fester Hand steuert und uns, Menschen, die er geschaffen hat, zum Mitmachen einlädt, auch wenn wir uns manchmal fürchten und zieren. Jeden Tag erlebe ich echtes und authentisches Menschsein, und ich bekomme immer mehr Respekt davor: Wir können lernen, lieben, entdecken, riskieren, zuhören, sammeln, schaffen, erneuern, beten, kommunizieren, vergeben, singen, uns versöhnen, arbeiten, spielen, geben, dienen, heilen und anbeten.

Freunde versammeln sich,
lächeln und erzählen Geschichten
vom Leben und Sterben,
von Aufstieg und Fall.

Das Lachen liegt nah, die Tränen noch näher,
wenn wir die Innenwelt ans Licht bringen.
Einander die Liebe zum Geschenk machen,
die stark ist und nicht flüchtet.

Höre, du zartes Herz, du zarte Seele:
Ihr seid nicht allein, nicht allein.

Denn auch eure Worte, eure Geschichten,
sind verwoben mit den vielen Menschen,
die Hand in Hand gegen die Nacht kämpfen,
bis jeder sicher zu Hause angekommen ist.

Jeder Mensch ist eine Geschichte. Dieses Buch ist schlicht, weil es Geschichten erzählt. Dieses Buch ist tiefgründig und herausfordernd, weil es Geschichten erzählt. Dahinter verbirgt sich keine geheime Absicht, was manchen enttäuschen mag. Vielmehr werden echte Fragen aufgeworfen, und daran mag sich manch einer stoßen. Beide Reaktionen sind willkommen, weil sie uns mehr über den Leser verraten als über den Verfasser. Innenschau und Gespräch, Selbstprüfung und Buße sind ebenfalls willkommen. Mögen wir alle demütig werden, um zu hören, was der Geist uns zuflüstert, und mögen wir auch dem Geist darin vertrauen, wie er im Leben anderer Menschen wirkt.

Paul Young, Verfasser der Bestseller *Die Hütte* und *Der Weg*.

Vorbemerkung des Verfassers

Auf den folgenden Seiten finden Sie meine Geschichten. Ich habe sie aus dem Gedächtnis und aus dem Herzen aufgeschrieben. Mein Gedächtnis trügt mich hin und wieder, da bin ich sicher, denn mit der Zeit verblassen die Erinnerungen. In manchen Fällen weiß ich sogar, dass meine Erinnerungen unvollständig sind, und deshalb habe ich die Lücken mit Recherchen gefüllt oder meine Fantasie spielen lassen. Ich habe mich bemüht, alles genau zu erzählen. Ich habe versucht, meine Freunde im besten Licht darzustellen. Manche Namen habe ich aus Respekt vor ihnen geändert. Damit sich die Geschichten flüssig lesen, habe ich manche Einzelheiten ausgelassen und einige Gespräche gekürzt.

Die Menschen in diesen Geschichten haben mein Leben verändert. Sie haben mich umgestaltet und in eine Welt mitgenommen, für die ich weitgehend blind war. Dieses Buch zeugt von ihrer Freundlichkeit mir gegenüber.

Ich muss anmerken, dass Tausende von Menschen in diesem Buch nicht erwähnt werden: Freunde, Mentoren und Kollegen, die sich zum christlichen Glauben bekennen. Hier möchte ich eine besondere Geschichte erzählen, nämlich die Geschichte, wie ich zu einem tieferen und breiter angelegten Glauben an Christus kam – durch Menschen und Orte, die man normalerweise außerhalb des Christentums ansiedeln würde.

Die Arbeit am Abschnitt über Albanien fiel mir persönlich am schwersten. Zum einen liegen diese Ereignisse schon mehr als zwanzig Jahre zurück. Zum anderen musste ich auch hier wieder viele Freunde unerwähnt lassen, da sie nicht so recht zum Thema dieses Buchs passen. Ich bin meinen christlichen Freunden und Missionarskollegen, die mich in diesen entscheidenden Jahren begleiteten, jedoch sehr dankbar.

Der dritte Abschnitt handelt von meiner Zeit im Reed College. Mit jeder Seite wurde mir schmerzlich bewusst, wie viele Klischees sich über dieses wunderbare College in den Köpfen festgesetzt haben. In meinen Geschichten musste ich mich mit diesen Klischees auseinandersetzen, und ich hoffe und bete, dass meine Freunde, die dort zu Hause sind, spüren, wie sehr ich sie und dieses College mag und schätze. Ich wünsche mir, dass einige dieser Klischees durch meine Geschichten zurechtgerückt werden.

Zum Thema Klischees: Ich bin mir sicher, dass mich manch einer gerne in eine bestimmte Schublade stecken würde. Falls auch Sie an meinem Glauben zweifeln, kann ich Ihnen versichern, dass mich jeder, der mich kennt, ohne inneres Unbehagen als gläubigen Christen bezeichnet. Ich liebe die Dreieinigkeit. Ich liebe die Bibel. Und am wichtigsten: Ich glaube, dass Jesus Christus von zentraler Bedeutung für die Geschichte der Menschheit und der künftigen Wiederherstellung aller Dinge ist.

Mögen wir Gott begegnen.

Ich wünsche Ihnen Frieden.
Tony

EINLEITUNG

Wiedergeboren

»Ich kann nicht mehr glauben.«

Meine Jahre zwischen zwanzig und dreißig hatte ich zum größten Teil in verschiedenen missionarischen Außenposten verbracht und nun befand ich mich auf meiner letzten Station: im ehemaligen Jugoslawien, direkt unter dem Luftkorridor der NATO-Flugzeuge, die den Auftrag hatten, serbische Verbände im Kosovo zu bombardieren.

Seit fast einem Jahr hatte sich in mir ein Gedanke festgesetzt: *Ich kann nicht mehr glauben.*

Dieser entlegene Außenposten war die letzte Station meines großen Abenteuers, wie ich es häufig nannte. Es war exotisch. Ich war noch ein junger Mann, getrieben von dem Wunsch, die Welt zu verändern. Außerdem trieb mich die Sehnsucht an, mich selbst zu beweisen. Ich musste mich vor meiner Gemeinde beweisen, vor meinem Vater und letzten Endes auch vor meinem Gott.

Solch fixe Ideen können sich festsetzen, bis sie alles beherrschen. Deshalb übernahm ich immer schwierigere Aufgaben in den Winkeln Europas, wo Leid herrschte und die Lage unübersichtlich war. Das berauschte mich und machte mich süchtig. Wie bei allen Süchten starb meine Seele ab.

In meinem letzten Jahr auf dem Missionsfeld erzählte ich niemandem von diesem Geheimnis, das mir Kummer machte: Ich hatte aufgehört, an Gott zu glauben.

Niemand wusste davon. Niemand durfte davon erfahren. Denn sonst hätte ich meine Stelle verloren, ja, meine ganze Welt, wie ich sie kannte.

Welchen Platz gibt es denn noch für einen Missionar, der nicht mehr an Gott glaubt?

Eine Seele, die so tot ist wie ein Kadaver, wirkt sich auf alles andere aus. Sie macht den Glauben unmöglich. Sie macht das Gebet unmöglich. Doch das ist nur der Anfang.

Sie macht auch Freundlichkeit fast unmöglich. Sie macht wirkliches Mitleid unmöglich.

In meinem Fall führte das dazu, dass ich Menschen manipulierte, beschimpfte und in Zorn geriet. Es liegt eine gewisse Ironie darin, dass ich eigentlich den Auftrag hatte, sie zu unterstützen und zu schützen, stattdessen aber zu einem Werkzeug des Chaos und der Zerstörung wurde.

Als die Menschen, die mir anvertraut waren, sich an meine Vorgesetzten wandten, konnte man das wohl am treffendsten als Gnadenschuss beschreiben. Sie verlangten, dass ich von meiner Stelle und letztendlich auch vom Missionsfeld entfernt werden sollte.

//

Einige Monate später entschieden meine Vorgesetzten, dass ich wieder »nach Hause« kommen sollte, um Heilung zu finden. Damit meinten sie Oregon, das ich schon vor langer Zeit verlassen hatte.

Sie meinten, ich müsste meinen verlorenen Glauben wiederfinden.

Ich wurde zu einem Aufenthalt in einem christlichen Seminar verurteilt.

Dort verbrachte ich im Lauf des nächsten Jahres jeden Tag von neun bis zwei Uhr, saß unter Neonröhren an kunststoffüberzogenen Pulten, umgeben von graubraunen Wänden.

Damals hätte es mir geholfen, wenn meine Professoren einen Schritt auf mich zugegangen wären und mich in meinem verlorenen Glauben abgeholt hätten.

Sie waren dazu nicht in der Lage, also saß ich schweigend da, wie ein Mann in Einzelhaft. Zu diesem Zeitpunkt wusste ich nicht, ob ich in Amerika würde überleben können, einer Welt, die ich schon lange vergessen hatte. Der akademische Betrieb, die Einkaufszentren und riesigen Warenhäuser wirkten nach den vielen Jahren in Entwicklungsländern auf mich wie akustische Umweltverschmutzung.

Wie konnte ich diese Last loswerden?

Bald entdeckte ich eine Möglichkeit. Nach dem Unterricht floh ich in einen britischen Pub, der einige Blöcke vom Campus entfernt lag und meistens leer war. Im schummrigen Licht des *Horse Brass Pub* mit seiner dunklen Holzvertäfelung kam ich innerlich zur Ruhe.

Wenn ich wieder auf dem Campus war, hatte ich meinen Kommilitonen nichts zu bieten. Mir fehlten die richtigen Worte, um ihnen zu erklären, dass ich ihre Hoffnung und ihren Idealismus nicht teilen konnte. Im *Horse Brass* war das anders. Dort saß ich zusammen mit Leuten, denen Religion egal war und die gerne schon um drei Uhr nachmittags in den Pub kamen.

Ich hatte einen Stammtisch. Er stand am nördlichen Ende unter einem großen, schwarz gerahmten Fenster. Dort saß ich, mit dem Rücken zum Fenster und zur Straße, den langen Tresen im Blick. Auf jeder Seite befanden sich dicke Dachbalken und grob behauene Säulen. Hin und wieder nickte mir Dennis, der Wirt, zu, und wenn er einen besonders guten Tag hatte, kam er hinter dem Tresen hervor, setzte sich eine Weile zu mir und erzählte einen neuen Witz.

Bald war ich so etwas wie ein Stammgast, dessen Gewohnheiten er kannte. Dennis sah meine Silhouette, sobald ich durch die schwere doppelflügelige Tür eintrat. An den meisten Tagen hatte ich das Ende des Tresens noch nicht erreicht, als er mir schon ein großes Glas süffigen India Pale Ale eingeschenkt hatte. Ich ließ mich hinter meinem Laptop auf meinen Stuhl fallen und verteilte meine dicken theologischen Fachbücher großzügig über den Tisch, dann widmete ich mich meinen theologischen Studien.

Jeden Tag kam jemand vorbei und hielt mich vom Lernen ab. Hin und wieder war der Betreffende beschwipst und einsam; die meisten langweilten sich und wollten einfach nett sein.

Meine Bücher und Notizen lagen auf dem Tisch wie ein zitternder Welpe und bettelten darum, in das Gespräch einbezogen zu werden. Wir konnten sie ja nicht für immer ignorieren. Irgendwann fragten meine Kneipenbekanntschaften dann, was ich da eigentlich las und schrieb. Sie wollten wissen, was ich lernte.

Zunächst erzählte ich ihnen von theologischen Gedankengängen. Da fühlte ich mich sicher. Schließlich kam ich jedoch auch auf meine Zeit im Ausland zu sprechen.

Ich erzählte ihnen von meinem geheimen Kummer.

Ich erklärte ihnen, dass ich Theologiestudent war, aber nicht mehr genau wusste, ob ich noch an Gott glaube. Dieses Geständnis schien bei meinen Gesprächspartnern immer Freude auszulösen. Schon komisch, nachdem ich jahrelang immer die richtigen Antworten zur Hand gehabt hatte, entdeckte ich, wie sehr sich Menschen von ehrlichen Zweifeln und wirklichen Fragen angezogen fühlen.

Dann geschah etwas Erstaunliches. Jedes Mal war ich aufs Neue überrascht. Auf einmal waren diese Menschen meine Seelsorger, mit ihren Geschichten, ihren Verletzungen, ihrem eigenen Unglauben.

Ich schüttete ihnen mein Herz aus und vertraute ihnen an, dass ich vor einem Abgrund stand, an einer Wasserscheide, dass ich mit unsicherem Schritt auf einem Dachfirst balancierte: Auf der einen Seite war Jesus, auf der anderen etwas Bedrohliches und Unbekanntes.

Je mehr ich ihnen davon erzählte, desto mehr nahmen sie Anteil an meinen Verletzungen und rieten mir, mich auf die Seite fallen zu lassen, auf der Jesus steht.

//

Im Lauf des nächsten Jahrs fand ich meinen Glauben wieder. Und nicht nur das, ich entdeckte einen Glauben an Jesus, der mich innerlich zufrieden machte und der auf einen Gott gründete, der mich liebt und für mich leidet. Dieser Gott war kreativ und kannte keine Fesseln.

Dieser Gott war, wie es in der Bibel heißt, »keinem von uns fern. In ihm leben, handeln und sind wir.«[1] Er ist ein »Gott und Vater, der über allen steht und durch alle lebt und in uns allen ist«[2], und er »hält die ganze Schöpfung zusammen«[3].

Dieser neu entdeckte Glaube war kompromisslos christlich, in der Bibel und in der Gemeinde verwurzelt, wie sie sich im Lauf der Kirchengeschichte und auf der ganzen Welt darstellt, doch gleichzeitig war er ganz frisch und speiste sich aus unerwarteten Quellen.

Diese Wiedergeburt fand nicht in den Hörsälen meiner christlichen Hochschule statt, auch nicht auf den Kirchenbänken meiner Ortsgemeinde.

In erster Linie ereignete sie sich in einer rauchgeschwängerten Kneipe.

Meine Priester waren weder Pastoren noch Professoren, sondern Kneipenbesucher: Menschen, die sich niemals als Christen bezeichnen und auch niemals eine christliche Gemeinde besuchen würden, und trotzdem verkündigten sie mir das Evangelium.

//

Diese Episoden in der Kneipe kratzen nur an der Oberfläche einer noch größeren Lebensreise. Menschen, von denen ich es nie gedacht hätte, wurden meine geistlichen Helden. Durch Menschen, die nicht seinen Namen trugen, brachte mir Jesus etwas über Nachfolge bei. Ein Großteil meines geistlichen Wachstums wurde an Orten angestoßen, die weit außerhalb der christlichen Kirche stehen.

---

1 Apostelgeschichte 17,27 f
2 Epheser 4,6
3 Kolosser 1,17

Dies ist ein Buch über Gottesbegegnungen: Gott begegnet einem Missionar, der an seinem Glauben zweifelt, durch die Menschen, die er bekehren wollte; Jesus schenkt seinem verlorenen Theologiestudenten Lehrer aus einer unerwarteten Ecke, die sich selbst ihrer Funktion gar nicht bewusst sind; ein innerlich gebrochener Mann begegnet seinem Erretter durch Stimmen, die er ablehnte, weil man es ihn so gelehrt hatte.

Diese Lebensreise ist noch nicht zu Ende. Früher flog ich über die Weltmeere, heute will ich meinen Nächsten auf der anderen Straßenseite kennenlernen.

Setzen Sie sich und lehnen Sie sich bequem zurück. Gießen Sie sich ein süffiges Ale ein (oder was immer Sie sonst gerne trinken). Ich bete dafür, dass Sie Gefallen finden an diesen Gottesbegegnungen an unerwarteten Orten.

TEIL 1

LEBEN MIT MUSLIMEN

Die ersten Kapitel dieses Buchs spielen in Albanien. Albanien ist ein islamisches Land. Was bedeutet das? In Albanien kommen 80 Prozent der Einwohner aus einem muslimischen Hintergrund. Als ich im Land eintraf, hatte es gerade fünfzig Jahre Kommunismus hinter sich. Es war die Zeit von bedeutenden gesellschaftlichen, politischen und geistlichen Aufbrüchen. Auf diesem Boden ist mein Buch gewachsen, und in dieser Welt begegnete ich den Freunden, von denen auf diesen Seiten die Rede ist.

1

Pilgerreise

Die kaputten Stoßdämpfer der uralten Mercedeslimousine – in jedem Entwicklungsland sind diese allgegenwärtig und erste Wahl für Taxis – ließen mich auf meinem Sitz auf und ab federn. Aus dem Radio erklang Musik mit türkischem Einschlag. Eine rote Flagge mit schwarzem Adler und goldenem Saum baumelte vom Rückspiegel.

Mein Atem ging flach – teils aus Erschöpfung, teils aus Angst, teils, weil ich das Gefühl hatte, mich in ein neues Abenteuer zu begeben. Vor einigen Minuten hatten wir das Flughafengelände verlassen. Meine erste Albanienerfahrung war eine halbstündige Taxifahrt vom Flughafen in die Hauptstadt Tirana. Vom Rücksitz aus speicherte ich die ersten Bilder der albanischen Landschaft in meinem Kopf.

Es war Spätnachmittag und die Sonne stand schon tief. Die vierspurige Autobahn, wenn man sie so nennen kann, war in einem erbärmlichen Zustand und wir mussten den Schlaglöchern und Spurrillen im Slalom ausweichen. Diese Fahrt mit den ausgeleierten Stoßdämpfern werde ich niemals vergessen – sie glich einer Seereise über Meereswogen.

Ich war in meinem Leben schon weit herumgekommen, doch nun war ich zum ersten Mal in Europa und vor allem zum ersten Mal in einem ehemals kommunistischen Land. Die Landschaft rauschte an mir vorbei, und mit jedem neuen Eindruck fühlte ich mich unbehaglicher, weil er mich daran erinnerte, dass sich alles verändert hatte.

Als wir uns der Stadtgrenze näherten, beobachtete ich die einfach gekleideten Albaner, die auf der Straße gingen und sich nicht darum scherten, dass sie eigentlich dem Autoverkehr vorbehalten war. Ich sah Reihen von Gewächshäusern, deren Glasscheiben herausgebrochen waren und um die sich niemand mehr kümmerte. Sie glichen riesigen metallenen Vogelkäfigen. Wir passierten kleine Grüppchen von Polizisten, die rauchten und sich unterhielten, offenbar ohne Sorgen und ohne Aufgaben.

Als ich mir einige Monate zuvor eine Weltkarte angeschaut hatte, war mir die Ähnlichkeit zwischen Albanien und meinem Heimatstaat Oregon aufgefallen. Das Meer lag im Westen, es gab Berge, Täler und Flüsse. Als ich mit dem Finger die Breitengrade auf dem Globus abfuhr, entdeckte ich zu meiner Freude, dass beide Orte etwa gleich weit vom Äquator entfernt waren.

Angesichts dieser Gemeinsamkeiten hätten die Bilder, die ich aus dem Auto sah, nicht enttäuschender sein können. Ich sah keine Bäume. Zu Hause in Oregon war alles voller Wälder. Doch hier gab es keine. Wer hatte all die Bäume weggenommen?

Stattdessen standen überall kleine Bunker: Tausende und Abertausende unheimliche, kleine Halbkugeln aus Beton, in Form und Größe etwa so, wie man sich landläufig Iglus vorstellt. Ich konnte nur vermuten, dass man sie errichtet hatte, um Stärke und Verteidigungsbereitschaft zu demonstrieren. Anscheinend stellten sie die psychologische Lösung eines militärischen Problems dar – sie machten durchaus Eindruck, aber ihre tatsächliche Wirkung war zweifelhaft.

Als ich meinen Blick über die albanische Landschaft gleiten ließ, stellte ich mir vor, dass jemand mit einer langen stumpfen Rasierklinge über das Land gefahren war, alles Lebendige abgekratzt und nur eine wunde, pickelige Oberfläche zurückgelassen hatte.

//

Ich war einundzwanzig, kam frisch von der Uni, war erfüllt von religiösem Eifer und Idealismus und fühlte mich – im Einklang mit meiner theatralischen Veranlagung – sehr wichtig.

Neun Monate vor dieser Taxifahrt vom Flughafen in Albanien hatte ich mich mit Cheryl, einer Freundin, in Portland getroffen. Cheryl war nach einem einjährigen Aufenthalt gerade aus Rumänien zurückgekehrt und ich stellte ihr viele Fragen zum Leben außerhalb der Vereinigten Staaten.

»Ich will im Ausland leben«, erklärte ich ihr. »Hast du ein paar gute Ratschläge?«

Cheryl ließ sich das nicht zweimal sagen. Rumänien lag ihr am Herzen, das war deutlich zu sehen, doch ich erinnere mich, dass sie nicht aufhören konnte, über Albanien zu reden. »Ich kann es nicht glauben; endlich öffnet sich Albanien«, meinte sie. Ihre Stimme überschlug sich fast. »Fünfzig Jahre hat sich das Land völlig hinter dem Eisernen Vorhang verschanzt und jetzt öffnet es sich. Albanien kann man nicht mit den anderen Ländern in Osteuropa vergleichen. Unter der kommunistischen Herrschaft konnte man nach Rumänien einreisen, sogar in die Sowjetunion, wenn man unbedingt wollte. In Albanien ging das nicht. Fünf Jahrzehnte lang kam niemand herein oder heraus. Keiner hat gesehen, was dort wirklich vorging. Und« – hier machte sie eine kleine Pause, um den folgenden Worten noch mehr Gewicht zu verleihen – »es ist ein islamisches Land.«

Diese letzte Aussage ließ sie einfach in der Luft hängen.

»Ich würde alles dafür geben, um zum ersten Team zu gehören, das ins Land einreist.« Ihre Augen glänzten, als sie das sagte. Das mochte ich an ihr.

Nach dem Ende unseres Gesprächs versuchte ich mir vorzustellen, wie es wäre, nach Albanien zu gehen. Ich schloss die Augen, um mir die Szene zu vergegenwärtigen, aber ich sah nur ein leeres Blatt. Für mich war Albanien nichts weiter als eine Lückentextfrage in einem Geografietest für die achte Klasse. Also schlug ich mir die Idee wieder aus dem Kopf.

//

Einige Monate später rückten die Abschlussprüfungen näher und ich wurde immer verzweifelter. Bald würde ich ein Zeugnis in Kommunikationswissenschaft von meiner staatlichen Universität in den Händen halten. Ich wollte nicht wie die anderen Karriere machen, sondern brannte vor Sehnsucht, meinen behüteten Heimatstaat Oregon zu verlassen. Dringender als einen Berufsberater brauchte ich ein Reisebüro.

Eines Nachmittags im März hielt ich es nicht länger aus und rief eine internationale christliche Hilfsorganisation an. Ich wollte irgendwo im Ausland eingesetzt werden. Innerhalb von wenigen Augenblicken hatte ich eine Dame mit freundlicher Stimme am Apparat, die sich erkundigte, wie sie mir helfen könne.

Ich dachte nicht daran, mich vorzustellen, und erzählte ihr, dass ich bald das College beenden würde und außerhalb der Vereinigten Staaten arbeiten wolle. Ich wollte ihre Zeit nicht über Gebühr beanspruchen. Daher stellte ich ihr nur eine Frage. »Wo auf unserer Welt ist die Not im Augenblick am größten?«

»Wie bitte?«, fragte sie zurück.

Ich sagte es noch einmal und betonte jedes Wort. »Wo auf unserer Welt ist die Not im Augenblick am größten?«

Verständlicherweise war sie auf diese Frage nicht vorbereitet. Einen Moment lang herrschte Schweigen. Dann ergriff sie das Wort. »Das ist eine schwierige Frage. Ich bin nicht sicher, was Sie genau meinen.« Sie schien laut nachzudenken. »Also, ich komme gerade aus einer Sitzung ... Ich weiß nicht, ob Sie das wissen, aber Albanien öffnet sich gerade, und uns bietet sich die wunderbare Möglichkeit, ein Team dort hinzuschicken. Wir hoffen, dass das in ein paar Monaten möglich sein wird. Nur leider will niemand dort hingehen, zumindest nicht sofort. Na ja, so ganz stimmt das nicht. Wir haben sechs Bewerber. Es ist nur so, dass sich bis jetzt ausschließlich Frauen beworben haben.«

Ich würde jetzt gerne behaupten, dass ich nicht allein deswegen Ja sagte, weil mich die Aussicht begeisterte, als einziger Mann unter sechs Frauen an irgendeinen gefährlichen Ort zu reisen. Aber das wäre von einem einundzwanzigjährigen, frauenunerfahrenen Single mit Tagträumen wohl zu viel erwartet.

Die Dame am anderen Ende der Leitung sprach weiter. »So eine Chance bekommt man nur einmal im Leben. Wenn wir nur ein komplettes Team zusammenstellen könnten!«

Mehr brauchte ich nicht zu wissen. Ohne zu zögern, meinte ich: »Ich gehe.«

»Was haben Sie gerade gesagt?«, fragte sie nach.

Ich erwiderte: »Meine Entscheidung ist gefallen. Genau darum habe ich angerufen. Ich mache mit.«

An ihrem Tonfall konnte ich erkennen, dass ich irgendetwas falsch gemacht hatte. Ich hörte das Mitleid aus ihrer Stimme heraus. »Tut mir leid. Ich glaube, Sie haben mich nicht ganz richtig verstanden.« Vermutlich wählte sie die vorsichtige Formulierung mit Absicht, um mich nicht zu kränken. Ihre Stimme klang immer mütterlicher, während sie weitersprach. »Das läuft alles ein bisschen anders ab. Sie können nicht einfach sagen, wohin Sie gehen wollen ... jedenfalls nicht so. Das braucht seine Zeit, verstehen Sie ... also ... ich versuch's Ihnen zu erklären.«

Ich war so zuvorkommend wie idealistisch, hörte ihr einfach zu und streute nach jedem ihrer Sätze ein »hmm, ich verstehe« ein.

Sie fuhr fort: »Das geht so: Zuerst kommt das Gebet. *Sie* müssen beten, vielleicht über einen langen Zeitraum. Dann müssen Sie Menschen um Rat fragen, die Sie kennen und lieben. Am Ende steht dann ein langer Bewerbungsprozess.«

Jetzt war ich informiert und entgegnete: »Ja natürlich, das ergibt Sinn. Danke, dass Sie mir alles so ausführlich erklärt haben. Aber solange Sie mich noch am Apparat haben, könnten Sie mich vielleicht für Albanien eintragen.« Ihre Reaktion wartete ich erst gar nicht ab, sondern buchstabierte gleich meinen Namen und fragte, ob sie ihn richtig notiert habe.

Und so fing alles an. Die ansteckende Begeisterung von Cheryl, ein Anruf, von Neugier getrieben, und die packenden Worte: »So eine Chance bekommt man nur einmal im Leben.«

Ich hatte den Kurs gesetzt und dachte gar nicht daran, noch einmal zurückzublicken.

//

Ich las mir noch mehr Wissen an und erfuhr, dass Albanien allein und isoliert in einem vergessenen Winkel Europas lag. Das Land war geografisch isoliert - durch die Berge und das Meer. Das Land war politisch isoliert - nach fünfzig Jahren stalinistischer Herrschaft. Es war historisch isoliert - durch die muslimischen Wurzeln. Diese Art von Einsamkeit zog mich an.

Auf der anderen Seite wirkte Albanien wie ein *Casablanca*-Filmposter, Geheimnisse und Entdeckungen verheißend. Meine Familie war schon seit Generationen in Oregon ansässig. Wir waren alte Pioniere, und Albanien bot mir meiner Meinung nach die Chance, mich auf etwas völlig Neues und Unbekanntes einzulassen. Dieses Abenteuer forderte meine ganze Hingabe, und die Pioniergene in mir machten mich selbstständig, individualistisch und risikofreudig.

Wie die amerikanischen Pioniere hatte ich das Gefühl, das Land – in diesem Fall Albanien – müsse erobert werden. Für mich war der Islam der religiöse Feind in seiner reinsten Ausprägung, und mit meiner Waffe, der Nächstenliebe, war ich bereit, mich auf feindliches Terrain zu begeben.

//

Das Taxi ließ die pickelige Landschaft hinter sich und folgte der breiten Straße ins Zentrum von Tirana. Wir drehten eine kurze Runde durch die Stadtmitte und passierten in schneller Folge das Nationalmuseum, die zentrale Moschee, ein ehernes Denkmal des albanischen Nationalhelden aus dem Mittelalter und die Nationalbank. Dann bogen wir auf eine Umgehungsstraße Richtung Osten ein. Gebäude und Straßen zogen vorbei.

An der nächsten großen Kreuzung mussten wir warten. Der Taxifahrer hätte den ganzen Tag lang hupen können, doch die Chance, die Kreuzung zu überqueren, bekam er erst, als sich die großen Lastwagen vorbeigedrängelt hatten.

Aus dem rechten Rückfenster konnte ich eine Baugrube sehen, drei Stockwerke tief. Sie war einfach so da, ohne Sinn und Zweck, und nahm den halben Block ein. Später erfuhr ich, dass es sich um ein vor langer Zeit aufgegebenes Bauprojekt handelte. Hier hätte ein modernes, vielgeschossiges Hotel entstehen sollen. Es wurde niemals gebaut, doch die Baugrube blieb, ein Zeugnis der Niederlage.

Von der Hauptstraße bog das Taxi in ein enges und verwinkeltes Viertel mit unbefestigten Straßen und Kopfsteinpflaster ab. Rechts, dann links und noch einmal nach rechts; ich versuchte mir den Weg zu merken, damit ich mich zurechtfinden könnte, falls ich die Gegend einmal fluchtartig verlassen müsste. Ich hatte kein Glück. Schon bald wusste ich nicht mehr, wo ich war.

Schließlich hielten wir in einer kleinen Sackgasse an, die etwa einem Dutzend geparkter Fahrzeuge Platz bot. Überall standen hohe Mauern, was typisch für Wohngebiete in diesem Viertel war. Ganz hinten erhob sich ein elegantes Haus über die Mauern, es sah genau so aus, wie man sich ein Haus im Mittelmeerraum vorstellt. Ich hoffte, dies wäre mein neues Zuhause. Dem war leider nicht so.

Stattdessen zeigte man mir eine kleine Holzpforte zu meiner Linken, eingesetzt in einen grob bearbeiteten Holzrahmen, der in eine hohe Ziegelsteinmauer eingelassen war. Das Holz war pechschwarz, der Riegel stammte aus einer anderen Zeit. Die ganze Pforte war nicht größer als eine Kleiderschranktür.

Ich trat hindurch und fand mich auf einem schmalen Plattenweg wieder, der nach etwa zwölf Metern in einen kleinen Hof mündete. Später erfuhr ich, dass der ganze Wohnblock ursprünglich das Gebiet einer einzigen Großfamilie gewesen war. Im Lauf der Generationen hatte man das Grundstück immer wieder geteilt, um den verschiedenen Cousins und Cousinen Wohnmöglichkeiten zu schaffen. Meine Vermieter wohnten in einem dieser Häuser, das nun eingekeilt zwischen einem halben Dutzend weiterer Wohnungen für Familienangehörige lag. Der Hof maß sechs mal fünfzehn Meter, und ihr einfaches Haus stand ganz am Ende. Ein einsamer Mandarinenbaum, wie aus einem Gedicht von Robert Frost, wuchs aus einem Fleckchen Erde hervor.

Das Haus sah aus wie ein Schuhkarton. Im Erdgeschoss hatte es zwei Zimmer, jedes mit einem zweiflügeligen holzgerahmten

Fenster zum Hof. Dieses Geschoss lag ein wenig unter dem Straßenniveau. Als ich hochblickte, bemerkte ich, dass es im ersten Stock offenbar ebenfalls zwei einfache Zimmer gab, die man über einen schmalen Balkon, der sich über die gesamte Fassade zog, erreichen konnte.

Nun war der Zeitpunkt gekommen, meine Vermieter kennenzulernen.

Vor meiner Ankunft hatte man mir überraschend wenig über meinen Alltag in Albanien mitgeteilt. Ich hatte geglaubt, ich würde in einer Art Pension wohnen, von einer muslimischen Familie geführt, wo man etwas für sein Zimmer bezahlte und im Übrigen nicht behelligt wurde. Diese Vorstellung von Unabhängigkeit war für mich sehr tröstlich. Es bedeutete, dass ich niemandem Rechenschaft schuldete. Es bedeutete auch, dass ich einen Sicherheitsabstand zu meinen muslimischen Vermietern wahren konnte. In der Realität jedoch sah alles ganz anders aus.

Mein Herz klopfte. Vor diesem Augenblick hatte ich seit Monaten Angst gehabt. *Was werde ich zu diesen Muslimen sagen?*, dachte ich. *Wie werden wir zusammenleben? Wie wird dieses Leben aussehen?*

Ich hatte mich gefragt, warum diese muslimische Familie sich bereit erklärt hatte, einen christlichen Missionar in ihrem Haus aufzunehmen. *Wollten sie mich etwa auch missionieren, so wie ich sie?*

Jetzt war keine Zeit mehr für Fragen. Der Augenblick der Wahrheit war gekommen und ich war viel zu müde, mir deshalb Sorgen zu machen. Ich hoffte, dass die gegenseitige Vorstellung kurz ausfallen würde, so wie meine Eltern es mir beigebracht hatten: »Hallo. Schön, dass wir uns kennenlernen. Ich bedanke mich herzlich für die Gastfreundschaft.« Und dann würde ich mich in mein Zimmer stehlen und mich für die Nacht aus dem Staub machen – oder auch für eine ganze Woche.

Ich hatte die Rechnung ohne meine Vermieter gemacht.

Meine Vermieter – insgesamt fünf an der Zahl – standen in einem Grüppchen vor dem Haus. Am auffälligsten waren die beiden Männer, Ani und Ari. Sie waren beide einige Zentimeter kleiner als ich, schlank, aber kräftig gebaut. Ani trug das Haar raspelkurz und seiner Haltung nach zu urteilen, war er das Familienoberhaupt. Aris Haar war länger und obwohl auch er ein erwachsener Mann war, hatte er etwas Verspieltes an sich. Ariana war Anis Frau, schön und sanft. Ridi war ihr Sohn, erst zwei Jahre alt. Schließlich war da noch Fidnet. Diese alte Frau hielt sich im Hintergrund und verschwand fast zwischen den Schultern ihrer beiden Söhne. Sie hielt sich leicht gebeugt. Das harte Leben, das sie geführt hatte, ließ sie viel älter aussehen, als es ihrem Alter entsprach. Kopf und Hände zitterten ein wenig und auf ihrem Gesicht zeigte sich ein breites Lächeln. Ich war von ihrer Schönheit fasziniert.

Schnell stellten wir uns einander vor.

Sie mussten lachen, als sie mich sahen. Außer mir wohnten noch einige andere Amerikaner in ihrem Haus. Ich war der Größte und gleichzeitig der Jüngste von ihnen. Die Familie verfiel sofort auf den Spitznamen »Toni i vogel«, was »kleiner Toni« bedeutet. Sie mussten lachen, weil sie sich an dem Gegensatz freuten: vom Alter her klein, vom Körper her groß.

Mit der Hilfe meiner Freunde überwanden wir die Sprachbarriere, und man erklärte uns alles Wissenswerte zum Haus. Das Badezimmer lag im Hof. Es war aus Beton und etwa so groß wie ein Werkzeugschuppen. Dort gab es ein kleines Waschbecken und ein in Porzellan eingefasstes Loch im Boden. In der Ecke lagen einige Töpfe und Küchenutensilien. Offenbar wurde also auch draußen gekocht.

Das Haus war so, wie ich es vermutet hatte: zwei Räume im Erdgeschoss und zwei Räume im ersten Stock. Im Kopf überschlug ich schnell die Zahlen: eine fünfköpfige Familie und vier ausgewachsene Ausländer. Damit kommt man auf neun Menschen in vier Zimmern. O Schreck.

Wir stiegen die geflieste Treppe zum Balkon im ersten Stock hinauf. Die Fliesen waren weiß, gelb und grün und in hervorragendem Zustand. Überhaupt war alles makellos sauber und in Ordnung. Um auf dem schmalen Balkon zwischen Wand und Geländer vorwärtszukommen, musste ich meine Tasche vor mir hertragen und mich ein wenig nach vorn beugen; die über mir hängenden Weinblätter strichen mir ins Gesicht.

Ich sollte im zweiten Zimmer wohnen. Ich zog mir die Schuhe aus und betrat den Raum, um ihn in Augenschein zu nehmen. Ein prächtiger türkischer Teppich lag auf dem Boden. Man zeigte mir ein diwanartiges Bett und einen frei stehenden Kleiderschrank. Alles sah wunderbar aus. Ich brauche nicht viel, um mich behaglich zu fühlen, und wollte meinen Gastgebern gegenüber meine Dankbarkeit zum Ausdruck bringen. Leider sprach ich nicht ein einziges Wort Albanisch, als wäre ich ein wandelndes amerikanisches Klischee. Was konnte ich also tun? Mit einer dramatischen Geste ließ ich mich auf das Bett fallen, die Hände hinter dem Kopf gefaltet, ein breites Lächeln auf den Lippen, die Beine übereinandergeschlagen. So wollte ich allen zeigen, dass ich mich darauf eingerichtet hatte, zu bleiben.

Alle lachten. Zum Teil über meine dramatische Darbietung, aber auch, weil meine Füße zehn Zentimeter über das Fußende heraushingen. Ich blickte Ariana an. Sie allein lachte nicht, sondern runzelte die Stirn. Es gab ein Problem und sofort ließ sie sich eine Lösung einfallen, um diese Panne zu beheben. Am nächsten Tag war eine Verlängerung am Fußende angebracht. Diese Frau, in deren Heim ich mich breitmachte, gab mir nicht nur ein Dach über dem Kopf, sondern kümmerte sich, wie bald deutlich wurde, auch darum, dass es mir gut ging und ich es bequem hatte.

Eingesunken in den Sprungfedern, schloss ich die Augen, in der Hoffnung, dass alle leise hinausgehen und mich in Ruhe lassen würden. Am liebsten wäre ich eingeschlafen, obwohl ich noch meine Reisekleidung anhatte.

Die Zufriedenheit währte nur einige Augenblicke. Niemand verließ das Zimmer. Ich öffnete ein Auge und sah mich um. Sie blickten mich scharf an. Es war derselbe Blick, den mir meine Mutter zuwarf, wenn es Zeit war, den Spielwarenladen zu verlassen, derselbe Blick, den mir mein Lehrer zuwarf, wenn ich vom Schulhof wieder in das Klassenzimmer zurückgehen musste. Die Botschaft war deutlich. Ich sollte aufstehen.

Ich zwang mich, wieder aufzustehen. Als ich ins Freie trat, umfingen mich Staub und Dunst in der Nachmittagssonne.

Einer der Räume im Erdgeschoss diente als Wohn- und Esszimmer. Wir setzten uns an den Tisch. Brot, Marmelade, Käse, Salami und Äpfel wurden aufgetischt, ein gutes Essen, typisch für den Mittelmeerraum. Das war die erste Kostprobe unseres gemeinsamen Lebens. Mit ein wenig sprachlicher Unterstützung, aber einem immer noch sehr beschränkten Wortschatz begannen wir uns kennenzulernen. Wir redeten und redeten und vergaßen die Zeit. Die grundlegenden Fragen nach Alter, Familie und Heimatort konnten wir klären. Schon erstaunlich, was man sich mit zehn Fingern und ausgefallener Mimik erzählen kann. Alle hatten Geduld, auch wenn es einmal länger dauerte, bis wir uns verstanden hatten. Wir lachten viel.

//

Es war schon lange dunkel, als ich endlich ins Bett kam. In den letzten Augenblicken vor dem Einschlafen dachte ich noch einmal darüber nach, wo ich eigentlich gelandet war. Diese Menschen machten niemandem Angst, im Gegenteil, sie waren wunderbar. In diesen ersten Stunden hatte ich einen Vorgeschmack bekommen auf einige Wahrheiten, die mein Leben verändern sollten.

Das war keine Pension, sondern das würde mein Zuhause werden.

Das waren nicht meine Vermieter, sondern sie würden meine Freunde werden.

Das waren keine »Muslime«, sondern … na ja, das ist ein bisschen komplizierter.

2

Evangelium

Ich wurde in einer zweigeteilten Welt groß. Sie war nicht in »schwarz gegen weiß« unterteilt oder »reich gegen arm«, doch trotzdem war es eine zweigeteilte Welt. In meiner Welt gab es die geistlich Reichen und die Habenichtse. Die »Reichen« waren die Christen. Die »Habenichtse« waren alle anderen. Zum Glück zählte ich zu den Reichen.

Ich habe viele Erinnerungen an meine Sonntagsschulzeit. In vieler Hinsicht könnte man sogar sagen, dass die Sonntagsschule mein zweites Zuhause war. Es gab kaum einen anderen Ort, an dem ich mehr Zeit verbrachte. Und es gab auch kaum einen anderen Ort, an dem ich mehr das Gefühl hatte, akzeptiert zu werden und die Fäden in der Hand zu halten.

Ich war ein religiöses Kind in einer unglaublich areligiösen Stadt. Ich war schlaksig, nicht besonders hell im Kopf, lebte in einer privilegierten Kultur, in einer Stadt voller erfolgreicher und sportlicher Menschen. Ich passte nicht hinein.

In der Gemeinde dagegen verlangte niemand von mir, dass ich alles richtig buchstabierte, coole Klamotten trug, Höchstleistungen im Hochsprung oder Sprinten brachte. Es war der einzige Ort, an dem ich einfach ich selbst sein konnte. Dafür bin ich noch heute dankbar.

Ich kann mich an einen Sonntagmorgen erinnern, es war ein ganz normaler Sonntagsgottesdienst in den späten Achtzigerjahren. Mein Pastor – gut aussehend, charismatisch und intelligent – erklärte uns, warum andere Religionen schlecht seien und wir darauf achten müssten, unsere Reinheit als Christen zu bewahren. »Andere Glaubensrichtungen sind gefährlich«, sagte er. »Man darf nicht mit ihnen spielen und nicht mit ihnen liebäugeln. Wer eine andere Religion annimmt, ist verloren, für immer verloren. Zieht nicht am fremden Joch mit den Ungläubigen!«, warnte er uns und zitierte damit aus seiner Bibel.[4] »Habt nicht zu viel mit Nichtchristen zu tun. Wenn ihr jemandem begegnet, der verloren ist, erzählt ihm von Jesus, so viel ihr könnt, und bringt ihn zur Gemeinde mit. Vergesst nicht, dass ihr die Wahrheit habt und sie nicht.«

//

Es dauerte nicht lange, bis ich Fidnet, meine albanische Großmutter, ins Herz geschlossen hatte. Alles an ihr war liebenswert.

Fidnet lächelte gern und oft. Den ganzen Tag lang schien sie Hausarbeit zu verrichten. Niemals hörte ich, dass sie sich beklagte. Nur selten sah ich, dass sie sich Zeit für sich selbst nahm. Sie war klein gewachsen und arbeitete den ganzen Tag in ihren Plastikhausschuhen, aufgerollten Strümpfen, einem einfachen, abgetragenen Rock und einer alten Strickjacke. Nichts, absolut nichts hatte sie an sich, das ich als bedrohlich empfunden hätte. Sie war meine liebste Gefährtin und gleichzeitig meine Erzfeindin.

Jeden Morgen erwachte ich vom durchdringenden Gesang des Muezzins, der zum Gebet rief. Der Gebetsruf erscholl im Stadtzentrum und klang über die Hausdächer. Er war hart und unnachgiebig wie ein Wachhund. Jeden Morgen wurde ich als Erstes daran erinnert, in wessen Land ich lebte, auf wessen Territorium ich die Nacht verbracht hatte.

Damals stand ich zügig auf, zog an, was gerade in Reichweite lag, schlurfte zum Balkon und die Treppe hinunter. Den ersten Halt legte ich im Badezimmer auf dem Hof ein. Ich war immer dankbar, wenn es nicht regnete.

Meist sah ich dann Fidnet im Hof. Oft fegte sie mit einem Strohbesen den zementierten Hof, damit auch nicht ein einziges Blatt die graue Oberfläche verunzierte. Dabei summte sie die schwermütige Melodie des Muezzins vor sich hin. Selten nur sah ich sie auf den Knien, wie Muslime in den einschlägigen Filmen, betend in Rich-

4 Nach 2. Korinther 6,14 (LUT)

tung Osten; vielmehr betete und sang sie wie Bruder Laurentius zum Rhythmus ihres Besens.

Unsere morgendlichen Begegnungen liefen in etwa so ab: Sie bemerkte mich meistens erst, wenn ich unmittelbar vor ihr stand. Dann errötete sie und machte eine abwehrende Handbewegung. Halb entschuldigte sie sich, halb schimpfte sie ein wenig, weil ich sie beim Singen ertappt hatte.

Manchmal schämte ich mich, dass ich sie dabei gestört hatte. Meistens jedoch machte ich sie noch verlegener, indem ich ihr sagte, wie schön ihr Gesang sei und dass sie noch lauter singen solle, damit es alle Nachbarn hören könnten. Sie gab vor, so etwas überhaupt nicht gern zu hören, doch häufig entdeckte ich dann ein Lächeln auf ihren Lippen.

So ging es die meisten Tage. Sie kümmerte sich um mein Wohlergehen und ich brachte sie zum Lachen. Das war so eine Art ungeschriebene Vereinbarung. Ich versuchte, sie verlegen zu machen, und sie brachte ihren albanischen Aberglauben an, um mich zu erschrecken. Das war so ihre Art. Ich hätte das einfach akzeptieren sollen, doch das rieb sich mit meinem geistlichen Pragmatismus.

Wenn ich *Aberglauben* sage, meine ich damit Folgendes: Wenn ich ein Buch mit in den Hof nahm und mich gegen die Mauer gelehnt damit auf den Boden setzen wollte, kam Fidnet um die Ecke, fing an zu jammern und rief: »Steh auf! Steh auf!« Sie lamentierte immer weiter und benutzte Wörter, die ich noch nicht kannte, doch im Grunde schien es darauf hinauszulaufen, dass meine Hoden am kalten Beton anfrieren könnten.

Oder wenn ich nach Hause kam, nachdem ich Basketball gespielt hatte und mein ganzer Körper mit Schweiß bedeckt war, goss ich mir wie jeder vernünftige Mensch ein Glas kaltes Wasser ein. Doch wenn Fidnet mich dabei erwischte, musste ich eine Gardinenpredigt über mich ergehen lassen. »Trink nicht so viel Wasser!« – »Trink nicht so schnell!« – »Das Wasser ist viel zu kalt zum Trinken!« Ich versuchte mit Gesten und Mienenspiel zu antworten, so wie ich es in Albanien gelernt hatte (sie reden dort mit Gesicht, Armen, Händen und Hüften; der ganze Körper wird zur Kommunikation eingesetzt). Ich wedelte mit den Armen und fragte: »Warum? Warum sollte ich dieses Wasser nicht trinken?« Dann antwortete sie mit entsprechenden Gesten und schimpfte, ich solle nur aufpassen, dass mein »Feuer nicht ausgeht«. Beim Wort »Feuer« deutete sie auf ihre Brust.

Es war anstrengend.

Einmal kam ich erschöpft und schweißüberströmt nach Hause. Ich schlich mich ins Haus, um mir heimlich ein Glas Wasser zu holen. Richtig gelesen, ich musste mir ein Glas Wasser *heimlich* besorgen. Ich fühlte mich wie ein Teenager, der aus der Hausbar seines Vaters Wodka stibitzen will (nicht dass ich damit irgendwelche Erfahrungen hätte).

Mein verbotenes Glas Wasser, kühl und erfrischend, hielt ich in der Hand. Die Kälte ließ das Glas beschlagen. Mir lief schon das Wasser im Mund zusammen.

Da kam sie, fuchtelte mit den Armen und schrie mich an wie ein verrückter Hobbit.

Das war zu viel. Ich rastete aus.

Ich drehte mich um und sah ihr direkt in die Augen. Dann hob ich das Glas und setzte es seitlich am Mund an, sodass ich Blickkontakt halten konnte. Durch den Mundwinkel sog ich das Wasser ein und achtete darauf, das Ganze auch mit entsprechenden Geräuschen zu untermalen. Ich wollte ihr ganz deutlich machen: So! Pass auf! Das ist der Augenblick, in dem mein Feuer ausgeht.

Die alte Frau erstarrte, riss die Augen weit auf und nahm diesen Akt der Rebellion in sich auf. Das immerwährende Lächeln war von ihren Lippen gewichen. Langsam wiegte sie den Kopf und ließ dann ein langgezogenes »Buh buh buh buh« hören. Wahrscheinlich können Sie damit nicht viel anfangen, doch wenn eine Respektsperson in Albanien eine Folge von »Buhs« hören lässt, gibt es nichts mehr zu sagen. Keine Verteidigung, die man noch vorbringen könnte. Keine Erwiderung, die noch Gehör finden würde. Als wollte sie mein Gesicht für immer auslöschen, wandte sie sich mit einer beidhändigen abwehrenden Geste von mir ab und ging weg.

Das Gefühl, einen Sieg davongetragen zu haben, schwand augenblicklich. Meine Arroganz war verflogen, Scham machte sich breit.

Fidnet war nicht nachtragend, zumindest nicht bei mir, und abends trieben wir schon wieder unsere kleinen Scherze miteinander.

//

Eines Morgens, nachdem ich schon einige Monate in Albanien verbracht hatte, wachte ich mit einem Gefühl auf, das ich bisher während meines Auslandsaufenthaltes noch nicht gekannt hatte: Einsamkeit. Schlimmer als Einsamkeit sogar, eine Art von Einsamkeit, die bis auf den Grund meiner Seele reichte. Nicht, dass ich keine Menschen um mich gehabt hätte. Im Gegenteil, ich war immer unter Menschen. Es hatte auch nichts damit zu tun, dass ich mich gelangweilt oder keinen Sinn in meinem Leben gesehen hätte. Ich wusste ja genau, warum ich hier war.

Das Problem war, dass die Leute um mich herum nicht die Leute waren, die ich mir in meiner Gegenwart gewünscht hätte. Ich konnte die Gesichter der Menschen, die ich vermisste, vor meinem geistigen Auge sehen. Wenn ich die Augen schloss, konnte ich fast spüren, wie sie im anderen Ende des Zimmers saßen, gerade außerhalb meiner Reichweite. Ohne sie war ich einsam.

Einsam und *allein* sind die furchtbarsten Worte, die man sich nur vorstellen kann.

An diesem Morgen stand ich nicht mit dem Gebetsruf auf, sondern blieb im Bett liegen. Als ich mich schließlich aus den Laken quälte und mich die Treppe hinunterschleppte, begegnete ich Fidnet im Hof. Sie sah mich von oben bis unten an. In ihrer Weisheit, die ich schon vor langer Zeit kennengelernt hatte, musste sie gar nicht von mir hören, was mir fehlte. Sie lenkte auch nicht die Aufmerksamkeit der anderen auf mich. Leise bat sie mich einfach mitzukommen. Während ich mich beim Eintreten ins Erdgeschoss unter der Tür hindurchduckte, gab sie mir einen freundlichen Klaps und sagte etwas, von dem sie wusste, dass es mich trösten würde: »Brot mit Ei.« Ich versuchte zu lächeln, doch es klappte nicht so recht.

Sie bereitete das Eibrot zu, ohne mich anzusehen. Dabei summte sie vor sich hin. Als sie fertig war, gab sie mir das geröstete Brot, und ich dankte ihr. Sie ließ mich ein paar Minuten essen, ohne etwas zu sagen. Als der richtige Zeitpunkt gekommen war, kam sie wieder auf mich zu. Sie benutzte ganz einfache albanische Sätze, damit ich sie verstehen konnte.

»O kleiner Tony, warum bist du so sehr traurig? Vermisst du deine Familie?«

Ihre Worte trösteten mich. Es war wunderbar, jemanden in meiner Nähe zu haben, der sich um mich kümmerte und mich verstand, ohne dass ich groß erklären musste, wie es mir ging. Und diese wenigen Worte waren genau das, was ich nötig hatte. Ich wünschte nur, sie hätte an diesem Punkt aufgehört und nicht weitergeredet.

Leider fuhr sie fort: »Gott ist gut. Gott ist gut zu dir. Mit Gott bist du nicht allein. Gott hat dir so viel gegeben. Du musst glauben.«

Ich war entrüstet. *Für wen hält sie sich denn, dass sie mir erzählen kann, ich brauche Glauben?*, dachte ich. Meinetwegen durfte sie sich so oft großmütterlich geben, wie sie wollte. Aber dass sie mir Ratschläge in Sachen Glauben erteilen wollte, konnte ich nicht ertragen.

Kurz angebunden dankte ich ihr für das Frühstück und stapfte hinaus.

//

An der Nationaluniversität hatte ich einen Freund namens Geni. Er stammte aus einer Stadt im Süden. Gleich in der ersten Woche meines Aufenthalts hatte ich ihn kennengelernt und ich glaube, er war mein erster richtiger albanischer Freund.

Als ich ihm das erste Mal begegnete, riss ich die Augen weit auf und hatte so große Angst wie ein Kind, das zum ersten Mal beim

Schulkonzert etwas vorspielt. Wir sahen uns im Treppenhaus des Studentenwohnheims, ich wirkte völlig verloren und sofort lud er mich ohne große Worte in sein Zimmer ein.

Geni sah nicht besonders beeindruckend aus. Er hatte spülwasserblondes Haar und einen dünnen Schnurrbart. Jesus bezeichnete einen seiner Jünger einmal als einen Menschen, »in dem kein Trug«[5] ist, und ich vermute, dasselbe hätte er über Geni gesagt. Er nahm kein Blatt vor den Mund und wirkte manchmal etwas wortkarg. Zunächst dachte ich, er hätte etwas gegen mich, doch dann begriff ich, dass das einfach seine Art war.

Als wir in seinem Zimmer saßen, stellte er seine erste Frage, und zwar ganz direkt und unverblümt: »Bist du Christ?«

Ich bejahte das und fragte ihn, wie er denn darauf gekommen sei. Seine Antwort war so direkt wie sein ganzes Wesen: »Warum sonst sollte jemand wie du hier sein?«

Dann erzählte er mir, dass er auch Christ war.

Im Lauf der nächsten Monate verbrachten wir viel Zeit miteinander und wurden enge Freunde. Schließlich lernte ich auch seine Familie kennen und fuhr mit ihnen in den Urlaub. Unsere Geschichten verwoben sich untrennbar miteinander.

//

In derselben Woche, als mich das Gefühl der Einsamkeit überkam und ich mich über Fidnet ärgerte, traf ich mich mit Geni in einem stillen Café.

Der Kellner brachte zwei Tassen türkischen Kaffee. Eine dicke Schicht Kaffeesatz schwamm obendrauf. Haben Sie jemals versucht, türkischen Kaffee zu trinken? Ich hatte den Tipp bekommen, den Kaffee durch die Zähne einzusaugen, um den Satz herauszufiltern, aber der Gedanke an den Kaffeesatz zwischen den Zähnen und am Zahnfleisch erheiterte mich nicht gerade. Ich ließ mir lieber etwas anderes einfallen. Die Oberlippe streckte ich so

[5] Johannes 1,47 (ELB)

weit wie möglich vor, versenkte sie dann im oben schwimmenden Kaffeesatz, um den Kaffee darunter zu schlürfen. Das ging erstaunlich gut, außer wenn der Kaffee zu heiß war – das lernte ich auf die harte Tour.

Wir kamen schnell auf den Glauben zu sprechen, genauer gesagt, wie wir den Glauben für uns entdeckt hatten. Geni erzählte mir, dass er Jesus seit zwei Jahren nachfolgte.

Ich war verwirrt. Das passte hinten und vorne nicht. Zwei Jahre zuvor hatte die Revolution stattgefunden und soweit ich wusste, hatte es unter der radikalkommunistischen Herrschaft keinerlei christliches Leben gegeben.

»Geni«, fragte ich ihn, »wie kommt es, dass du schon vor so langer Zeit Christ geworden bist?«

Daraufhin erzählte er mir eine unglaubliche Geschichte.

Geni war an einem Ingenieursstudiengang an der Universität eingeschrieben. Er begeisterte sich für Naturwissenschaft. Irgendwie – genau kann ich mich nicht mehr daran erinnern – war er zwei Jahre zuvor an eine Ausgabe des *Scientific American* gekommen. Er erklärte mir, wie er jede Seite wie einen Schatz hütete. Der wichtigste Artikel handelte von Quasaren. Von Naturwissenschaft habe ich absolut keine Ahnung und deshalb nahm Geni sich Zeit, mir alles ausführlich zu erklären. Es war ihm wichtig, dass ich die Einzelheiten seiner Geschichte genau verstand. Er erklärte mir, dass Quasare zu den größten und hellsten bisher entdeckten Himmelskörpern gehören. »Sie sind riesig«, rief er aus. »Die Quasare gingen mir nicht aus dem Kopf«, fuhr Geni fort. Er schaute mir nicht mehr in die Augen, sondern hatte sich in seinen Gedanken verloren. »Unsere Galaxie ist ein Nichts verglichen mit einem Quasar. Ein Sandkörnchen. Ein bloßes Sandkörnchen.« Er rieb Daumen und Zeigefinger gegeneinander, um deutlich zu machen, wie klein sie wäre. »Wenn man dann wiederum unser Sonnensystem mit unserer Galaxie vergleicht, ist das nur ein Sandkorn. Ein Sandkorn innerhalb eines Sandkorns. Dann ist unser Planet, die Erde, auch wieder nur ein Sandkörnchen in unserem Sonnensystem. Ein Sandkorn in einem Sandkorn in einem Sandkorn.«

Dieses mathematische Drama schien ihn zu inspirieren. Er fuhr fort. »Albanien ist ein sehr kleines Land, ein bloßes Sandkorn auf der Erde, und …« Geni schaute mir nun direkt in die Augen. »Tony, ich bin bloß ein Sandkorn in meinem Sandkornland. Ich frage dich, was könnte unbedeutender sein als ich? Verstehst du, dass ich im Universum nur das allerkleinste bisschen Nichts bin?«

Genis Worte waren so schlicht, die Logik so perfekt. Ich war völlig gefangen von seiner Darstellung.

»Aber Tony«, meinte er, »die Worte aus dieser Zeitschrift hatten mir etwas zu sagen. Sie erinnerten mich daran, dass ich in Wirklichkeit wichtig bin. Wie konnte das angehen? Gott sprach durch die Seiten dieser Zeitschrift zu mir. Er sagte mir, dass ich wertvoll bin, trotz meiner geringen Größe, und ich wusste, dass Gott recht hatte.«

Mir stockte der Atem.

Er redete noch weiter. »Ich hatte gehört, wie man sich im Flüsterton Geschichten von Jesus erzählte. Also entschloss ich mich, auf den Gott zu antworten, der durch den Artikel über Quasare zu mir gesprochen hatte. Ich entschloss mich, Christ zu werden.«

»Und das alles nur, weil du den *Scientific American* gelesen hast?«

»Ja«, entgegnete er. »Gott hat mich dadurch angesprochen.«

Das war eine der besten Geschichten, die ich jemals gehört hatte. Mein Herz hüpfte vor Freude. Ich wollte Gott anbeten. Am liebsten hätte ich getanzt wie König David.

An diesem Abend beeilte ich mich, nach Hause zu kommen. Ich lief einigen von meinen Missionarsfreunden über den Weg und erzählte ihnen die Geschichte, die ich gerade gehört hatte. »Wie wunderbar und kreativ ist Gott, dass er so klar und deutlich durch den *Scientific American* spricht.«

Eine meiner Kolleginnen war skeptisch. »Ich weiß nicht, ob das überhaupt möglich ist«, bemerkte sie mit einer gewissen Schärfe. »Der *Scientific American* hasst das Christentum. Er verbreitet die Evolutionstheorie und humanistische Lehre. Er lehrt, dass Wissenschaft wichtiger ist als Glaube. Dieses Magazin hasst Gott.«

»Dazu kann ich nichts sagen«, meinte ich, »aber anscheinend bringt zumindest der Artikel über Quasare Menschen den Glauben an Gott nahe.« Ich musste lachen, als ich das sagte.

Meine Kollegin fand das überhaupt nicht komisch.

//

Vor dem Zubettgehen sah ich Fidnet noch einmal. Sie fragte mich, ob ich immer noch traurig sei. Ich verneinte, und das war die Wahrheit.

Sie freute sich, das zu hören, tätschelte mich am Ellenbogen und wünschte mir süße Träume.

Als sie nach drinnen ging, dachte ich über diese alte Frau nach, die mir so lieb geworden war. Sie war immer freundlich zu mir. Niemand konnte abstreiten, dass sie eine einzigartige Persönlichkeit voller Nächstenliebe war. Trotzdem war ich so unfreundlich zu ihr gewesen, als sie sich an jenem Morgen für Gott eingesetzt hatte.

Dann dachte ich über Geni und seine Gottesbegegnung durch eine Zeitschrift nach. Warum konnte ich so einfach akzeptieren, dass Gott durch eine naturwissenschaftliche Zeitschrift sprach? Warum fiel es mir aber so schwer, zu akzeptieren, dass Gott durch eine ältere Frau sprach, von der ich wusste, dass sie mich ins Herz geschlossen hatte und ein tugendhaftes Leben führte? Ich horchte in mich hinein.

Schließlich fand ich nur eine einzige Antwort: Ich hatte ein Problem damit, dass sie eine Muslimin war.

//

Ich wurde in einer zweigeteilten Welt groß. Sie war nicht in ›schwarz gegen weiß‹ unterteilt, oder ›reich gegen arm‹, doch trotzdem war es eine zweigeteilte Welt. In meiner Welt gab es die geistlich Reichen und die Habenichtse. Die »Reichen« waren die Christen. Die »Habenichtse« waren alle anderen.

3
Heiliger Kuss

Ani machte zwei schnelle Schritte auf mich zu und dann lehnte er sich schon fast an mich an. Nicht zum ersten Mal wunderte ich mich, wie wenig Abstand man in Albanien als normal empfand. Er nahm meine Hand in seine. Die Abendsonne schien auf sein Gesicht, er hatte ein breites Lächeln auf den Lippen und seine Augen strahlten. Er bewegte sachte den Kopf, während er Sätze redete, ein einziges Kauderwelsch für meine ungeübten amerikanischen Ohren.

Dann geschah es.

Es kam, gelinde gesagt, überraschend.

Ich hätte es nicht für möglich gehalten, dass Ani und ich noch näher beieinander hätten stehen können.

Damit lag ich falsch. Völlig falsch.

Ani packte mich an Hand und Unterarm und zog mich noch näher zu sich heran. Und noch näher. Er war nicht besonders groß, aber stark, das merkte ich. Dann gab er mir feierlich einen dicken Kuss auf die Wange.

Wenn ich mich heute daran erinnere, läuft die Szene in meinem Kopf wie in Zeitlupe ab. Ich kann mir lebhaft vorstellen, wie ich ausgesehen haben muss. Langsam, fast unmerklich, zog er sich wieder zurück. Schockiert beobachtete ich, wie sein Gesicht an meinem vorbeizog. Nur wenige Millimeter trennten unsere Nasen, Münder und Kinnspitzen. Er lächelte und strahlte. Dann küsste er mich auf die andere Wange, genauso herzhaft wie beim ersten Mal.

Erst dann trat er einen Schritt zurück. Auf meinen Wangen blieb Feuchtigkeit zurück.

Als ich in dieser Nacht auf meinem diwanartigen Bett lag und an die Decke starrte, konnte ich auf meinen Wangen immer noch seinen Lippenabdruck spüren.

Das war eins meiner ersten Erlebnisse mit einem Mann, der bald zu denjenigen Männern in meinem Leben gehören sollte, die ich am meisten schätze.

//

Berührung war etwas, das man mir gestohlen hatte.

Gestohlen durch die amerikanische Kultur und Geschichte. Gestohlen durch unsere puritanischen religiösen Wurzeln und eine Unterhaltungskultur, die Zuneigung immer in Sinnlichkeit verwandelt. Gestohlen durch tausend kirchliche Skandale, nach denen Pastoren schon Angst haben, mit einem Gemeindemitglied hinter verschlossenen Türen zu reden. Und gestohlen durch eine Homosexuellenfeindlichkeit, die jede Art von gleichgeschlechtlicher Zuneigung infrage stellt.

Gesellschaft und Religion haben sich zusammengetan und körperliche Berührungen entweder in den Bereich des Sexuellen oder des Unangemessenen verbannt. Einen Zwischenbereich gibt es nicht.

//

Ich war erst einige Monate im Land, als ich Ilir und Genci kennenlernte. Schon seit ihrer Kindheit waren sie beste Freunde gewesen und ich kann mir vorstellen, dass das auch in den kommenden Jahrzehnten so bleibt. So ist das in Albanien.

Sie waren raue Burschen aus einer kleinen abgelegenen Stadt. Wenn ich rau sage, meine ich damit, dass sie mir sogar ein wenig Furcht einflößten. Als ich ihnen im halbdunklen Korridor des Studentenwohnheims begegnete, war ich instinktiv auf der Hut. Beide hatten dunkles Haar und eine wettergegerbte Haut. Ilir war etwas kleiner, schlank, mit eingesunkenen Wangen und schmalen Augen. Genci war kräftig gebaut. Er hatte eine verrückte Frisur und einen zotteligen Bart. Beide trugen rissige, zerknitterte Ledermäntel.

Mein erster Eindruck, die beiden seien Ganoven, war tatsächlich nicht ganz unbegründet. Einige Wochen nach unserer ersten Begegnung sah ich Ilir im albanischen Fernsehen. Zu den charmanten Praktiken der albanischen Polizei gehörte es damals, Menschen, die man eines Verbrechens verdächtigte, öffentlich zu präsentieren. Ich vermute, dass man damit andere abschrecken wollte.

Ilir wurde niemals verurteilt; ich weiß nicht einmal, ob man überhaupt Anklage erhob.

An diesem ersten Tag, dem Tag, an dem wir Freunde wurden, ging ich einfach durchs Studentenwohnheim. In diesen ersten Monaten gehörte das zu meinem gewöhnlichen Tagesablauf. Die meiste Zeit verbrachte ich mit Studenten. Ich war ein junger Missionar, versuchte Freundschaften zu schließen und Menschen zu finden, die mit mir über Jesus reden wollten.

Sobald Ilir und Genci mich entdeckten, lebten sie ihre Gastfreundschaft voll aus. Sie zogen mich aus dem Flur in ihr Zimmer, eine typische Studentenbude auf dem Campus von Tirana. Sie war klein, nicht größer als eine Gefängniszelle. Im Sprossenfenster fehlte eine Scheibe, man hatte sie provisorisch durch ein Stück Pappe ersetzt. Ein paar Scheiben waren gesprungen. Fußboden und Wände waren aus Beton. Eine einsame Glühbirne baumelte von der Decke. Ein paar Bilder, aus westlichen Zeitschriften herausgerissen, hingen an beiden Seiten des Zimmers über den Betten. Wahrscheinlich stammten sie aus dem Magazin einer Fluggesellschaft.

Die einzigen Sitzgelegenheiten waren die Betten, wie es hier überall Brauch war. Eine dünne Matratze lag auf einem nachgiebigen Federrahmen, der stramm in das eiserne Bettgestell eingepasst war. Ich ließ mich mitten auf die Matratze fallen und lehnte Schulterblätter und Kopf gegen die kalkige Wand.

Ilir bot mir einen Schluck Fanta aus einer Plastikflasche an. Ich lehnte dankend ab.

Er und Genci ließen sich ebenfalls auf das Bett plumpsen, einer links, einer rechts von mir. Der Sprungfederrahmen hing noch tiefer durch. Das andere Bett stand nur einen Meter entfernt, doch offenbar mochten die beiden es, wenn wir alle eng beieinandersaßen, und das Gefälle sorgte dafür, dass wir hautengen Kontakt hatten.

Ich war immer noch unschlüssig, was ich mit diesen beiden verlotterten Männern anfangen sollte. Ich war nicht sicher, ob ich sie so sehr in meiner Nähe haben wollte, während sich ihr strenger Körpergeruch mit meinem vermischte. Alles deutete darauf hin, dass sie sich äußerst behaglich fühlten. Und sie wollten offenbar mit mir reden. Ich meine damit nicht, dass es für mich Grund zur Beunruhigung gab, aber ich wusste auch, dass ich sie um keinen Preis reizen wollte. Ich lächelte freundlich nach beiden Seiten hin und versuchte, ihr körperlich ausgedrücktes Freundschaftsangebot ganz und gar zu akzeptieren.

Nach einer Weile fragte ich sie, ob ich ihnen etwas über Jesus vorlesen dürfe. Dass es zwischen ihrem Glauben und meinem einen historischen Graben gab, schien sie nicht zu bekümmern. Sie freuten sich einfach, dass wir zusammensaßen. Also holte ich ein kleines Buch hervor.

Ich schlug es auf.

Und dann geschah etwas, das mich außerordentlich überraschte.

Instinktiv legte Genci, der zu meiner Linken saß, seine Arme wie ein Kind um meinen Arm und seinen Kopf auf meine Schulter. Sein verstrubbeltes Haar kitzelte mich an Ohr und Kinn. Er war bereit zuzuhören, was immer ich auch vorlesen würde.

Ilir zögerte zunächst etwas. Eine Sekunde lang dachte ich, dass er vielleicht etwas zurückhaltender wäre.

Damit lag ich falsch.

Nachdem er die Entfernung eingeschätzt hatte, lehnte sich Ilir zu mir herüber, schob seinen Rumpf unter meinem rechten Arm hindurch und lehnte seinen Kopf mitten auf meine Brust. Seine rechte Hand legte er auf meinen Bauch. So konnte er mein kleines Buch am besten im Blick behalten. Als ich vorlas, spürte er meine Stimme in meiner Brust vibrieren, und er fühlte, wie sich meine Lungen füllten und wieder zusammenzogen.

So saßen wir den größten Teil des Nachmittags zusammen. Wir redeten über Jesus. Wir redeten über unsere Familien. Sie erzählten mir ihre Geschichte. Sie vertrauten mir ihre Träume an.

//

In diesem Jahr begann ich die Bibel auf ganz neue Art zu lesen. Überall entdeckte ich körperliche Berührungen, vor allem in den Evangelien: Väter umarmen ihre Söhne, eine Frau vom Land versucht heimlich, Jesus zu berühren, ein Jünger lehnt sich an Jesu Brust, man wäscht sich die Hände und trocknet sich die Füße ab, salbt einander den Kopf mit Öl. Jesus forderte seinen Jünger auf: »Lege deine Finger auf diese Stelle hier und sieh dir meine Hände an. Lege deine Hand in die Wunde an meiner Seite.«[6]

Könnte es sein, dass Berührungen mehr mit Jesus zu tun haben, als man uns beigebracht hat?

Als Jesus den Aussätzigen berührte, heilte er ihn; das hatte ich schon als kleiner Junge gehört.

Doch war auch die Berührung selbst ein Teil des Evangeliums?

Ich begann die Geschichte vom Aussätzigen mit neuen Augen zu sehen. Die Berührung war ebenso ein Wunder wie die Heilung von seiner Krankheit. Die Berührung bewirkte den Kontakt zwischen Jesus und dem Aussätzigen. Indem er ihn berührte, bekräftigte er das Menschsein des Kranken. Die Berührung sagte: »Du bist nicht allein.« Die Berührung machte deutlich, dass der Aussätzige ebenso nach Gottes Bild geschaffen war wie alle anderen Menschen auch und dass er ebenso viel wert war wie sie. Letztendlich setzte die Berührung lebenslanger Isolation und Ablehnung ein Ende, sie hob das Urteil auf, am Rand der Gesellschaft zu leben. Berührung ist Wertschätzung. Berührung ist Liebe.

//

---

[6] Johannes 20,27

Schon so viele Jahre sind vergangen, seit ich diesen Winkel der muslimischen Welt verließ, doch ich trage immer noch das Geschenk meines albanischen Vaters, meiner wild aussehenden Freunde und meines Messias aus dem Nahen Osten in mir, die ihre Liebe durch Berührungen ausdrückten.

Heute versammelt sich unsere Hausgemeinde jeden Sonntagabend zum gemeinsamen Essen. Fünfzehn Menschen sitzen dichtgedrängt um unseren Esstisch, um gemeinsam das Agapemahl zu feiern. Wir essen nur Dinge, die in der betreffenden Jahreszeit bei uns auch tatsächlich geerntet werden, und immer schmeckt es köstlich. Wir zünden Kerzen an, und die Unterhaltung zieht sich über Stunden hin.

Wenn man in die Runde blickt, wird einem unweigerlich Bobbin mit all seinen Piercings und seiner eigensinnigen Art ins Auge fallen. Er sitzt zu meiner Rechten und meistens hält er seinen Arm um mich geschlungen oder ich meinen um ihn.

Wenn ich dort sitze und mich an Bobbin und meiner ganzen Familie freue, beginnen meine Gedanken abzudriften. Manchmal steigt Furcht in mir hoch: Ich befürchte, dass uns die heilende und erlösende Berührung verloren gegangen ist.

//

Ironischerweise machen sich Kirchen und Gemeinden heutzutage fast verrückt, weil sie mit Fernsehen, Kino und Internet konkurrieren wollen: hochwertige Lautsprecheranlagen, bessere Bands, charismatische Persönlichkeiten. Doch es gibt Dinge, die das Web noch nicht einmal annähernd imitieren kann: ein tröstender Klaps auf die Schulter, einen Anteil nehmenden Händedruck, eine Mut machende Umarmung.

Der Akt der Berührung ist eigentlich ein Wunder. Berührung verbindet. Indem wir den anderen berühren, bekräftigen wir sein Menschsein. Die Berührung sagt: »Du bist nicht allein.« Die Berührung macht deutlich, dass der andere ebenso viel wert ist wie alle Menschen, geschaffen nach dem Bild Gottes. Berührung setzt lebenslanger Isolation und Ablehnung ein Ende und hebt das Urteil auf, am Rand der Gesellschaft zu leben. Berührung ist Wertschätzung. Berührung ist Liebe.

4
Kreuzzug

Albaner sitzen gerne bei einem Gläschen zusammen.

Sie halten die winzigen Gläser mit dem Getränk in der Hand (türkischen Kaffee, Mineralwasser, Bier oder Whiskey) und stoßen miteinander an. Sie stoßen auf das Glück an. Sie stoßen auf ein langes Leben an.

Auf meinen vielen Reisen bin ich nur selten auf Kulturen gestoßen, in denen man sich so oft und überschäumend Gutes wünscht wie in Albanien.

Dieses Land hatte im Lauf seiner Geschichte mit vielen Schwierigkeiten zu kämpfen. Vielleicht ist so viel Tragisches notwendig, damit darauf Hoffnung wachsen kann.

Ich habe einmal gehört, wie der Brauch des Anstoßens entstanden sein soll. Es begann damit, so erklärte man mir, dass ein norwegischer Stamm (vielleicht auch ein angelsächsischer, so genau kann ich mich nicht mehr erinnern) mit einem Nachbarstamm ein großes Fest feierte.

Zu Beginn des Festmahls standen die Stammesoberhäupter auf und brachten ihre Trinksprüche aus. Dabei ging es nicht zu wie in einem Country Club. Filigrane Champagnergläser kannte man nicht. Und man stieß auch nicht gefühlvoll miteinander an. Nein, man trank aus großen, schweren Humpen, die man mit voller Kraft gegeneinanderkrachen ließ. Zweck dieser Übung war es, den Trank aus dem eigenen Humpen in den Humpen des Feindes überschwappen zu lassen. Damit machte man deutlich, dass man gemeinsam feierte. So vermischten sich zwei unterschiedliche Kulturen.

Das Anstoßen erfüllte auch eine Schutzfunktion: So stellte man sicher, dass kein Getränk vergiftet war. Denn wenn man den Humpen des Feindes vergiftet hatte, gelangte das Gift beim Überschwappen auch in den eigenen.

//

Als ich noch auf der Highschool war, und sogar in meiner Collegezeit, achtete man peinlich genau darauf, seinen reinen Glauben zu bewahren und ihn nicht mit anderen Glaubensrichtungen zu infizieren. Ideologien »überschwappen« zu lassen, hielt man für die schlimmste Form des Verrats am Glauben.

Um uns davor zu bewahren, gab man uns Bücher mit ominösen Titeln in die Hand, zum Beispiel *Das Reich der Sekten* oder *Die säkulare Stadt*.

Ich kann mich noch erinnern, wie unser Pastor im Gottesdienst vorne auf dem Podium stand, hinter ihm der terrassenförmig angeordnete Chor in roten Roben. Hinter der Holzpaneele verbarg sich das Taufbecken. Die Bühne streckte das alte Kirchengebäude optisch, und mein Pastor galt einhellig als kluger Kopf. Er sah gut aus und wirkte wie die Verkörperung der Weisheit persönlich. Immer trug er einen Anzug, seine Frisur saß tadellos. Ich kann mich noch daran erinnern, dass er die Gürtelschnalle über der Hüfte trug, sodass man durch das Jackett nur das Leder des Gürtels sehen konnte.

Er warnte uns alle: »Nehmt euch in Acht vor den Sekten! Sie sind nicht von Gott. Sie erwarten von euch, dass ihr euch ihren Führern unterwerft! Manches sieht vielleicht ein wenig nach Christentum aus, aber sie fügen andere Glaubenssätze hinzu, die man nicht in der Bibel findet. Folgt Jesus nach, Jesus allein.«

Ich wusste, dass er der ganzen Gemeinde predigte, hatte jedoch das Gefühl, er spräche mich persönlich an. Ein Wort, das er gebrauchte, hatte ich noch nie zuvor gehört: *Synkretismus*. Schon allein der Klang hatte etwas Bedrohliches. Der Begriff bedeutete, verschiedene Glaubensvorstellungen miteinander zu vermischen. »Sekten«, so sagte er, »gehen auf synkretistisches Gedankengut zurück, sie entstehen durch Leute, die die Reinheit des christlichen Glaubens verraten.«

Läuft es Ihnen gerade kalt den Rücken hinunter? Mir jedenfalls ging es damals so.

Dann erklärte uns unser Pastor, dass man Sekten an drei charakteristischen Eigenschaften erkennen kann. »Erstens zeichnen sie sich durch Dogmen und Ideologien aus, die sich oft einer christlichen Sprache bedienen. Dann haben sie autoritäre Strukturen und werden oft von charismatischen Leitern angeführt. Drittens verlangen sie von ihren Mitgliedern bedingungslose Loyalität, auch auf der emotionalen Ebene.«

Ich mochte meinen Pastor sehr gern und wusste, dass er mich niemals absichtlich verletzen würde. Trotzdem flößten mir seine Worte Furcht ein. Ich hatte Angst, ich sei nicht in der Lage, genügend Glauben aufzubringen. Im Geheimen hegte ich Zweifel. Dabei sah ich mich sehr vor. Die Zweifel verbarg ich tief drinnen in einer Art Schatten-Ich, einem Ort, den ich für meinen wiederholten Verrat an Gott reservierte. Manch ein Verrat befand sich schon dort, seit ich ein Kind war, und ich hatte Angst, dass dieser Ort meinen ganzen Glauben zerfressen könnte.

Ich hatte auch Angst vor den Folgen meines Verrats. Aufmerksam hatte ich die geistlich starken Studenten im Auge, die »Besonderen«. Sie durften öffentlich am Mikrofon reden, denn sie strahlten Zuversicht und einen hingebungsvollen Glauben aus. Sie waren Bilderbuchstudenten, zumindest bis auch sie sich des Verrats schuldig machten. Das geschah so oft, dass wir dafür eine eigene Bezeichnung hatten. Wir nannten es »abfallen«. Abzufallen bedeutete, dass sie sich eigene Gedanken über ihren Glauben machten. Diese neuen Gedanken führten zu neuen Glaubensvorstellungen. Zunächst entzog man solchen Studenten das Mikrofon. Wenn sie ihre ideologische Irrfahrt fortsetzten, wanderten sie von der ersten Reihe in die hinteren Ecken ab. Schließlich stahlen sie sich ohne großes Aufsehen zur Tür hinaus. Wenn sie gegangen waren, erkundigten wir uns gegenseitig nach ihrem Schicksal, in gedämpftem Ton, als ob sie gestorben wären. Wir gelobten einander, dass wir für sie beten würden, damit sie zum wahren Glauben zurückfänden.

Ich war bereit, alles zu tun, um dem Klub der Kompromittierten, der Sekte der übergeschwappten Glaubensvorstellungen, aus dem Weg zu gehen.

//

Genci, Ilir und ich waren vier Monate lang Freunde. Sie hatten Charme, waren treu und lustig. Sie waren innerlich unabhängig. Über jedes Thema konnte man frei mit ihnen diskutieren, jede Unterhaltung war für sie eine Art Spielplatz, auf dem sie sich austoben konnten. Sie gaben sich frei und offen. Das war sehr erfrischend. Ich wünschte, wir hätten länger Freunde sein können, doch wie viele ihrer Landsleute flohen sie über die Grenze, weil sie auf der Suche nach besseren Jobs und einem besseren Leben waren.

Sie gingen, ohne sich zu verabschieden.

Als wir schon einige Zeit befreundet waren, unterhielten wir uns einmal stundenlang auf ihrem Zimmer. Wir saßen auf der durchhängenden Matratze. An manchen Tagen brauchte ich einfach eine Pause vom anstrengenden Missionarsleben. An diesem Tag schenkten mir meine Freunde eine solche Erholungspause. Das dachte ich zumindest.

Es begann damit, dass Genci mich über die amerikanische Geschichte ausfragte, vor allen Dingen darüber, wie wir unabhängig geworden waren. Er war neugierig, wie ich den Unabhängigkeitskrieg sah und das Recht eines Volks, seine Freiheit einzufordern, wie es Albanien nur einige Monate zuvor getan hatte.

Wir redeten über Ehre und Gerechtigkeit. Wir redeten über Unterdrückung. Wir redeten über Gewalt als Mittel zur Veränderung. Wir erzählten uns Geschichten über Aufstände und Revolutionen. Wir sprachen über den Kampf zwischen Starken und Schwachen.

Sie wollten außerdem wissen, wie ich es empfand, Bürger des mächtigsten Landes der Welt zu sein. Mir machte das Spaß. Endlich konnte ich über mein Land reden. Hier wusste ich Bescheid. Meine Geschichte war mit der Geschichte eines erfolgreichen Staats verknüpft. Mein Volk – das waren die Gewinner. Ich bekam das Gefühl, ich wäre erleuchtet. Erleuchtung kann einen Menschen trunken machen.

Wie so oft kamen wir im Lauf unseres Gesprächs wieder auf den Glauben zu sprechen. Sie hatten Fragen. Ich war der Experte und diese beiden muslimischen Männer stellten die Fragen. In dieser Rolle ging ich ganz auf. Sie hörten nicht auf, Fragen zu stellen, und ich gab mein Bestes, um ihnen zu antworten.

»Wie kannst du an das Christentum glauben, wenn die Dreieinigkeit keinen Sinn ergibt?«

»Wie kannst du an so viele Götter glauben? Im Koran heißt es, dass Gott Einer ist.«

»Wie kannst du an die Bibel glauben, wenn sie so voller Fehler ist?«

Diese Fragen waren damals typisch für Albanien. Auf einmal gab es neue Freiheiten, die Grenzen waren offen, und viele finanziell gut ausgestattete islamische Organisationen sahen Albanien als wichtigen Verbündeten in Europa, ein Land, in dem man den Glauben fördern und stärken müsste. Überall im Land wurden neue Moscheen errichtet und islamische Bildungsprogramme angeboten.

Hinter einer dieser Initiativen stand der Islamgelehrte Achmed Deedat. Kistenweise wurden Bücher mit ominösen Titeln wie *101 Widersprüche in der Bibel* um den Campus herum und an Straßenecken abgestellt. Jeder durfte sich kostenlos daraus bedienen. Fast täglich fand ich eines dieser Bücher im blauen Umschlag in irgendeiner Studentenbude.

Auf jede Frage meiner Freunde hatte ich mich vorbereitet. Dutzende von Malen hatte ich sie schon beantwortet. Mir war nicht daran gelegen, die Debatte zu gewinnen. Ich wollte ihnen Antworten geben, die ihren Intellekt befriedigten und ihre Neugier stillten. Der Tanz sollte weitergehen.

Dann nahm das Frage-und-Antwort-Spiel eine unerwartete Wendung. Sie stellten eine Frage, auf die ich *nicht* vorbereitet war. Ilir wollte wissen: »Wie findest du es, dass die christlichen USA in die muslimischen Länder Kuwait und Irak einmarschiert sind?«

Das Gefühl, erleuchtet zu sein und alles unter Kontrolle zu haben, schwand schlagartig. Ich versuchte ihm so gut zu antworten, wie es nur irgend ging: »Das war die ganz natürliche Reaktion einer Supermacht, wenn es irgendwo auf der Welt ungerecht zugeht. Es war unrecht, dass der Irak in Kuwait einmarschierte, und die USA kamen diesem Land zu Hilfe.«

»Und wegen des Öls«, warf Ilir sofort ein.

»Neeeeein«, erwiderte ich. Sein Gegenargument überraschte mich. Ich versuchte zu erklären: »Das Öl hat damit gar nichts zu tun. Bei der Invasion ging es nur darum, das Richtige zu tun.« Die Unterhaltung brachte mir keinen Spaß mehr, ich war ärgerlich geworden und regte mich langsam auf.

»Ja, sicher«, meinte er. »Der Irak hatte in mancherlei Hinsicht unrecht. Da bin ich mit dir einer Meinung. Aber die USA wären niemals dort einmarschiert und hätten so viel Geld investiert, wenn es dort nicht so viel Öl gäbe.«

»Nein!« Jetzt war ich wirklich verärgert. »So war das überhaupt nicht. Wo hast du das alles gehört?«

An diesem Punkt setzten sich Ilir und Genci kerzengerade hin und ihre Augen leuchteten, weil sie Spaß an der Diskussion fanden. Ihre Gesten wurden intensiver.

Wie in vielen Mittelmeerländern wird ein Gespräch erst zu einem *richtigen* Gespräch, wenn jemand zu brüllen anfängt. Meistens war ich eher der leise Typ, während sich meine albanischen Freunde gerne aufregten. Dieses Mal jedoch war es anders. Ich war es, der anfing zu brüllen. Und dabei hatten wir gerade erst angefangen.

»Na gut, was will deine Regierung unternehmen, um den Tschetschenen zu helfen?«

Tschetschenien? Was hat Tschetschenien damit zu tun?, dachte ich mir.

Ilir hakte nach. »Was wird dein Land unternehmen, wenn Tschetschenien eure Hilfe braucht?«

Nach dem Auseinanderbrechen der Sowjetunion hatte Tschetschenien die Unabhängigkeit ausgerufen, und zwar ohne Absprache mit Russland. Man rasselte schon mit den Säbeln und sagte Tschetschenien eine blutige Zukunft voraus. Der russische Einmarsch anderthalb Jahre später sollte Ilirs Befürchtungen bestätigen.

»Die Tschetschenen sind auch Muslime«, fuhr Ilir fort. »Wird deine Regierung ihnen auch zu Hilfe kommen, wenn Russland dort einmarschiert, so wie in Kuwait? Werden sie auch in Tschetschenien für Gerechtigkeit kämpfen?«

Ehrlich gesagt, wusste ich überhaupt nichts über Tschetschenien. Doch was spielte das schon für eine Rolle? Meiner Meinung nach hatte das absolut nichts mit unserem Thema zu tun. Ihre Aufmüpfigkeit ärgerte mich. Wer waren sie denn, dass sie über die Politik und Maßnahmen meines Landes zu urteilen wagten? Ich platzte heraus: »Woher sollte ich denn bitteschön wissen, was mein Land tun wird?«

An diesem Punkt brüllten wir drei uns alle an; wenn ich zurückdenke, kommt es mir jedoch so vor, als hätten Genci und Ilir noch ein Lächeln auf den Lippen gehabt. Für sie war das einfach eine anregende Diskussion, die ihnen Spaß machte. Es ging ihnen nicht darum, wer letzten Endes recht behielt. Ich aber lächelte nicht.

»Der springende Punkt ist doch der«, meinte Ilir, »du behauptest, dein Land setzt seine Macht ein, um der Gerechtigkeit zum Sieg zu verhelfen. Wenn dein Land wirklich für Gerechtigkeit eintritt, *solltest du wissen*, wie deine Regierung handeln wird. Du solltest in der Lage sein, meine Frage zu Tschetschenien zu beantworten. Aber weil sich die USA von der Frage nach dem Öl leiten lassen, kannst du unmöglich wissen, ob sie sich dieses Problems annehmen werden.« Nach dieser Argumentationskette breitete er die Arme aus, als wollte er sagen: »Und damit habe ich meinen Punkt bewiesen.« Er war eindeutig zufrieden mit seiner Zusammenfassung.

Ich war außer mir vor Wut. *Wofür hält sich dieser Kerl eigentlich? Wenn die Welt ein Schachbrett wäre, wäre mein Land der König und seines nicht mal ein Bauer. Wofür hält er sich, dass er mich darüber belehren sollte, was die USA tun dürfen und was nicht? Weiß er denn nicht, dass Albanien von der Großzügigkeit der Vereinigten Staaten profitiert? Hat er denn keine Ahnung, dass sein*

Land tief in unserer Schuld steht? Er sollte doch wirklich wissen, welcher Platz ihm zukommt.

Jetzt merkten auch meine Freunde, dass es mir todernst war. Ich konnte die Diskussion nicht mehr auf die leichte Schulter nehmen und daher wollten sie sie auch nicht in diesem Stil weiterführen. Als ich mich etwas beruhigt hatte, sah mir Genci in die Augen. Er wusste, dass ich immer noch verärgert war. Dann stellte er mir ohne Umschweife eine Frage.

»Tony«, meinte er, »hast du eigentlich gemerkt, dass du dein Land mehr verteidigst als deinen Gott?«

Diese Frage saß.

//

Ich habe einen Freund namens Jared. Wir lernten uns viele Jahre nach meinem Albanienaufenthalt kennen, als er am Reed College studierte. Nach unserer gemeinsamen Collegezeit machten wir zusammen ein Kleinunternehmen auf. Er ist Unitarier. (Ich weiß noch, dass es in dem Buch *Im Reich der Sekten* ein langes Kapitel über diese Kirche gab.)

Jared hat Persönlichkeit. Es war mir eine Ehre, ihm mein Leben und meinen beruflichen Erfolg im Rahmen unserer Partnerschaft anzuvertrauen. Viel Geld haben wir nicht verdient, aber an der Entscheidung, mit ihm Freundschaft zu schließen, zweifelte ich niemals.

Einmal habe ich von Jared etwas fürs Leben gelernt. Verstehen Sie, Jared und ich sind beide eigensinnig und gewohnt, recht zu behalten. Wie man vermuten kann, stritten wir uns in geschäftlichen Fragen recht häufig. Manchmal nahmen unsere Auseinandersetzungen dramatische Formen an.

An diesem Tag jedenfalls verlor ich völlig die Fassung, wie damals bei meiner Diskussion mit Genci und Ilir.

Ich war aufgebracht, die Atmosphäre im Raum angespannt. Normalerweise hätte das zu einer heftigen Auseinandersetzung geführt, aber dieses Mal nicht. Dieses Mal war es anders.

Jared wählte seine Worte mit Bedacht. Er wusste, dass er sie sehr vorsichtig formulieren musste. Er wusste auch, dass er ebenso sehr zu sich selbst sprach wie zu mir.

»Tony«, meinte er, »ich bin mir bewusst, dass das Ausmaß meiner Emotionen nicht mit der Bedeutung unserer Situation übereinstimmt.«

Jared redet wirklich so. Er ist ein richtiger Schlaumeier und weiß sich gewählt auszudrücken.

»Ich will es dir erklären. Manchmal muss man zornig werden und sogar die Fassung verlieren, wenn zum Beispiel ein Mensch, der mir sehr nahesteht, in Gefahr schwebt. Dann soll man sogar ausflippen, stimmt's?« Er machte eine kleine Pause, damit ich diesen Gedanken sacken lassen konnte. »Aber manchmal kochen meine Gefühle hoch, obwohl das dem, was gerade passiert, eigentlich nicht angemessen ist. Dann atme ich tief durch und trete einen Schritt zurück, um die Dinge aus einem gewissen Abstand zu betrachten. Und ich stelle mir die Frage: ›Jared, worüber regst du dich *in Wirklichkeit* auf?‹ Wenn meine Gefühle dem, was gerade vorgefallen ist, nicht angemessen sind, kann man wohl davon ausgehen, dass irgendetwas anderes hinter meinen Emotionen steht.« Er blickte mir prüfend in die Augen, um zu sehen, ob das für mich irgendeinen Sinn ergab. »Tony.« Nun sprach er mich direkt an und jedes seiner Worte traf mich. »Tony, im Augenblick sieht es für mich so aus, als seien deine Gefühle der Situation nicht angemessen. Da muss noch etwas anderes sein. Worüber ärgerst du dich wirklich?«

Wie Sie wohl schon vermutet haben, trafen mich seine Worte mitten ins Herz. Ich musste herausfinden, was wirklich in mir vorging. *Was ist da los? Warum habe ich mich so aufgeregt?* Ich begriff, dass da etwas in mir war, das die Kontrolle über mich ergriffen hatte, obwohl ich an den meisten Tagen nicht einmal merkte, dass es da war. Ich atmete tief durch. Es dauerte nur einige Augenblicke, bis ich klar sah. Es gab tatsächlich ein Problem, das noch tiefer saß.

Seit einiger Zeit nämlich liefen unsere Geschäfte nur noch schleppend. Und wenn ich wirklich in mich hineinhörte, musste ich zugeben, dass ich dadurch das Gefühl hatte, ich wäre als Person gescheitert. Meine Identität war fest mit meinem beruflichen Scheitern verknüpft. Ich hatte nicht den Erfolg, den ich brauchte, um mich wertvoll zu fühlen. Und dieses Gefühl des Versagens ließ ich an meinem Freund aus.

//

Als ich nach dem Streit mit Genci und Ilir nach Hause ging (wie gesagt, vielleicht war es nur für mich ein ernsthafter Streit gewesen), dachte ich darüber nach, warum diese Auseinandersetzung eskaliert war. Je länger ich darüber nachdachte, desto weniger wichtig wurde es mir, wer recht und wer unrecht hatte. Viel wichtiger war mir jetzt die Frage, warum mich unser Gespräch so aufgebracht hatte. Vor allen Dingen machte es mir Sorgen, dass ich diese beiden Männer, die mir lieb und teuer waren, innerlich angeklagt hatte.

Was sollte ich mit Gencis Frage anfangen: »Tony, hast du eigentlich gemerkt, dass du dein Land mehr verteidigst als deinen Gott?«

Was stimmte nicht mit mir?

Auf jeder Seite der Bühne, von der der Pastor seine Predigten gehalten hatte (also der Plattform mit Podium, Chor und dem versteckten Taufbecken), hatte eine Flagge gestanden. In den heiligen Hallen der Gemeinde, in der ich aufgewachsen war und mein Pastor mich davor gewarnt hatte, meinen Glauben zu verunreinigen, stand auf der einen Seite eine Flagge mit einem christlichen Motiv, auf der anderen Seite eine amerikanische Flagge, beide gleich groß und gleich gut sichtbar.

Welche subtile Botschaft vermittelten diese beiden Flaggen dem kleinen Jungen Sonntag für Sonntag? Hatte ich diese beiden Fahnen auch innerlich Seite an Seite aufgezogen? War ich an eine Sekte geraten, eine Sekte, die sich mein Pastor niemals hätte vorstellen können? Er hatte uns beigebracht, dass man eine Sekte an drei Dingen erkennt: einer dogmatischen Lehre, die auch christliche Redeweisen gebraucht, einer autoritären Struktur und charismatischen Führern und schließlich der Forderung nach emotionaler Loyalität.

Je mehr ich darüber nachdachte, desto deutlicher erkannte ich, dass die Getränke im Humpen meines Glaubens und im Humpen meines Nationalismus übergeschwappt waren und sich vermischt hatten – und das führte zur Vergiftung.

5
Hingabe

Man hätte meinen können, wir hätten uns schon unser ganzes Leben lang gekannt.

Wir gingen zusammen spazieren, Arm in Arm. Er war etwas kleiner als ich. Mein Arm lag über seinen Schultern und baumelte links herab. Er hatte seinen rechten Arm um meine Hüfte gelegt, seine Hand ruhte in meiner Armbeuge.

In diesen Gesten zeigte sich unsere Freundschaft.

//

Im Lauf der Zeit bot das Leben in Albanien immer mehr Annehmlichkeiten. Auf den Märkten bekam man immer mehr. Der Strom wurde nicht mehr ganz so oft abgeschaltet. Und schließlich kam es zur Gründung von privaten Unternehmen.

Ich kann mich noch an den Tag erinnern, als nicht weit vom Campus die erste kleine Pizzeria eröffnete. Es war ein unauffälliger kleiner Eckladen an der Straße nach Elbasan, nicht größer als ein kleines Wohnzimmer, mit drei Stehtischen in der Mitte und einem Tresen. Dahinter arbeiteten zwei oder drei Frauen in dicken Schürzen, das Haar mit einem weißen Tuch bedeckt. Einige Bodenfliesen waren gesprungen, andere fehlten ganz. Die Wände waren kahl.

Im Großen und Ganzen war der Laden einigermaßen sauber. So viel zu den guten Seiten.

Die Pizza wurde auf großen Backblechen zubereitet und in rechteckige Stücke geschnitten, so groß wie eine Scheibe Brot. Es empfahl sich nicht, ein Stück aus der Mitte des Blechs zu nehmen, denn das war hoffnungslos durchweicht. Nicht fettig, sondern wässrig wie ein nasser Schwamm. Fettig wäre ja unter gewissen Umständen noch schmackhaft gewesen, aber wie ein nasser Schwamm – nein danke. Die feuchte Pizza war sparsam mit Tomatensoße aus der Dose bestrichen und mit einem krümeligen, säuerlich schmeckenden Käse belegt. Diese Käsesorte konnte man sich auf dem Markt relativ einfach besorgen. Es gab zwei Geschmacksrichtungen, entweder den besagten Krümelkäse oder, wenn man bereit war, etwas mehr zu investieren, dazu noch einige Scheiben radiergummifarbene Salami.

Die Radiergummipizza mochte ich am liebsten.

Vom ersten Tag an war die Pizzeria eine Anlaufstelle für Feinschmecker, ein »Licht auf dem Berge« und ein schlagkräftiges Beispiel für existenzielle Relativität, denn ich konnte die Pizza wirklich nur als »lecker« bezeichnen.

//

Den Tag, als er zum ersten Mal diese namenlose Pizzeria betrat, werde ich niemals vergessen. Er trug eine Jeansjacke mit Lederkragen, ein Button-down-Hemd, Jeans und Sportschuhe. Er besaß eine gewaltige Ausstrahlung. Der eine oder andere mochte ihn für arrogant halten. Mir jedenfalls ging es so.

Er ging nicht, sondern stolzierte. Im Restaurant bewegte er sich wie Paul Newman in *Der Unbeugsame.*

Ich beobachtete ihn vom ersten Moment an, als er durch die Tür trat. Gleich am ersten Tisch traf er einen Freund. Sie begrüßten sich mit einem Wangenkuss und sprachen so leise miteinander, dass ich bei dem Lärmpegel nichts mitbekam. Zügig schritt er an der Wand entlang und begrüßte noch andere Gäste.

Ich stand an dem Tisch in der Mitte. Er umkreiste mich, während er mit seiner Begrüßungsrunde weitermachte, als wäre er auf einer Cocktailparty, den Rücken immer zur Mitte gewandt. Plötzlich drehte er sich um und blickte mir ins Gesicht.

»Schau mal einer an, hier haben wir einen Amerikaner.« Das war nicht in herausforderndem Ton gesprochen, sondern eher leicht und spielerisch. Er grinste breit und schlug mit der Rückseite seiner Finger gegen die andere Hand, während er das sagte. »Wie heißt du, Amerikaner?«

»Ich heiße Tony«, sagte ich so beiläufig wie möglich. Ich war nicht sicher, ob er sich über mich lustig machen wollte, und deshalb hielt ich mich bedeckt. Obwohl ich ihn auf den ersten Blick mochte und sein Freund sein wollte, war ich doch misstrauisch. Ich fürchtete, ich war gerade meinem Gegenspieler begegnet. Aber vielleicht war das gar nicht so abwegig. In Comics ist der Gegenspieler oft der beste Freund.

»Wie heißt *du* denn?«, wollte ich wissen.

»Wie ich heiße?« Er lachte. »Ich heiße Lulëzim.« Er legte eine winzige Pause ein, dann beugte er sich fast unmerklich vor und fragte: »Kannst du meinen Namen aussprechen?«

Wie Sie wahrscheinlich schon vermuten, war das eine Falle. Und mir stand wirklich kein einziger Ausweg offen. Die Falle war einfach. Im Albanischen gibt es eine Reihe von Buchstaben und Lauten, die das Englische nicht kennt und die ein Amerikaner praktisch nicht aussprechen kann. Sein Name war ungewöhnlich und enthielt gleich zwei dieser Laute. Das *ë* ist ein ganz spezieller Vokal, und das *l* stellte mich vor besondere Probleme, weil es im Albanischen auch ein Doppel-*l* gibt, und natürlich ist das einfache *l* für einen ignoranten Amerikaner besonders schwierig zu meistern. Er sprach sehr schnell und das machte die Sache noch schlimmer.

»Llullizim«, entgegnete ich.

»Nein, *Lulëzim*. Sag's noch einmal.«

Der Name eines Menschen ist unglaublich wichtig. Er ist eine Sache der Ehre und ein Symbol der Identität. Ich wollte seinen Namen unbedingt richtig aussprechen. »Llullizim.«

»Nein! *Lulëzim.* Versuch's noch einmal.«

Inzwischen hatte sich Schweigen über das gesamte Restaurant gesenkt. Jeder hörte genau hin und mir blieb keine andere Möglichkeit, als es noch einmal zu versuchen: »Lullezim.«

»Nein.« Dieses Mal sprach er betont langsam, als hätte er es mit einem kleinen Kind zu tun. »Luuulëëëzim.« Ein letztes Mal sprach er es mir vor, mit einer wegwerfenden Handbewegung, um mir zu zeigen, wie einfach das doch war. »Lulëzim.«

»Tut mir leid. Ich kann es einfach nicht aussprechen.« Trotzdem versuchte ich es noch einmal. »Lullëzim.« Den Vokal bekam ich dieses Mal einigermaßen hin, doch beim zweiten *l* versagte ich wieder kläglich.

»Okay, okay.« Er gab es auf und klopfte mir großmütig auf die Schulter. »Ganz guter Versuch, wirklich. Dann erzähl mir doch mal, Tony, was machst du hier in Albanien?«

»Ich bin hier … äh …« Jetzt saß ich in der Klemme. Ich hatte entsetzliche Angst, etwas Falsches zu sagen. Nach außen hin versuchte ich stark zu wirken, doch in Wirklichkeit hatte er mich eingeschüchtert, und das passierte nicht oft. Ich versuchte meine Würde wiederzugewinnen und platzte heraus: »Ich bin Missionar.«

»Ein Missionar, sieh an.« Er lachte lauthals. »Tony, bist du ein Christ?«

»Ja, das bin ich.«

»Na gut, und ich bin Muslim. Ich bin ein stolzer muslimischer Mann«, sagte er und legte seine Hand aufs Herz.

Er blickte mir direkt in die Augen. Ich wusste nicht, was ich sagen sollte.

Dann endlich brach er den Bann und meinte: »Okay, Amerikaner Tony. Schön, dich kennengelernt zu haben. Vergiss meinen Namen nicht: Lulëzim, Lulëzim.«

Dann ging er. Ich war erleichtert, denn endlich war ich wieder mit meiner Radiergummisalamipizza allein.

//

Tirana ist in vieler Hinsicht eine kleine Stadt. Im Lauf der nächsten Monate begegnete ich ihm ungefähr ein Mal pro Woche.

Ich war gerade mit einer Bekannten unterwegs, als er von der anderen Straßenseite herüberrief. Seine Stimme übertönte den Dieseltraktor, der gerade vorbeifuhr. Sehen konnte ich ihn nicht, aber hören. Ich erkannte ihn sofort: Er war mein Gegenspieler.

»Hey Tony! Tony! Missionarstony aus Amerika.«

Ich versuchte ihn zu entdecken. Gleichzeitig fürchtete ich mich davor. Dann sah ich ihn. Er winkte mit einem Arm zu mir herüber. Ich winkte zurück, sagte aber kein Wort. »Wie heiße ich?«, brüllte er über die Straße. »Sag mal meinen Namen!« Er lachte dabei. Die Bürgersteige waren belebt und er sprach so laut, dass ihn jeder hören konnte.

Ich zuckte die Achseln und er lachte nur noch lauter. »Lulëzim!« Dann schlug er mit dramatischer Geste die Hände zusammen und wandte sich ab. Er legte seinem Freund den Arm um die Schulter, beide lachten und zogen weiter.

Er besaß die unheimliche Fähigkeit, mein Ego zu zerstören, als handle es sich nur um eine Fliege, die er vom Picknick verscheuchen wollte.

Als Lulëzim außer Sichtweite war, fragte mich meine Bekannte: »Wer war das denn gerade?«

Ich meinte: »Frag nicht.«

Wenn mir damals jemand gesagt hätte, dass er Jahre später als mein Trauzeuge neben mir stehen und ich sogar meinen ersten Sohn nach ihm benennen würde, hätte ich ihn einen dreckigen Lügner genannt.

//

Die folgenden Begegnungen mit Lulëzim waren Variationen dieses Themas, wie ich es an jenem Tag auf der Straße erlebt hatte. Wir liefen uns immer wieder über den Weg, sei es in der Pizzeria oder auf dem Campus. Er zog mich auf. Ich versuchte darüber zu lachen. Einige Male sprach ich das Thema Glauben an. Er betonte immer wieder, dass er Muslim sei. Damit gab er zu verstehen, dass es nichts mehr zu diskutieren gebe.

So ging es etwa vier Monate lang.

//

Zu meinen Aufgaben gehörte es auch, Besuchergruppen zu betreuen. Sie kamen für ein paar Tage oder Wochen, um zu missionieren. Einmal war ich für eine große Gruppe von Collegestudenten aus Ohio verantwortlich.

Einer von ihnen hieß Matthew. Er war niemand, der einem besonders ins Auge fiel, und hinterließ einen so flüchtigen Eindruck wie die Pizzeria. Wenn man Leute wie ihn auf einer Party sah, konnte man sich später nicht einmal erinnern, dass sie überhaupt da gewesen waren. Matthew war aus einem einzigen Grund nach Albanien gekommen: Sein Herz brannte für einen Jurastudenten. Man kann es nur so begreifen: Gott hatte die Saat in sein Herz gestreut, sodass er sich für einen Menschen auf der anderen Seite der Erde interessierte, weit weg von seinem behüteten Elternhaus in Ohio. Ein Jahr lang hatte er jeden Tag für diesen einen Studenten gebetet. Als er im März in Albanien eintraf, hatte er nur einen Wunsch: Er wollte diesem jungen Mann von Jesus erzählen.

Matthew war nur für eine Woche gekommen.

Am Donnerstag wollte er mit mir reden. Offensichtlich hatte er etwas Wichtiges auf dem Herzen, aber das ist bei allen Leuten so, die für einen Kurzzeiteinsatz kommen. Also ignorierte ich ihn. Er versuchte mir von dem Studenten zu erzählen, mit dem er sich treffen wollte. Ich wies ihn ab. Er beharrte darauf, dass dieser Student etwas Besonderes sei, und ob ich nicht einfach einmal … Ich sagte ihm, es täte mir leid, aber ich hätte Wichtigeres zu tun. Dann teilte er mir noch mit, dass der Student Luli heiße. Ich hörte schon gar nicht mehr hin.

Am nächsten Tag stand ich in einem schummrigen Hörsaal auf dem Campus der Universität Tirana. Etwa eine Stunde zuvor hatten wir eine erfolgreiche Veranstaltung zu Ende gebracht, zu der mehr als dreihundert Studenten erschienen waren. Ich war für das Treffen verantwortlich gewesen und sonnte mich in meinem Erfolg.

Ich stand ganz vorn, um noch einige Dinge zu erledigen, und freute mich schon auf den Feierabend. Ein schweres, orangefarbenes Kabel hatte ich schon halb um meinen linken Arm gewickelt. Mit meinem rechten Arm legte ich das Kabel in einer Acht zusammen.

Als er eintrat, hörte ich nicht einmal die Tür. Das durch die Fenster zum Foyer einfallende Licht des Spätnachmittags ließ seine Silhouette hervortreten, doch auch darauf achtete ich nicht. Ich bemerkte ihn erst, als er den linken Gang schon halb heruntergekommen war. Erst als er unmittelbar vor mir stand, erkannte ich ihn. Ich war wie vom Donner gerührt. Seine Miene wirkte völlig anders als sonst.

Es war Lulëzim, derselbe Lulëzim wie in der Pizzeria und neulich auf dem Bürgersteig. Er blickte mich an, als stünde ich im Zeugenstand und er wäre der Staatsanwalt. Dann machte er den Mund auf.

»Kannst du mir die Bibel erklären?« Das fragte er einfach so. Er sprach leise, aber die Worte waren unmissverständlich.

Ich wusste nicht, was ich sagen sollte. Mir kam es so vor, als hätte er diesen Satz sorgfältig eingeübt. Ich tat das Richtige und hörte einfach zu. »Matthew hat sich die ganze Woche mit mir unterhalten. Er meinte, dass er jeden Tag für mich betet. Hast du das gewusst?«

»Ja, schon.«

»Matthew hat mir von Jesus erzählt. Ich will die Bibel kennenlernen, aber ich brauche Hilfe. Ich weiß nicht, was ich lesen soll. Du hast viel zu tun, ich weiß. Aber wann immer du Zeit hast und wo immer du dann gerade bist, ich komme zu dir.«

Seine Demut machte mich sprachlos, doch an seiner Aufrichtigkeit hegte ich Zweifel.

Ich wusste nicht, was ich sagen sollte. Ein wenig stand ich in der Versuchung, glühende Kohlen auf sein Haupt zu häufen, weil er mich so oft in peinliche Situationen gebracht hatte. Aber wie hätte ich das tun können?

Und so wagte ich es im Glauben, mich mit ihm zu treffen.

Zunächst trafen wir uns einmal pro Woche. Bald waren wir unzertrennliche Freunde.

Lulëzim verschlang die Bibel förmlich. Obwohl ihm sein Jurastudium wenig Zeit ließ, nahm er sich vor, das Neue Testament in nicht einmal einer Woche durchzulesen. Die Geschichte von Jesus begeisterte ihn. Die Worte Jesu waren es seiner Meinung wert, befolgt zu werden.

Und ich konnte dabeisitzen und alles beobachten. Es war mir eine Ehre. Oh, und übrigens erlaubte er mir bald, ihn Luli zu nennen, und das konnte ich jedes Mal korrekt aussprechen.

Weil ich in einer zweigeteilten Welt aufgewachsen war, hatte ich mit der Versuchung zu kämpfen, angesichts seiner neuen Einstellung zu triumphieren. Mein Team hatte wieder einmal gewonnen. Wir hatten unserer Liste einen Namen hinzugefügt und einen von ihrer gelöscht. Nach einiger Zeit jedoch tat ich Buße für die Vorstellung, mein Freund sei eine Art christliche Eroberung. Der Glaube, mein Team sei »besser«, hatte mich blind gemacht, und zwar so sehr, dass ich nicht mehr sah, was ihn diese Entscheidung gekostet hatte. Im Lauf der Zeit begriff ich, was ein stolzer junger Mann alles auf sich nehmen musste, um etwas zu tun, was ich noch niemals in Erwägung gezogen hatte … dem Weg des Glaubens zu folgen, wohin er auch führen würde. Wohin auch immer! Luli war bereit, etwas zu tun, was ich nicht tun konnte. Selbst wenn das bedeutete, sich intensiv mit einer anderen Religion zu beschäftigen. Selbst wenn das bedeutete, die heiligen Texte der Gegenseite zu lesen.

Letzten Endes wurde Luli mein Lehrer. Er ist für mich der Inbegriff des Muts. Wenn wir einen Baum an seinen Früchten erkennen, dann war Luli ein Baum mit tiefen Wurzeln, am Wasser gepflanzt.

//

Es wird Sie vielleicht überraschen, dass Luli heute, viele Jahre später, immer noch mit Glaubensfragen zu kämpfen hat. Er lässt sich nicht in bequeme, religiöse Schubladen stecken, die ja auch Schutz bieten. Immer noch geht er seinen Weg, so gut er es vermag. Kompromisslos steht er zu seiner Liebe zu Jesus, würde sich jedoch nicht als Christ bezeichnen.

Ich bin stolz, dass ich mich Lulis Freund nennen darf. Mein Freund Luli wuchs unter einer atheistischen kommunistischen Regierung auf. Als junger Mann bezeichnete er sich stolz als Muslim. Er stammt aus einer muslimischen Stadt in Nordalbanien. Er ist Bürger eines vorwiegend islamischen Landes.

Außerdem ist er ein mutiger Mann des Glaubens, voller Hingabe an Jesus – und mir ein treuer Freund.

//

Wenn Sie uns in den folgenden Jahren irgendwo auf der Straße begegnet wären, hätten Sie vielleicht folgendes Bild zu Gesicht bekommen:

Man hätte meinen können, wir hätten uns schon unser ganzes Leben lang gekannt.

Wir gingen zusammen spazieren, Arm in Arm. Er war etwas kleiner als ich. Mein Arm lag auf seinen Schultern und baumelte links herab. Er hatte seinen rechten Arm um meine Hüfte gelegt, seine Hand ruhte in meiner Armbeuge.

In diesen Gesten zeigte sich unsere Freundschaft.

6 Pastor

Man hatte mir beigebracht, zwei Instanzen zu vertrauen: meiner Bibel und meinem Pastor.

//

Mit der Zeit empfand ich das Leben in Albanien als richtig angenehm. Auch dass der Strom regelmäßig ausfiel, ich bei Kerzenlicht lesen musste und mein Zimmer mit einem Petroleumöfchen heizte, fand ich inzwischen völlig normal.

Bücher wurden zu meinem Kino. Geschichten zu erzählen war mein Fernsehen. Der einstündige Fußweg zum Campus war mein Pendeln zur Arbeit. Eine Schafherde war mein Verkehrsstau. Wenn man nicht weiß, wie es ist, Dosenfleisch als Delikatesse zu betrachten und den amerikanischen Soldatensender als Luxus, hat man eigentlich nicht gelebt.

Und dann kam die Zeit, als dieser wunderbare Tagesablauf mit quietschenden Bremsen zum Stehen kam.

//

Auf der anderen Seite des Campus lag die sogenannte Studentenstadt. Zu ihr gehörten dreißig Wohnheime, die man neben- und hintereinander auf einem Hügel errichtet hatte. Man konnte sich leicht vorstellen, welchen Traum die Architekten damit hatten verwirklichen wollen: Ein Utopia auf dem Berg, in der Mitte ein geräumiger Platz, einige Cafés und Studentenklubs, sogar ein Studentenkino. Nun aber war von diesem Traum nicht mehr viel übrig geblieben. Die Anlage hätte dringend instand gesetzt werden müssen, Steine waren abgeplatzt und die Fassadenfarbe verblichen.

An den meisten Tagen ging ich an der prächtigen US-Botschaft vorbei und passierte dann ein großes Waisenhaus, das von baptistischen Missionaren geleitet wurde, bevor ich abbog und den Hügel hinaufstieg, um zu den Wohnheimen zu kommen. Ich kam an Sportplätzen vorbei, neben denen es früher einmal Zuschauertribünen und Basketballkörbe gegeben hatte, doch nun fanden sich dort nur noch verbogene Pfosten und verrostetes Metall.

Als ich den zentralen Platz der Studentenstadt erreichte, ging dort etwas Ungewöhnliches vor sich. Einige Dutzend Studenten hatten sich versammelt. Zwar konnte ich nicht erkennen, was ihre Aufmerksamkeit fesselte, aber ich entdeckte zwei Wollmützen, die in der Mitte auf und ab hüpften.

Ich ging näher heran. Die Studenten wirkten konzentriert und ernst. Die Wollmützen saßen auf zwei ehrwürdigen, gelehrten Köpfen. Der eine Mann hatte einen weißen Vollbart und trug ein knöchellanges Gewand aus grauer Naturfaser. Der andere Mann war jünger, wirkte jedoch gleichermaßen wie ein Würdenträger; Bart und Gewand waren kürzer und braun.

Offenbar beantworteten sie Fragen, die die Studenten ihnen stellten. Jede Antwort war eine kleine Predigt für sich und wurde sorgfältig artikuliert vorgetragen. Die Männer sprachen Arabisch. Ein Mann mittleren Alters im Anzug übersetzte sie Satz für Satz ins Albanische. Vom Arabischen verstand ich überhaupt nichts, vom Albanischen nur ein wenig. Es wimmelte von mir unbekannten religiösen Fachbegriffen. Ich verstand grob, worum es ging, jedoch keine Einzelheiten.

Ich wandte mich um und fragte einen Studenten, was hier los sei, und er erklärte mir: »Diese Männer gehören zu einem großen Islaminstitut. Sie sind aus Jordanien und Saudi-Arabien hierhergekommen, um uns im muslimischen Glauben zu unterweisen.«

Ich fand das beunruhigend.

An jedem Tag der Woche stieß man in der Stadt auf muslimische Kurse und Dienstleistungen, doch das hier war anders. Diese Männer strahlten Autorität aus. Jede Minute kamen neue

Menschen hinzu. Die beiden Gelehrten hielten eine Audienz ab und wussten zu überzeugen.

Eine halbe Stunde lang hörte ich zu. Ich versuchte ihnen zu folgen. Sprachen waren noch nie meine Stärke gewesen. Ich kniff die Augen zusammen, als ob das meinen Ohren die Fähigkeit verleihen würde, alles zu verstehen. Sie sprachen von den Säulen des Islams, dem Wesen Allahs und der Notwendigkeit der absoluten Unterwerfung. Sie priesen Albanien für seine Bedeutung und redeten davon, wie das Land ein helles Licht sei, das Europa und der ganzen Welt den Weg zur Herrlichkeit des Islams zeigen könne.

Ich sah mir die Studenten an. Sie waren verzückt und nickten wie hypnotisiert, um ihre Zustimmung deutlich zu machen. Nicht nur spirituell und intellektuell waren sie beeindruckt; man hatte auch ihr Nationalgefühl angesprochen – eine kraftvolle und berauschende Mischung.

//

Im späteren Verlauf des Nachmittags, auf dem Heimweg vom Campus, schaute ich bei meinem Pastor vorbei. Was ich in der Studentenstadt erlebt hatte, machte mir Sorgen, und ich wusste, dass er mir helfen konnte.

Zu diesem Zeitpunkt gab es nur wenige Gemeinden in der Stadt. Ich selbst ging in eine Gemeinde, die ungefähr zu dem Zeitpunkt entstanden war, als ich in die Stadt gekommen war. Ich mochte und schätzte meinen Pastor sehr. Er war groß und gut aussehend, fast wie eine Actionfigur. Darüber hinaus schätzte ich seine geistlichen Einsichten. Wir führten viele Gespräche, in denen er mir Glaubensfragen erklärte, über die ich noch nie nachgedacht hatte.

Ich erinnere mich, wie wir einmal am Seeufer entlanggingen und über die Schönheit und Kreativität Gottes sprachen. »Die Schöpfung lehrt uns unendlich viel über Gottes Wesen«, sagte er. »Denk einmal an den Mond. Er ist keine Lichtquelle und trotzdem scheint er, weil er das Licht der Sonne reflektiert. Wir ähneln dem Mond. Gott ist die einzige wahre Quelle des Lichts und trotzdem kann jeder sein Licht reflektieren, wenn Gott das will, sogar ein toter Stein wie ich.« Er musste grinsen, als er sich selbst als »toten Stein« bezeichnete. Diese poetisch formulierte Wahrheit ist bei mir hängen geblieben. Nach diesem Gespräch sah ich Planeten, Bäume oder Flüsse mit ganz anderen Augen. Alles um mich herum wurde zu einer Predigt.

An diesem Tag jedoch schaute ich in seinem Arbeitszimmer vorbei, weil ich seinen Rat brauchte. Ich hatte die Schlacht um die Seelen der Studenten auf dem Campus beobachtet, und so wie es aussah, war unser Team am Verlieren.

Nachdem ich ihm von meinen Erlebnissen erzählt hatte, sagte ich: »Ich glaube, ich sollte in dieser Sache etwas unternehmen. Jemand muss sich diesen muslimischen Missionaren entgegenstellen. Gott braucht jemanden, der sich für die Wahrheit einsetzt.« Ich war frustriert und machte mir wirklich Sorgen.

»Die Entscheidung liegt bei dir«, meinte er. »Aber sag mal, warum glaubst du, dass du etwas dagegen unternehmen solltest?«

Auf dem College hatte man uns etwas beigebracht, das wir »den Riesen töten« nannten. Diesem Konzept lag die alttestamentliche Geschichte von David zugrunde, der den Riesen Goliat umbrachte. Im Wesentlichen fragt man sich dabei, vor welcher Aufgabe im geistlichen Bereich man am meisten Angst hat (das ist der Riese) und nimmt sich dann genau dieser Aufgabe an. Das war das ultimative Glaubensbekenntnis. Für manche von uns bedeutete das, sich im Biologieunterricht für Jesus einzusetzen. Andere erzählten den Leuten in ihrem Studentenwohnheim, die sie am meisten wegen ihres Glaubens verspotteten, von Jesus. Ich versuchte, meinem Pastor eine Vorstellung davon zu vermitteln, was ich mit dem »Riesen töten« meinte, und erklärte ihm, dass diese beiden Irrlehrer heute die größte Glaubensprüfung für mich darstellten. »Sie sind der Riese, dem ich gegenübertreten muss.«

»Gut«, entgegnete er, »was willst du also tun?«

»Sie zur Rede stellen, glaube ich.« Doch je mehr ich darüber nachdachte, desto klarer wurde mir, dass ich überhaupt keine Ahnung hatte, was ich eigentlich sagen sollte.

Mein Pastor dachte eine Weile nach.

»Ich weiß auch nicht genau, was du sagen könntest«, meinte er schließlich. »Ich bezweifle, dass irgendetwas, was du sagst, sie von ihrer Meinung abbringen könnte. Vermutlich werden sie dir nicht einmal zuhören. Aber« – und beim Nachdenken rieb er sich mit den Fingerspitzen das Kinn – »wenn du die Möglichkeit bekommst, mit ihnen zu reden, würde ich sie wohl auf die Dreieinigkeit ansprechen.«

»Okay.« Die Idee klang nicht schlecht. »Wie mache ich das?«

»Ich würde mit diesem Vers hier anfangen.« Er schlug seine Bibel auf den hinteren Seiten auf. Gerade setzte er an, um einen Vers aus dem 1. Johannesbrief vorzulesen, als er plötzlich abbrach. »Tut mir leid. Vielleicht ist das doch keine gute Idee. Leider gibt es diesen Vers nicht in deiner Bibel.«

Bitte? Was hatte er gerade gesagt? Wie konnte in seiner Bibel ein Vers sein, den es in meiner nicht gab? Bei mir schrillten alle Alarmglocken … und es sollte noch schlimmer kommen.

Er versuchte mir das zu erklären. »Deine Bibel ist keine richtige Bibel. Es tut mir leid, dir das sagen zu müssen. Wahrscheinlich schockiert dich das.« Seiner Meinung nach war es am besten, mir das so ohne Umschweife mitzuteilen, wie man ein Pflaster von der Haut abreißt. »Du kannst deiner Bibelübersetzung nicht vertrauen. Zum Beispiel lässt deine Bibel einige Verse, und zwar wichtige Verse, einfach aus, wie diesen hier.«[7]

Mir wurde schwindlig. Was meinte er damit denn nur? Schon viele Jahre hatte ich die Bibel gelesen. Mein Vater benutzte diese Übersetzung auch. Mein Mentor am College hatte sie mir empfoh-

---

7 Die hier angesprochenen Unterschiede beruhen darauf, welche griechischen Texte man als Grundlage des Neuen Testaments anerkennt. Oft geht man von einem Grundtext aus, der aus den ältesten Handschriften erstellt wurde. Daneben gibt es den überlieferten Text (»textus receptus« bzw. »Mehrheitstext«), der sich auf viele und weit verbreitete, aber meist weniger alte Handschriften stützt. Darin finden sich Verse wie 1. Johannes 5,7-8, die in älteren Texten jedoch viel kürzer sind, worauf in Übersetzungen teilweise hingewiesen wird. (Anmerkung des Verlags)

len. Und jetzt wollte mir mein Pastor weismachen, dass ich dieser Übersetzung nicht vertrauen könnte?

An diesem Punkt hatte ich alles über die muslimischen Missionare vergessen, und er anscheinend auch. Wir hatten die Haltestelle »Platz der bedrohlichen Islamgelehrten« verlassen und waren in den Eilzug nach »Bibel-Fantasia-Land« eingestiegen. Und mein Pastor war der Zugführer.

»Deine Bibelübersetzung hat einen New-Age-Hintergrund, meine ich.«

Ich hatte gewusst, dass mein Pastor seine altmodische Bibel bevorzugte. Das hatte er hinreichend deutlich gemacht. Doch nun erklärte er mir zum ersten Mal, dass ich meiner Bibel nicht vertrauen könne.

»Wenn du dir etwas Gutes tun willst, solltest du vielleicht das hier lesen.« Er griff nach einem Buch auf der Ecke seines Schreibtischs. Es sah aus wie eine Bibel, schwarz und dick, doch statt vergoldeter Buchstaben sah man einen großen roten Dämon auf dem Buchdeckel, und der Titel lautete in etwa *Gefährliche Bibelübersetzungen.* Unter dem roten Dämon war meine Bibel zusammen mit einem Dutzend weiterer beliebter Übersetzungen aufgeführt.

Um ehrlich zu sein, flippte ich fast aus. Schon das Buch in der Hand zu halten, verursachte mir Übelkeit. Zum ersten Mal hatte ich das Gefühl, dass von meinem Pastor etwas Bedrohliches ausging.

Das war wirklich der schlimmste Tag meines Lebens. Ich hatte gerade erfahren, dass ich meiner Bibel nicht mehr vertrauen konnte. Und außerdem fühlte ich mich bei meinem Pastor nicht mehr sicher.

Ich gab ihm das Buch mit dem roten Dämon zurück und meinte, dass ich jetzt gehen müsse.

Er schüttelte mir die Hand, bevor er sagte: »Und vergiss nicht, worüber wir gerade geredet haben.«

Dann ging ich.

Ich stand ganz allein auf der Straße.

//

Nach einer ausgiebigen Nachtruhe bekam ich die Unterhaltung des gestrigen Tages aus dem Kopf. Ich konnte mich wieder meinem Alltag widmen. Aufstehen um sechs. Eine Tasse Kaffee. Den Petroleumofen in Gang setzen. Bibellesen und Beten. Dann Aufbruch zum Campus.

Beim einstündigen Gang zum Campus federte mein Schritt, ich wusste selbst nicht warum. Ich kam an der Botschaft vorbei, dem Waisenhaus, den heruntergekommenen Sportplätzen, und dann ging ich den Hügel zur Studentenstadt hinauf. Ich war ganz in Gedanken versunken und merkte kaum, was um mich herum vorging. Ich glaube, ich summte sogar vor mich hin.

Ich hatte das erste Wohnheim erreicht. Hier mündete ein Fußweg in die Straße ein, die nun weiter nach rechts führte. Ich ging um die Ecke und wurde jäh aus meinem Tagtraum gerissen. Nur einige Meter hinter mir auf dem Fußweg gingen die beiden bärtigen Islamgelehrten. Ich ging einfach weiter, fast gelähmt vor Furcht und Überraschung, und musste gegen den Wunsch ankämpfen, mich umzudrehen. Sie waren so dicht hinter mir, dass ich sogar ihre Schritte hörte. Dieses Mal waren nur wenige Begleiter dabei und offenbar waren sie auf dem Weg zu einer weiteren Predigt.

Mir schoss das Blut ins Gesicht. Mein Magen fühlte sich flau an. Ich spürte förmlich ihre Blicke im Nacken. Goliat war hinter mir her. Was konnte ich tun? *Wenn ich mich nicht dem Kampf stelle, wer dann?*

Ich drehte mich um, weniger aus dem Wunsch heraus, einen dramatischen Auftritt hinzulegen, sondern vielmehr weil ich mich selbst zum Handeln zwingen wollte. Sie blieben stehen und starrten mich an. Wir müssen schon seltsam ausgesehen haben, die beiden Islamgelehrten in ihrem Gewand und ich mit meinem bedruckten T-Shirt.

»Entschuldigen Sie bitte. Haben Sie einen Augenblick Zeit für mich?« Ich weiß nicht, warum ich sie auf Englisch ansprach. Ich weiß auch nicht, warum ich wie eine Figur aus einem Musical klang.

Einen Augenblick lang schauten sich die beiden Männer an, dann wandten sie sich wieder mir zu und antworteten in fehlerlosem Englisch. »Was können wir für Sie tun?«

Ich wusste nicht, was auf mich zukommen würde. Ich hatte keine Zeit gehabt, mir vorher etwas zu überlegen. Ich stand auf dem Schlachtfeld mit meiner Schleuder in der Hand, hatte jedoch vergessen, ein paar Steine zu sammeln. Also sagte ich: »Ich habe gestern zugehört, als Sie zu den Studenten sprachen.«

»Ja«, meinte der ältere der beiden, »ich kann mich an Sie erinnern. Danke, dass Sie sich die Zeit genommen haben, uns so lange zuzuhören. Sagen Sie mir, was macht ein junger Amerikaner wie Sie in Albanien?«

(Warum wissen immer alle gleich, dass ich aus Amerika komme?)

»Ja, wenn Sie das unbedingt wissen wollen, ich [dramatische Pause] bin ein christlicher Missionar.« *Siehst du. Das hat gesessen,* dachte ich. *Jetzt können wir eine hitzige Diskussion führen.* »Ich bin hier, weil ich Jesus diene.«

»Das ist wunderbar«, sagte der ältere Gelehrte, und zwar ohne jede erkennbare Ironie oder Herablassung. »Wir dienen Jesus auch. Er ist ein höchst inspirierender und ehrwürdiger Prophet.« Dann sprach er von seiner Hingabe an Jesus.

Wieder ähnelte ihre Antwort einer ganzen Predigt. Sie zog sich über einige Minuten hin und mich bewegte ihre Ehrfurcht für den historischen Jesus. Sie sprachen von ihm wie von einem lebendigen Menschen. Sie zitierten seine Lehren aus dem Gedächtnis. Wortreich erklärten sie, wie sehr sie ihn verehrten. Während ich ihnen zuhörte, wünschte ich mir, dass auch Christen so von Jesus sprechen könnten wie diese beiden Muslime.

»Und wie ergeht es Ihnen in Albanien?«, fragte mich der Jüngere. »Wie verbringen Sie hier Ihre Zeit?«

»Unsere Arbeit geht gut voran. Wir sind sehr erfolgreich gewesen.« Aus purer Gewohnheit erkundigte ich mich auch bei ihnen.

»Und wie läuft die Arbeit bei Ihnen?« Ich konnte nicht glauben, dass ich das gerade gesagt hatte. Ich warf keine Steine, sondern Schaumgummibälle.

»Ich würde sagen, dass wir überhaupt keine Arbeit leisten«, meinte er. »Gott ist es, der hier wirkt. Es geht auch nicht um Erfolg oder Misserfolg. Gott braucht mich nicht, um seine Pläne Wirklichkeit werden zu lassen. Er braucht auch Sie nicht, mein junger Missionar. Gott ist die Stärke selbst. Er hat es nicht nötig, dass Sie für ihn kämpfen.« Dann führte er das noch genauer aus. »Aber das bedeutet nicht, dass Sie nicht wichtig wären, im Gegenteil. Er lädt Sie ein, dabeizusitzen und mit anzusehen, wie er Wunder tut. Manchmal lässt er Sie sogar die Bewunderung dafür einheimsen. So ist Demut.«

Wir unterhielten uns vielleicht zwanzig Minuten lang. Zu meiner Enttäuschung und auch Erleichterung kam es überhaupt nicht zu einer Schlacht. Wir tauschten kein einziges böses Wort aus. Diese beiden Männer waren demütig, freundlich, mitfühlend und ermutigend. Dann segneten sie mich sogar für meine Arbeit.

Später dachte ich noch weiter über diese beiden bärtigen muslimischen Gelehrten in ihren Wollmützen und langen Gewändern nach. Mir fiel auf, dass sie wie die Weisen in der Weihnachtskrippe aussahen, die ich als Kind gehabt hatte. Wer waren diese Weisen eigentlich gewesen? Es waren spirituell eingestellte Gelehrte aus dem Orient, die Jesus die Ehre gaben. Sie waren keine Juden, jedenfalls wird das nirgendwo erwähnt. Ganz gewiss waren es keine Christen, denn die gab es zu dieser Zeit noch gar nicht. Standen sie für all die komplizierten Glaubenssätze ein, die uns Christen heute wichtig sind? Irgendwie bezweifle ich das. Und trotzdem teilt Jesus mit ihnen meine Weihnachtskrippe.

Als ich weiterging, dachte ich über ihre Worte und ihren Zuspruch nach, die für mich wertvoll waren. Sie hatten mich daran erinnert, dass Gott in unserer Welt wirkt und welcher Platz mir dabei zukam. Plötzlich wünschte ich mir, dass ich meinen Gott so gut kennen würde wie sie ihren.

//

Einige Tage später war Sonntag. Ich zog mein einziges Paar Stoffhosen und ein Button-down-Hemd an und ging zum Gottesdienst.

Ich setzte mich in die letzte Reihe.

Bei den ersten Liedern hatte ich keine Lust mitzusingen, weil ich an viele andere Dinge denken musste. Was ich in dieser Woche erlebt hatte, war nicht einfach zu verarbeiten. In diesem Augenblick ging mir am meisten unser Pastor durch den Kopf. Er hatte mir Angst gemacht und ich war nicht sicher, was ich tun sollte.

Die Lieder waren zu Ende und die Musiker nahmen wieder ihre Plätze ein.

Dann stand er auf, um die Predigt zu halten.

Mein Pastor sprach über eine Stelle aus dem Johannesevangelium. Er brauchte etwa zehn Minuten, bis er sich warmgeredet hatte, und dann, wie an so vielen Sonntagen zuvor … geschah das Wunder. Er sprach von der großen Liebe Jesu für die Menschen, über seine Leidenschaft, sie zu heilen. Unser Pastor begeisterte uns, er war ehrlich und aufrichtig. Niemand konnte abstreiten, dass er Jesus wirklich liebte und verehrte. Beim Zuhören wurde mir deutlich, warum ich ihn so mochte und respektierte.

Aber was soll ich mit seinem verrückten Gerede über die Bibel anfangen?, sagte ich mir. Was sollte ich mit diesem unheimlichen Buch mit dem blutroten Dämon auf dem Cover anfangen? *Was soll ich tun?*

Die Antwort stieg irgendwo tief aus meinem Innern an die Oberfläche. Plötzlich war es mir sonnenklar: *Nichts, tu einfach nichts.*

Obwohl wir in einer so grundlegenden Sache wie unserer Sicht der Bibel nicht einer Meinung waren, löschte das für mich nicht aus, dass er in vieler Hinsicht ein liebevoller Pastor mit geistlichem Tiefgang war.

Ich lehnte mich in meinem Stuhl entspannt zurück, weil ich meinen inneren Frieden wiedergefunden hatte. Die Beine streckte ich unter den Klappstuhl vor mir. Die Hände faltete ich über dem

Bauch zusammen. Ich musste ein wenig über meinen Glauben lächeln, als ich meinen Pastor so akzeptieren konnte, wie er war: kompliziert, paradox und wunderbar. Letztendlich lief es nur auf das eine hinaus. War ich bereit, meinen Pastor so zu sehen, wie er sich selbst sah: als »toten Stein«, der das Licht Gottes widerspiegelte?

Meine Gedanken drifteten ab, als ich mich an diesem neu gefundenen Frieden freute. Ich dachte über diese würdevollen muslimischen Missionare nach. Sie sahen die Welt völlig anders als ich, auch in Bereichen, die wirklich zählten. Die Frage, die sich mir auf einmal stellte, war die: War ich bereit, ihnen denselben paradoxen Respekt zu erweisen, den ich meinem Pastor erweisen konnte … oder dem Mond, da wir gerade davon sprachen?

Konnte ich sie einfach so akzeptieren, wie sie waren? Konnte ich ihre geistlichen Einsichten schätzen lernen, obwohl sie kein Christ waren wie ich? Konnte ich vielleicht sogar zulassen, dass sie mich etwas lehrten? Könnte ich zulassen, dass sie die Gestalten waren, die im Krippenspiel meines Lebens die Geschenke brachten?

7
Der Zufluchtsort

Hin und wieder hatte ich die Möglichkeit, ein albanisches Dorf zu besuchen. Ich spreche hier nicht von abgelegenen kleineren oder größeren Städten, sondern von Bergdörfern mit einigen Hütten. In den weitläufigen und gefährlichen Gebieten im ländlichen Albanien gibt es Hunderte davon. Manche fanden sich an völlig unerwarteten Orten, so zum Beispiel in einem engen Tal zwischen zwei Gipfeln, mit terrassenförmig angelegten Feldern.

Wir nahmen den Land Rover, wenn wir in diese abgelegenen Dörfer fuhren, zumindest so weit, wie uns die vier Räder trugen, und den Rest bewältigten wir auf Trampelpfaden.

Wenn wir im Dorf angekommen waren, fragten wir nach dem Dorfältesten oder einer Art Bürgermeister. Oft wurden Kinder losgeschickt, die sich hüpfend und springend auf den Weg ins Dorf machten – ein einfaches, aber effektives Kommunikationsmittel. Noch heute finde ich den Gedanken seltsam, dass wir vielleicht die ersten Ausländer waren, die diese Trampelpfade entlanggingen und das Haus dieser wunderbaren, demütigen Menschen betraten.

Bald saßen wir bei ihnen in ihrer beengten Hütte neben dem frisch geschürten Feuer. Diese Hochländer sind einfache Menschen, aber Gastfreundschaft ist für sie Ehrensache. Nach wenigen Minuten schon hielt ich eine heiße Tasse Tee in meinen kalten Händen. Meistens wollten wir nur einen Tag bleiben, doch obwohl wir Fremde waren, bot man uns immer ein Bett an. Wir wurden behandelt wie lange verloren geglaubte Verwandte.

Zum Essen gab es immer das Beste, was sie zu bieten hatten. Jedes Mal bestand ich darauf, dass sie sich unseretwegen keine Mühe machen sollten, doch darüber gab es keine Diskussion. Man konnte sich leicht vorstellen, dass sie die Vorräte für einen ganzen Monat für eine einzige Mahlzeit aufbrauchten.

Meine Definition von Gastfreundschaft wird nie wieder dieselbe sein. Wahre Gastfreundschaft geht weit über das hinaus, worauf man zu verzichten bereit ist. Wahre Gastfreundschaft leistet Einzahlungen, die niemals an Wert verlieren.

//

In den Sommersemesterferien arbeitete ich im albanischen Grenzgebiet nebenbei als Projektkoordinator für verschiedene christliche Organisationen. Hunderte von Amerikanern kamen ins Land, um einen Sommer lang hier zu arbeiten. Unsere Aufgabe war es, die albanischen Studenten als Reiseführer, Übersetzer und Mitarbeiter einzuteilen.

Wir arbeiteten in einfach ausgestatteten, jedoch effektiven Basislagern am Rand der Bergregion. Einmal entschieden wir uns für ein verlassenes Lagerhaus, ein anderes Mal für ein abbruchreifes Schloss (das gefiel mir persönlich am besten). Die Wochen zogen sich hin und ich hatte kaum einen Tag frei, aber jedenfalls war es niemals langweilig.

Es war schon eigenartig, dass man mir eine so verantwortungsvolle Aufgabe zugewiesen hatte, schließlich war ich erst Anfang zwanzig und hatte nicht viel Erfahrung. Ich musste die Teams schulen und einteilen, den Transport organisieren, Vorräte beschaffen und Verbindung mit allen halten. Mit den Einzelheiten will ich Sie nicht langweilen, aber ein Erlebnis möchte ich Ihnen erzählen.

//

Es war ein Juliabend. Kurz nach elf meldete sich das Funkgerät. Wir hatten uns einige Stunden zuvor über Funk vergewissert, dass alles in Ordnung war, und sollten uns eigentlich erst am nächsten Morgen um sieben wieder melden. In dieser Nacht waren fünfzehn Teams im Einsatz. Bald sollte ich erfahren, dass eins dieser Teams in ernsthaften Schwierigkeiten steckte.

Die Stimme am anderen Ende klang verzweifelt. Bill, der altgediente Funker, rief mich aus dem ersten Stock herunter. Ich war noch halb nackt und zog mir den Pullover über, während ich die Treppe hinunterrannte. Es war mir klar, dass es hier nicht um eine Kleinigkeit ging. Das war nicht der erste Funkspruch, den wir spätabends empfingen, und es sollte auch nicht der letzte bleiben.

»Das Haus ist umstellt«, hörte ich das Team aus dem Funkgerät. »Wir haben Angst. Ich glaube nicht, dass wir bis morgen früh durchhalten können. Over.«

Ich nahm Bill das Funkgerät aus der Hand. »Sag mir eure genaue Position und schildere die Situation, so gut du kannst. Over.«

Dann sprang ich zu der Karte von Nordalbanien, die an der Wand hing. Sie gaben den Namen des Dorfs durch und es dauerte nur einen Augenblick, bis ich den winzigen Punkt in einem Flusstal gefunden hatte, etwa neunzig Minuten entfernt. Mit dem Finger fuhr ich den Weg vom Dorf bis zu unserem Standort ab. Ich sagte mir: *Wenn wir dem Flussbett folgen, können wir wahrscheinlich ein paar wertvolle Minuten sparen.*

»Todd!«, rief ich. Diese Fahrt wollte ich nicht alleine wagen.

Bill notierte die Einzelheiten, die er uns während der Fahrt per Funk übermitteln wollte. Ich hetzte zur Tür hinaus, Todd dicht hinter mir. Am Haken neben der Tür schnappte ich mir die Autoschlüssel für Happy (jeder unserer Land Rover war nach einem der sieben Zwerge benannt; Happy war smaragdgrün und obwohl er zu den ältesten Fahrzeugen gehörte, mochte ich ihn am liebsten).

Der Motor heulte auf und wir fuhren los. Um diese Zeit herrschte kein Verkehr mehr. Selbst der Polizei schien es egal zu sein, wie schnell wir fuhren. Also trat ich das Gaspedal durch. Happy bot zwölf Personen Platz und man konnte ihn sogar einigermaßen steuern, wenn er voll besetzt war.

Über Funk war ich mit Todd verbunden, der alle Einzelheiten notierte. Es war unmöglich, auf solche Momente vorbereitet zu sein, und deshalb brauchten wir jede Information, die wir bekommen konnten.

Nach zwanzig Minuten bog ich von der Schnellstraße in das Flussbett ab. Es war Hochsommer, die heißeste Zeit des Jahres. Das Wasser stand so niedrig, dass ein breiter Streifen mit nacktem Fels befahrbar war. Vor allem in der Nacht bedeutete dieses unberechenbare Terrain ein Risiko, doch es erlaubte uns, das Tal entlangzufahren und so wertvolle Zeit zu sparen. Große Steine und Äste konnte man relativ leicht umfahren. Man musste nur im Licht der auf und ab wippenden Scheinwerfer nach langen Schatten Ausschau halten. Wenn allerdings überraschend ein Graben aufgetaucht wäre, hätte das unserer Fahrt ein jähes Ende gesetzt. Mehr als einmal hing eins von Happys Rädern in der Luft.

Wir bewältigten die Strecke in knapp einer Stunde. Im Dorf gab es eine schmale Straße, die eigentlich für Ochsenkarren gedacht war, nicht für Land Rover. Wir nahmen sie trotzdem. Im Scheinwerferlicht sahen wir unser Ziel. Zwei Dutzend Dorfbewohner starrten uns an, überrascht vom aufheulenden Motor und unserem plötzlichen Auftauchen. Doch die Überraschung in ihren Gesichtern konnte den Zorn nicht verbergen.

Hinter dem Fenster in der Seitenwand des Hauses sah ich schreckerfüllte Gesichter. Draußen hatten sich die aufgebrachten Dorfbewohner versammelt, standen auf der Straße und umstellten das Haus. Zwischen der Menschenansammlung und dem Haus stand ein Mann mit seinem Sohn, vielleicht vierzehn Jahre alt. Eine Hand hatte er um dessen Schulter gelegt, die andere hielt er in die Höhe, um allen zu signalisieren, dass er bei seiner Ehre niemandem gestatten würde, das Haus zu betreten.

Die Situation war verfahren.

Ich ließ den Motor laufen und sprang aus dem Auto. Todd und ich hatten so etwas Ähnliches schon einmal erlebt und wir folgten einem festen Ablaufplan, der bisher funktioniert hatte. Wir beteten, dass er auch dieses Mal wieder funktionieren würde. Wir wechselten kein einziges Wort. Jetzt musste gehandelt werden.

Ich ging auf die Menschenansammlung zu. Mit so viel Charme, wie ich nur irgend aufbringen konnte, bat ich sie, mit dem Verantwortlichen sprechen zu können. Während ich die Gruppe ablenkte, schlich sich Todd ins Haus, um nach der Familie und dem Team zu sehen.

Ich reizte meine unvollkommenen Sprachkenntnisse aus, um die Gruppe weiterhin abzulenken. »Sie, ja Sie dort, Sie müssen hier der Verantwortliche sein. Ich sehe, dass Sie ein Mensch in einer hohen Position sind. Erzählen Sie mir, was hier los ist.«

Daraufhin meldeten sich mehrere zu Wort, die mir erklärten, warum ihr Handeln recht und billig sei. Die Rufe kamen aus allen Richtungen.

»Wir sind ein muslimisches Dorf!«

»Wir wollen die christlichen Missionare nicht bei uns haben!«

Mein Adrenalinspiegel stieg. Sicher, sie waren zornig, doch aus ihren Augen sprach auch die Angst. Ich hatte viele Geschichten von alten, abergläubischen religiösen Führern gehört, die die Dorfbewohner vor Missionaren warnten und damit drohten, dass niemand, der einem ausländischen Christen half oder ihm auch nur zuhörte, in den Himmel kommen würde. Wie hätte ich mit dieser Drohung der ewigen Verdammnis konkurrieren können?

Doch darüber durfte ich in diesem Augenblick nicht nachdenken. Ich hatte nur eine Aufgabe: das Team zu evakuieren. Also setzte ich jede Verhandlungstaktik ein, die mir zu Gebote stand, um uns sicher nach Hause zu bringen. »Ich verstehe, dass Sie Muslime sind, und Muslime sind ehrenwerte Menschen. Aber ich hätte niemals gedacht, dass ich den Tag erleben würde, an dem diese ehrenwerten Albaner die Gebote der Gastfreundschaft gegenüber Fremden verletzen. Diese Menschen kamen in Frieden und Sie haben ihnen Angst eingejagt.«

In diesem Stil redete ich noch eine Weile weiter, sprach über das Ehrgefühl in der albanischen Kultur, lobte sie in einem Moment und versuchte sie im nächsten zu der Einsicht zu bewegen, dass sie einen Fehler gemacht hatten – ich wollte das Gespräch so lange wie möglich in Gang halten. Beim Reden trat ich langsam Schritt für Schritt zurück, um die Gruppe immer weiter vom Haus wegzulocken. In der Zwischenzeit versuchte Todd, das Team aus dem Haus und in den Rover zu lotsen.

Als alle im Wagen saßen und Todd hinter dem Steuer Platz genommen hatte, spielte ich meine letzte Karte aus.

Ich warf meine ganze Autorität in die Waagschale und verkündete: »Es ist schon sehr spät. Wir müssen dieses ehrenwerte Dorf nun verlassen. Es wird hier keine Probleme mehr geben. Danke. Gute Nacht. Gott segne Sie.« Der Augenblick der Wahrheit war gekommen. Ich drehte mich um und marschierte an der Menschenansammlung vorbei, ohne mich noch einmal umzuwenden. Todd hielt das Steuerrad umklammert, der Fuß saß schon auf dem Gaspedal.

Als ich auf den Beifahrersitz kletterte, sah ich hinaus. Die Zeit stand still. Ich sah nur noch die Familie, die dieses kleine Missionsteam beschützt hatte. Sie standen zusammengedrängt im Hauseingang. Der Mann wirkte entschlossen, seine Hand lag noch auf der Schulter seines Sohns. Die Frau zitterte sichtlich im Arm ihres Mannes.

Dann wendete Todd den Rover und wir machten uns auf den Weg. Bald waren wir in der Dunkelheit verschwunden.

//

Einmal habe ich von einem alten Brauch der Kirche gehört – genauer gesagt einer Aufgabe –, dass sie nämlich Verfolgten Zuflucht bot. Jeder, ganz egal, wer er war oder was er getan hatte, konnte im Kirchengebäude Zuflucht suchen und fand dort Schutz. Ich kann mir vorstellen, dass die Kirche damit manches Risiko auf sich nahm. Die meisten Menschen, die Zuflucht suchten, waren vermutlich auf der Flucht vor den weltlichen Behörden und meistens wurden sie von der Gesellschaft verachtet – abgelehnt, ausgestoßen, allein, voller Angst. Die Kirche entschloss sich, ihnen Schutz zu bieten und nicht die Interessen der Öffentlichkeit zu vertreten. Sie opferte ihre Sicherheit für den Außenseiter. Die Menschen, die Jesus nachfolgten, empfanden es als heilige Pflicht, den Angeklagten und Verhassten Zuflucht und Schutz zu bieten.

//

Auf der anderthalbstündigen Heimfahrt sprach niemand ein Wort. Happy rumpelte über die Straßen dahin. Unsere fünf verängstigten Mitfahrer schliefen erschöpft ein. Todd nahm die längere, aber ungefährliche Strecke. Ich sah aus dem Fenster, wo die mondbeschienene albanische Grenze an uns vorbeizog.

Ich war in Gedanken versunken. Was hatte diese kleine Familie geopfert, um die Fremden zu beschützen, die sie nun zurückgelassen hatten? Was würden sie die Ereignisse dieser Nacht kosten? Sicherlich würde man es ihnen gegenüber an Respekt fehlen lassen. Hatte es sie auch Freundschaften und ihre Stellung im Dorf gekostet? Wie stand es mir ihrer Ehre? War die intakt geblieben?

Ich zweifelte nicht daran, dass sie sich wirklicher Gefahr ausgesetzt hatten. Das hatten sie um dieser Fremden willen riskiert, die sie niemals wiedersehen würden. Was könnte einen Mann dazu bewegen, die Sicherheit seiner Familie aufs Spiel zu setzen? Ich betete darum, dass es nicht zu gewalttätigen Ausschreitungen kommen würde, vor allen Dingen nicht in dieser Nacht. Meine Gebete schickte ich in die Nacht hinaus. Ich betete, dass die Familie in dieser Nacht sicher zu Bett gehen könnte.

Doch was würde am nächsten Morgen geschehen? Diese muslimische Familie hatte Christen beschützt. Was bedeutete das in einem Dorf, in dem nur einige Dutzend Familien wohnten? *Wird das in Zukunft ihre Sicherheit beeinträchtigen? Wird es Auswirkungen auf ihren Lebensunterhalt haben?* Waren die kleine Ernte, ihre wenigen Habseligkeiten in Gefahr? Ich wusste es nicht. Ich wusste nur, dass dieser Abend Angst ausgelöst hatte

Dann dachte ich an den Mann und seinen Sohn. Was hatte dieser Dorfjunge in jener Nacht von seinem Vater gelernt, als er neben ihm stand? Er erfuhr, was Persönlichkeit ausmacht. Er sah ein hervorragendes Beispiel für innere Stärke. Er lernte etwas über Tugend und Ehre. Er lernte, was es wirklich bedeutet, für die Schwachen und Schutzlosen einzutreten.

Was immer dieser Junge in jener Nacht von seinem Vater gelernt hatte, ich wünschte mir, der Mann würde erfahren, dass er auch mein Lehrer gewesen war. Ich hätte ihm gerne gesagt, dass ich ihn niemals vergessen würde.

Wahre Gastfreundschaft geht weit über das hinaus, worauf man zu verzichten bereit ist. Wahre Gastfreundschaft leistet Einzahlungen, die niemals an Wert verlieren.

8
Offenbarungen

Von Kindesbeinen an hatte man mir beigebracht, dass die Welt in zwei Teams aufgeteilt ist: in geistlich Reiche und geistliche Habenichtse. Die Christen waren die »Reichen«. Alle anderen waren die »Habenichtse«.

An diese Welt kann ich nicht mehr glauben. Ich weiß nicht, wie viele verschiedene Teams es da draußen gibt. An manchen Tagen frage ich mich, ob Gott nicht überhaupt das einzige Team ist. Er nimmt auf kreative Weise Verbindung mit uns auf und bedient sich dabei seiner ewigen, bunten, unerschöpflichen Palette.

So war es auch mit Jesus. Wenn er lehrte, verwies er nicht immer nur auf die Thora oder den Tempel. Manchmal sagte er so überraschende Dinge wie zum Beispiel: »Seht euch doch die Blumen an … Denkt an die Vögel.«[8] Er war sogar so mutig, auf einen Heiden zu deuten und zu sagen: »Einen solchen Glauben habe ich bisher in ganz Israel noch nicht erlebt.«[9]

Bedeutet das etwa, dass Jesus für ein Wischiwaschi eintrat, wo alle gleich sind, mit Kumbaya am Lagerfeuer? Ich glaube nicht. Jesus hat hier keine Feststellung über Menschen getroffen (und auch nicht über Blumen und Vögel, da wir die gerade erwähnt haben). Vielmehr sagte er damit etwas über seinen Vater, seinen himmlischen Vater, der völlige Freiheit genießt. Er verkündete, dass sein Vater mit uns ungehindert Kontakt aufnimmt.

Ich dagegen bin gefangen. Nicht Gott. Ich laufe durch die Welt und teile alles in zwei Kategorien ein. In das eine Körbchen kommen all die Dinge, denen ich die Erlaubnis erteile, ein Kanal Gottes zu sein: die Bibel, Christen und alles, was man in einem christlichen Buchladen verkaufen dürfte. In das andere Körbchen

---

[8] siehe Lukas 12,24+27

[9] siehe Matthäus 8,5-13

kommen alle Dinge, zu denen und durch die Gott niemals sprechen würde, um zu mir zu sprechen ... zum Beispiel Muslime.

Ganz allmählich zeigte mir Gott – und das ging nicht ohne Strampeln und Geschrei meinerseits ab –, dass nicht der andere das Hindernis darstellte, etwa weil er in religiöser Hinsicht nichts zählen würde; die Blockade war in *mir*. Ich selbst bin begrenzt. Mir selbst fällt es schwer zu hören. Habe ich geistliche Ohren, um Gott zu hören, wo immer er auch zu mir spricht? Habe ich geistliche Augen, um Gott zu sehen, wo immer er auch sein mag?

In diesem ganzen Lebensabschnitt erlebte ich vor allem im Zusammenleben mit Muslimen, dass Gott mir Mut schenkte und seine Kreativität zeigte.

Zum Schluss dieses Abschnitts möchte ich drei kleine Geschichten erzählen, wie Gott mir durch Muslime die Augen für seine Wahrheit öffnete.

Nach unserem Bild

Mein Vater wuchs auf einer Ranch mitten in Oregon auf. Ich bin der Nachfahre amerikanischer Pioniere. Oregon liegt an der Pazifikküste – weiter westlich konnte man sich also nicht ansiedeln.

Mein Vater war ein guter Mann. Bis zu seinem Tod kannte man ihn als aufrechte Persönlichkeit voller Tugend und Weisheit, der Weisheit, die einem guten Leben und der Verbundenheit mit dem Land entspringt. Außerdem zeigte er einen unbändigen Willen zur Unabhängigkeit. Nur selten erlebte ich, dass er jemanden um Hilfe bat. Niemals gab er eine Schwäche zu. Er bestimmte sein Leben selbst und schuf sich seinen Lebensweg.

Nur wenige Male sagte mein Vater, dass er sich über mich freue. So war er. Er sprach überhaupt nur wenig, und auch dann ging es in der Regel nicht um Herzensangelegenheiten. In den seltenen Situationen, bei denen er zum Ausdruck brachte, dass er sich an mir freute, wollte er meine Unabhängigkeit bekräftigen.

Es gefiel ihm, wenn er sah, dass ich ihn nicht mehr brauchte.

Es gefiel ihm, wenn er sah, dass ich überhaupt niemanden brauchte.

Zu seinen stolzesten Augenblicken gehörte es, als ich ganz allein an Bord des Flugzeugs nach Albanien ging. Es ist schon seltsam, wenn ich daran denke, dass ich um die halbe Welt reiste, um mich ihm nahe zu fühlen.

//

Meine albanische Familie schloss ich schnell ins Herz. Ich liebte sie alle und sie erwiderten diese Zuneigung überschwänglich.

Im Hinblick auf meinen albanischen »Onkel« Ari empfand ich allerdings Frustration. Ari war Anis älterer Bruder und Fidnets anderer Sohn.

Ari war stark, gut aussehend und klug. Als ich ihn kennenlernte, war er vielleicht Ende zwanzig. Er wohnte immer noch zu Hause bei seiner Familie. Er besaß dort kaum ein Plätzchen für sich selbst und führte, meinen Beobachtungen zufolge, auch kaum ein eigenständiges Leben. Wie konnte ein so kluger und fähiger Mann sich damit zufriedengeben, immer noch im Elternhaus zu wohnen? Ich dagegen war mit siebzehn von zu Hause ausgezogen und schaute kaum jemals zurück.

Ich versuchte mir einzureden, dass ich mich an seinem mangelnden Ehrgeiz stieß. Doch je mehr ich in mich hineinhörte (und die Wunden betrachtete, die meine Unabhängigkeit geschlagen hatte), desto mehr begriff ich, dass mich etwas ganz anderes störte: Er war mit seinem Leben, das mit dem der anderen so eng verbunden war, völlig zufrieden. Dass er keinen Ehrgeiz entwickelte, war ohnehin eine Lüge. Ich hatte mir das nur so zurechtgelegt, um die Disharmonie in mir selbst zu rechtfertigen. Mir kam dieser Vorwurf gerade recht, denn mein Sinn für Unabhängigkeit war das Einzige, worauf ich stolz sein konnte.

In Albanien fing ich an zu begreifen, wie unterschiedlich wir aufgewachsen waren.

Jeden Tag lernte ich neue Leute kennen. Ich bekam die Chance, mir ihre Geschichten anzuhören. Und ich begriff, dass Albaner ein wenig anders aus ihrem Leben erzählen, ihr Ich und ihre Identität ein wenig anders auffassen.

Albaner neigen dazu, ihre Geschichten mit einem gemeinschaftlichen Aspekt zu beginnen, nicht mit einem individuellen. Ich will das etwas genauer erklären. Die meisten Menschen, die ich als Heranwachsender kannte, definierten sich durch ihre individuelle Identität und persönliche Leistung: *Ich* bin *Anwalt. Ich* bin *Sportler. Ich studiere* Maschinenbau. *Ich* bin *Pastor.* Albaner dagegen betten sich in der Regel zunächst in einen gemeinschaftlichen Kontext ein: Familie, Dorf, Religion, Land.

Nicht, dass Amerikaner diese gemeinschaftlichen Kategorien nicht kennen würden (oder Albaner die individuellen); der Unterschied liegt in der Prioritätensetzung. Was kommt zuerst? Welcher Wert hat für mich am meisten Bedeutung?

Zuerst stellte das für mich eine interessante Beobachtung im Bereich kultureller Unterschiede dar. Es hatte nichts mit Gut und Böse zu tun – in Albanien war es einfach anders als in den USA. (Zumindest redete ich mir das ein, obwohl ich auch mit Vorliebe auf die Überlegenheit des amerikanischen Pragmatismus, der Produktionskraft und Innovationsfreude hinwies.)

Mit der Zeit jedoch setzten sich diese gemeinschaftlichen Kategorien in meinem Bewusstsein fest und begannen die Art und Weise zu beeinflussen, wie ich mich selbst sah. Sie hatten auch Auswirkungen darauf, wie ich meinen Glauben sah.

Allmählich begriff ich, dass die Menschen der Bibel sich selbst eher so betrachteten, wie es die Albaner tun. Familie, Stamm und Nation wurden betont. Die eigene Identität war mit der Herkunft verbunden. Die Menschen der Bibel führten die Geschichte der Großeltern ihrer Großeltern weiter. Ich dagegen hatte das Gefühl, ich müsste eine ganz neue Geschichte beginnen. (Um die Wahrheit zu sagen, hatte ich noch nicht einmal über die Großeltern meiner Großeltern nachgedacht.) Endlich verstand ich ansatzweise, warum die Bibel ihre Zeit (und meine) mit langen

Stammbäumen und Büchern wie dem vierten Buch Mose verschwendete.

Eines Tages entdeckte ich etwas, das mein Leben veränderte. Es ist fast zwanzig Jahre her, mein Leben ist seitdem nicht mehr dasselbe, und diese elenden Albaner sind zumindest zum Teil verantwortlich dafür. Ich hatte gerade angefangen, die Bibel von vorn bis hinten durchzulesen, als ich auf die folgenden Worte auf der ersten Seite meiner Bibel stieß:

»Da sprach Gott: ›Wir wollen Menschen schaffen nach unserem Bild, die uns ähnlich sind.‹«[10]

Gott selbst erklärt, dass seine Identität sich aus der Gemeinschaft herleitet. Könnte es sein, dass das für unsere Identität ebenso gilt?

Almosen

Dort, wo ich aufwuchs, gab es keine Armut. Wir lebten in schönen Vierteln, die wiederum in schönen Stadtteilen lagen. Alles war schön. Sogar wenn wir in unsere schönen Autos stiegen und durch die Stadt in die schöne Einkaufspassage fuhren, bekamen wir keine Armen zu Gesicht. Wir hatten schöne Straßen, auf denen wir hoch über den Armenvierteln oder in weitem Bogen um sie herum unserem Ziel entgegenfuhren.

Das Leben in Albanien schockierte mich. Überall waren Bettler. Und ich war natürlich eine Zielscheibe. Alte verhutzelte Frauen und schmutzige Kinder saßen an Kreuzungen und unter Brücken, die Hände ausgestreckt, und brachten murmelnd irgendwelche Entschuldigungen vor, die mich bewegen sollten, ihnen mein Geld zu geben. Sie zupften an meiner Kleidung. Manchmal schlichen sie sich von hinten an mich heran und packten meine Hand. Ich konnte die Schmutzkruste und die offenen Wunden spüren.

[10] 1. Mose 1,26

Man hatte mir alles über Bettler erklärt – jedenfalls glaubte ich das. Man hatte mir beigebracht, dass ich so etwas niemals ermutigen durfte. Denn man konnte ja nie sicher sein, was sie mit dem Geld tun würden. Waren sie vielleicht Diebe? Oder drogenabhängig? Ich hatte sogar gelernt, dass es organisierte Banden gab, die Kinder entführten und sie zwangen, auf der Straße zu betteln. Man erzählte sich grässliche Geschichten von Kindern, denen man Brandwunden zugefügt, die Knochen gebrochen, die man geblendet und verkrüppelt hatte, damit sie noch mehr Mitleid heischen konnten. Ich war ein tugendhafter Mensch und ich wusste, dass ich diese Art von kriminellem Missbrauch nicht unterstützen wollte. Aus dieser tugendhaften Haltung heraus ließ ich also mein Geld in der Tasche stecken, wo es sicher war.

Einmal ging ich mit meinem Freund Beni durch die Stadt. Wir redeten über dies und das. Als wir über eine Brücke gingen, zog er eine Handvoll Scheine aus der Tasche. Wenn wir einem Bettler begegneten, schaute er ihm direkt in die Augen. »Bitte sehr, schöne Frau.« – »Bitte, mein liebes Kind.« Er zog keine Show ab, es war einfach eine gute Tat. Ich wusste, dass Beni sehr wenig Geld hatte, und trotzdem gab er davon ab.

»Machst du dir keine Sorgen, was sie mit deinem Geld machen werden?«, fragte ich.

»Nein.«

»Ich weiß genug über Bettler, um darauf zu achten, wem ich etwas gebe und wann.«

»Tony, du hast so viel, und sie haben nichts.«

Fast wäre ich herausgeplatzt: »So viel habe ich gar nicht«, doch gerade noch rechtzeitig konnte ich mich bremsen. Ich dachte einen Augenblick lang nach und entgegnete dann: »Das ist nicht der springende Punkt. Aber wenn ich etwas gebe, will ich auch wissen, dass ich einem Menschen damit wirklich helfe.« Meiner Meinung nach klang das nachdenklich und trotzdem so, als ob mir das Schicksal dieser Menschen wirklich am Herzen läge.

»Vielleicht würde es ja *dir* guttun, wenn du etwas gibst, nicht ihnen.«

Ich blieb stehen und starrte Beni an, weil ich wirklich verstehen wollte, was er gerade gesagt hatte.

Er versuchte es mir zu erklären. »Vielleicht tut es deiner Seele gut. Wenn du einen Bettler anschaust, blickst du möglicherweise Gott ins Gesicht.«

Ich wies ihn zurecht: »So funktioniert das nicht mit dem Glauben!« Und dabei beließ ich es.

Wenig später las ich diese Worte:

> Ich versichere euch: Was ihr für einen der Geringsten meiner Brüder und Schwestern getan habt, das habt ihr für mich getan! [...] Denn ich war hungrig, und ihr habt mir zu essen gegeben. Ich war durstig, und ihr gabt mir zu trinken. Ich war ein Fremder, und ihr habt mich in euer Haus eingeladen. Ich war nackt, und ihr habt mich gekleidet. Ich war krank, und ihr habt mich gepflegt. Ich war im Gefängnis, und ihr habt mich besucht.
>
> *Jesus*[11]

Gleichnisse

Man hatte mich gelehrt, das Alte Testament sei im Wesentlichen eine lange Einleitung zum Neuen Testament und die Evangelien im Großen und Ganzen Geschichten für Kinder. Daher glaubte ich, die Briefe des Neuen Testaments seien die eigentliche Bibel.

Der Schwerpunkt meiner religiösen Erziehung lag darin, Informationen auswendig zu lernen. Es fühlte sich so an wie das Training für ein Bibelquiz ... Moment mal. Ich habe wirklich an dem einen oder anderen Bibelquiz teilgenommen ...

Ich kam also mit religiösen Fakten bewaffnet nach Albanien. Bald entdeckte ich, dass sich Albaner oft Geschichten erzählten, wenn sie sich unterhielten. Ich hatte also ein Problem.

---

[11] Matthäus 25,40+35-36

Da scheinen wohl zwei Kommunikationsarten nicht so ganz zusammenzupassen.

Um zu überleben, lernte ich ebenfalls, Geschichten zu erzählen. Einige Monate lang standen mir nur eine Handvoll Verben und ein winziger Wortschatz zur Verfügung. (Wie gesagt, Sprachen sind nicht gerade meine Stärke.)

Jeden Tag saß ich bei den Mahlzeiten mit meiner albanischen Familie zusammen. Niemals, absolut niemals herrschte Schweigen. Irgendjemand redete immer und meistens erzählte er eine Geschichte. Ich lernte, mich am Gespräch zu beteiligen, ersetzte die Verben durch Gesten und Adjektive durch Gesichtsausdrücke.

Nachdem ich mit Muslimen mehr als eintausend Gespräche über den Glauben geführt hatte, lernte ich eine unerwartete Lektion. Wenn ich Fakten über den Glauben weitergab, führte das zu einer heißen Diskussion. Diese Streitgespräche machten oft Spaß, doch ich merkte deutlich, dass die Beziehung darunter litt. Wenn ich dagegen eine Geschichte erzählte, die davon handelte, wie ich zum Glauben fand, rückten wir auf der Beziehungsebene so dicht zusammen wie der Balg eines Akkordeons.

Die überraschende Entdeckung war folgende: Fakten sind die Sprache des Kopfs, Geschichten die Sprache des Herzens. Die Sprache des Kopfs stößt Diskussionen an. Die Sprache des Herzens ermutigt uns, Freundschaft zu schließen.

Jahre später las ich Eugene Petersons Übersetzung des Neuen Testaments und stieß auf die folgenden Worte:

An diesem Tag erzählte Jesus nur Geschichten – es war ein langer Nachmittag, den er mit Geschichtenerzählen verbrachte. Damit erfüllte er die Weissagung:

Ich will meinen Mund öffnen und Geschichten erzählen;
ich werde Dinge, die seit dem ersten Tag der Welt verborgen sind, ans Tageslicht bringen.[12]

---

[12] Matthäus 13,35 (wörtlich aus dem Englischen übersetzt)

Kein Wunder, dass die Menschen gern diesen Tag in seiner Gegenwart verbrachten, um sich seine Geschichten anzuhören.

TEIL 2

ALLEIN UND VERSTOSSEN

9

Die Kathedrale

Haben Sie schon einmal etwas verloren, das Ihnen persönlich sehr wichtig war? Haben Sie schon einmal die Hoffnung oder einen Traum aufgeben müssen? Haben Sie schon einmal aufgrund Ihrer persönlichen Krankheitsgeschichte Ihren guten Ruf verspielt oder Ihre Ehre geopfert? Haben Sie schon einmal erlebt, dass Sie von Ihren engsten Freunden zurückgewiesen wurden oder die Liebe Ihres Lebens verloren haben?

Haben Sie all das schon einmal innerhalb einer Woche erlebt?

Ich schon.

//

Als ich Albanien verließ, hatte ich noch ein bescheidenes Ziel: die Welt zu verändern.

Ich wusste nicht, wie ich das anstellen sollte. Doch ich war besessen von dem Gedanken, dass mein Leben wirklich einen Sinn haben sollte. Mit dreißig wollte ich Spuren in dieser Welt hinterlassen haben. Wenn ich diese Sätze heute mit Anfang vierzig niederschreibe, kommt es mir so vor, als sei ich damals verrückt gewesen.

Vielleicht war ich das wirklich.

//

Jemand wollte einmal von mir wissen, was »Glaube« für mich bedeutet und womit ich ihn vergleichen würde. Ich fand, das war eine eigenartige Frage. Bis dahin hatte man mich sehr oft gefragt, *ob* ich glaube oder *was* ich glaube. Man hatte mich aufgefordert, mich zwischen zwei gegensätzlichen Positionen zu entscheiden, doch niemand hatte von mir wissen wollen, wie ich Glauben erlebe.

Nachdem ich einige Minuten darüber nachgedacht hatte, sagte ich etwas in der Art: »Wenn ich manche Leute über den Glauben reden höre, vor allem über den christlichen Glauben, klingt das bei ihnen nach einem netten Ehepaar in den Dreißigerjahren des 20. Jahrhunderts, das am Sonntagnachmittag einen Autoausflug über Land macht. Sie haben das Verdeck heruntergelassen, die Sonne scheint, es ist warm. Sie hat einen Sonnenschirm, er trägt eine Fliege. Vielleicht singen sie beim Fahren. Hin und wieder lässt der Mann den Wagen aus Spaß nach links und rechts über die leere Straße schlingern. Dann kichert sie und meint: ›Ach, was bist du doch für ein Schelm!‹«

Auf solche Leute bin ich eifersüchtig. Ich bin eifersüchtig auf ihren Glauben.

Für mich fühlt sich Glauben überhaupt nicht wie ein Sonntagsausflug aufs Land an. Mir kommt es eher so vor, als bretterte ich mit über hundert Stundenkilometern über eine unbefestigte Straße dicht am Abgrund. Es ist windig, ich bin der Fahrer, und nach jeder der engen Kurven beschleunige ich noch einmal, nur um zu sehen, ob die Räder in der Spur bleiben oder ich aus der Kurve getragen werde und unten zerschelle.

In den Jahren nach meinem Albanienaufenthalt nutzten sich die Räder meines Glaubens ab. Das letzte Stückchen meiner Gebirgsstraße führte mich ins ehemalige Jugoslawien. Für mich war das der bisher schwierigste Lebensabschnitt, doch trotzdem änderte ich nichts an meinem Fahrstil.

Wie Sie schon vermutet haben, konnten mich die Reifen meines Glaubens nicht mehr in der Spur halten.

Meine Seele kam von der Straße ab und ich starb. Wenn Sie mich damals gesehen hätten, wenn Sie damals dabei gewesen wären, hätten Sie nicht gewusst, dass ich tot war: Ich lief immer noch umher, ich redete mit Menschen, ich machte sogar mehr Überstunden als sonst, doch trotzdem war ich tot.

Nach einer Weile begann die Leiche zu stinken.

Zu guter Letzt wurde ich verständlicherweise von meinen Kollegen abgelehnt und auch meine Vorgesetzten machten deutlich, dass da etwas nicht stimmte. Man versetzte mich nach Budapest. Offenbar galt die ungarische Hauptstadt als eine Art Zwischenlager für Missionare mit toten Seelen. Das wusste ich nicht.

Sechs Monate blieb ich dort und es war die dunkelste und einsamste Zeit meines Lebens.

Seltsam allerdings, dass ich erst dort, einsam und gescheitert, endgültig begriff, dass ich tot war.

Nun musste ich also ein weiteres, noch drängenderes Problem lösen: Wie wache ich wieder auf?

In meiner Budapester Zeit war ich meistens allein. An diese Monate kann ich mich nur noch dunkel erinnern. Ziellos ging ich die Straßen entlang, schlüpfte wie betäubt in ein Geschäft hinein und wieder hinaus. An manchen Nachmittagen fuhr ich mit der Ringlinie der Straßenbahn. Stundenlang saß ich in der Tram, sah die Häuser an mir vorbeiziehen, die Wange gegen das kalte dicke Fenster gelehnt. Das Schöne an einer Ringlinie ist, dass man niemals aussteigen muss. Die Straßenbahn fährt immer im Kreis. Es war buchstäblich ein Zug ins Nirgendwo. Und es lag schon eine gewisse Ironie darin, dass ich dort mitfuhr.

Ich versuchte mich auch dadurch wachzurütteln, dass ich in die Gemeinde ging. Man hatte mir beigebracht, dass es Orte gab, die der Seele guttun, und viel mehr noch, dass es Orte gab, die ihr Schaden zufügen. Von der letzten Kategorie gab es in Budapest eine Menge; während Kirchen ganz oben auf der Liste der guten Orte standen.

Also besuchte ich den Gottesdienst einer internationalen Gemeinde. Man findet solche Kirchen mit Mitgliedern aus aller Welt in den meisten großen Städten. Der Gottesdienst in Budapest ähnelte von Struktur und Ablauf den Gemeinden, die meine Familie auch zu Hause besucht hätte. Meine innere Programmierung sagte mir, dies sei der richtige Ort, um meiner Seele neues Leben einzuhauchen. Denn wer neues Leben finden will, macht sich ja auf die Suche nach einer Gemeinde.

Ich versuchte, einen Draht zu Gott zu finden. Ich versuchte es wirklich. Ich saß auf der Bank und sagte mir: *Wach auf, meine Seele.*

Es hatte keinen Zweck. Die Musik war einfach nur Lärm für mich. Die Predigt war Lärm. Mein Kopf fühlte sich an, als tobten dort atmosphärische Störungen. Nach Ende des Gottesdienstes tauchte ich in die Menschenmenge ein, ging hin und her, doch das hatte keinen Zweck. Wir waren wie Gestalten aus einem Science-Fiction-Film, wo sich ein Mann in Zeitlupe bewegt und alle anderen in normaler Geschwindigkeit. Die normalen Leute können den Mann in Zeitlupe nicht einmal sehen.

//

Einige Tage später fuhr ich wieder mit der Ringlinie. Mein Kopf ruhte an der Fensterscheibe. Ich war nicht schläfrig. Nur meine Seele war müde. Ich hielt die Augen geschlossen, ich weiß nicht mehr, wie lange. Irgendwann öffnete ich sie einen Spalt. Ich sah Autos, Busse, Geschäfte und Häuser vorbeiziehen. Dann sah ich, einige Häuserblocks die Querstraße hinauf, eine alte Kirche mit hohen Türmen, wie aus einem Roman von Victor Hugo.

Ich griff nach meiner Tasche, schlang sie mir um die Schulter und ging zu den Stufen vor dem Ausstieg. Eine Glocke ertönte, die Straßenbahn hielt an. Ich stieg aus und ging ein Stückchen zurück, um die Kirche zu suchen.

Nach wenigen Minuten stand ich am Fuß der Treppe vor der breiten prächtigen Fassade. Ich musste den Kopf ganz in den Nacken zurücklegen, um den Giebel und die Kirchturmspitzen vor dem wolkigen blauen Himmel zu sehen.

Ich schlurfte die Stufen hinauf und versuchte die Klinke zu drücken. Die Tür war offen und ich tauchte ins Dunkel der Kirche. Das Innere erinnerte mich an eine riesige Höhle. Die Decke erhob sich mehrere Stockwerke über mir. Ich hatte einmal gelesen, dass man die alten Kirchen errichtet hatte, um den Himmel nachzuahmen. Den Himmel hatte ich nötig.

Ich ging den Mittelgang hinunter und setzte mich auf eine der hölzernen Bänke vor dem Altarraum. Vorne hing Jesus am Kreuz. Er war allein, so wie ich.

Ich schloss die Augen. In mir ertönte laut das Gebet: *Weck mich auf! Bitte, weck mich auf!*

Ich lauschte.

Keine Antwort.

Ich versuchte es noch einmal. *Weck mich auf!*

Ich hörte nur das atmosphärische Rauschen in meinem Kopf. Über eine Stunde wartete ich so. Es hatte keinen Zweck. In mir wohnte nur der Tod, das unbestimmte Rauschen, nichts weiter.

//

Wenn man einen Verlust erlitten hatte, innerlich zerbrochen ist und Langeweile hat, vergehen die Wochen quälend langsam. Oft verbrachte ich einen ganzen Nachmittag im Café oder vor einer Kinoleinwand, nur um die Zeit totzuschlagen.

Einige Jahre vorher hatte mich ein Freund mit ungarischen Badehäusern bekannt gemacht. In der Stadt gab es davon etwa ein Dutzend, ein Erbe des ottomanischen Reichs. Das mineralhaltige Wasser des Donaubeckens bot sich förmlich dafür an. Seit dem Zusammenbruch des Kommunismus hatten sich die meisten zum beliebten Touristenziel für gemischtgeschlechtliche Gruppen gemausert. Das Thermalbad, das ich kannte, gehörte zu den letzten Vertretern der alten Schule und hieß Rudas (*Rudasch* ausgesprochen). Man hatte es direkt an einen Felsen am Flussufer gebaut.

Die schweren Glastüren und die lang gestreckte Lobby erinnerten mich an den Wartesaal eines typischen kleinen, europäischen Bahnhofs: lang, mit Holzbänken, grün gefliestem Fußboden und einer gewölbten Decke. Schnell durchquerte ich die Vorhalle und stellte mich an, um eine Eintrittskarte zu kaufen. Ich lächelte der schlecht gelaunten Frau hinter der Glasscheibe zu. Sie reagierte nicht. Ohne darauf zu warten, dass ich den Mund aufmachte, hielt sie etwas ungarisches Geld in die Höhe, um mir so den Betrag anzuzeigen. Aus meiner Hosentasche fischte ich die entsprechende Summe. Sie reichte mir ein schmales Stück Stoff von der Beschaffenheit billiger Hotelbettwäsche und deutete auf die Umkleide.

Ich folgte dem Beispiel der Männer im mittleren Alter um mich herum, zog mich nackt aus und schloss meine Kleidung in einen Schrank ein. Das winzige Stück Stoff band ich mir wie die anderen um die Hüfte. Viel bedeckte es nicht.

Ich trabte den anderen hinterher zu einer Sauna mit gekachelten Wänden und begab mich in die dampfgeschwängerte Höhle. Drei dieser Räume lagen hintereinander, jeder heißer als der vorherige. Ich ging bis nach hinten durch und verschwand in der Dunkelheit.

Als es meiner empfindlichen Haut zu viel wurde, ging ich weiter in die große Badehalle. Nichts hätte für einen Jungen aus Oregon fremdartiger sein können. Es roch nach Schwefel und Eukalyptus. In der Mitte befand sich ein achteckiges Becken, umgeben von acht Säulen, auf denen acht gewaltige Bögen ruhten. Ich fühlte mich, als wäre ich in einen Indiana-Jones-Film geraten. Um dieses Achteck herum waren vier weitere Becken gruppiert, und über jedem hing ein Schild mit der Wassertemperatur, von arktisch bis tropisch.

Mit großen Augen kam ich näher und blieb unter einem der gewaltigen Bögen stehen. Über dem mittleren Becken erhob sich eine Kuppel. Einige Dutzend Löcher, jedes so groß wie ein Suppenteller, waren in den Stein hineingeschnitten und bunt verglast worden. Sie wirkten wie die farbigen Strahler im Theater. Das Sonnenlicht strömte hindurch, nahm die bunten Farben an und malte Lichtsäulen in den dicken Dampf.

Wohlbeleibte ungarische Männer saßen halb untergetaucht in den verschiedenen Becken. Die meisten von ihnen hatten den Lendenschurz abgenommen und benutzten ihn stattdessen als Schwamm, um ihn über Gesicht und Rücken auszudrücken. Ich stellte mir vor, sie wären ungarische Mafiosi. Sie waren die Könige und das war ihr Reich. Mein Mitleid galt den Menschen, die es wagten, in ihren Privatbereich einzudringen.

Das kälteste Becken war fast leer. Hier ging ich zuerst hin. Langsam, aber entschlossen, stieg ich in das Becken. Ich ließ das eisige Wasser in meine Poren eindringen und meine Sinne durcheinanderwirbeln.

Als ich es nicht mehr länger aushielt, stieg ich heraus und stampfte zu dem wärmsten Becken. Das mineralhaltige warme Wasser umspülte meinen Körper und öffnete die Poren meiner Haut.

Ich hatte keine Ahnung, was ich da eigentlich tat. Um ehrlich zu sein, war ich schon dankbar, dass ich überhaupt irgendetwas empfand. Ich pendelte noch ein paar Mal zwischen heißem und kaltem Wasser hin und her, bis meine Muskeln um Hilfe schrien und sich mein Skelett bedingungslos ergab.

Schließlich entschloss ich mich, es mit dem Becken in der Mitte zu versuchen. Zum ersten Mal betrat ich das von Säulen umschlossene Achteck und ließ meine Zehen über dem grünlich leuchtenden Wasser baumeln. Von jeder Seite führten Stufen hinunter ins Wasser. In der Mitte war das Becken kaum mehr als einen Meter tief. Zu meiner Linken sprudelte aus einem kunstvoll gestalteten Brunnen unaufhörlich frisches Wasser aus einer verborgenen Mineralquelle. Nur das rhythmische Plätschern dieses Brunnens war zu hören.

Ich wollte keine Aufmerksamkeit auf mich lenken. Ich ließ mich ein wenig herunterrutschen und setzte mich auf die dritte Stufe, gerade so tief, dass Kopf und Schultern aus dem Wasser ragten. Das Wasser hatte Körpertemperatur. Ich lehnte mich an die steinernen Stufen. Die Schwerkraft zog meinen Kopf auf die oberste Stufe herunter. Meine Ohren waren unter Wasser, mein Gesicht guckte gerade noch so heraus. Sanft plätscherte das Wasser gegen meine Wangen. Ich schaute in die Kuppel mit ihren dampfverhangenen Lichtsäulen und streckte Arme und Beine von mir.

Dann geschah es: Dort, wo ich es am wenigsten erwartet hätte, erlebte ich etwas Wunderbares und Schönes, mit dem ich nicht mehr gerechnet hatte. Die atmosphärischen Störgeräusche in meinem Kopf verstummten. Zunächst tat ich das als Einbildung ab. Ich meinte, das gurgelnde Wasser in meinen Ohren hätte die Geräusche ausgeblendet, doch dem war nicht so.

Die Geräusche waren verschwunden.

Zum ersten Mal seit einer Ewigkeit kam ich innerlich zur Ruhe. Ich hatte die Augen auf keinen bestimmten Punkt gerichtet. Tiefe Zufriedenheit füllte mich aus, während ich mich in dem Wasser, das mich wie eine Gebärmutter umschloss, in Dampf und Dunkelheit treiben ließ. In Richtung der Kuppel ließ ich ein kurzes Gebet aufsteigen: »Ich danke dir.«

//

Ich wurde Stammgast in der Rudas-Thermalquelle. Jede Woche war ich dort, manchmal sogar drei Mal.

Ich war mit einem gewissen Misstrauen gegenüber öffentlichen Badehäusern aufgewachsen. Obwohl ich nie eins von innen gesehen hatte, wurde ich in dem Glauben erzogen, sie seien Lasterhöhlen; und vielleicht trifft das auch für viele von ihnen zu. Für mich jedenfalls war es eine eigenartige Erfahrung, als ich entdeckte, dass solch ein Bad zu meinem Zufluchtsort geworden war. Hier konnte meine verletzte Seele ausruhen und sich vielleicht sogar wieder auf den Weg zurück ins Leben machen.

Einige Wochen später lag ich wieder in dem achteckigen Becken. Mein Kopf ruhte auf derselben Stufe, wieder ließ ich Arme und Beine auf dem Wasser treiben. Ich blickte hoch zu den kleinen runden Fenstern, die in die Kuppel über mir eingelassen waren, und versuchte angestrengt, dadurch den Gipfel des Felsens zu entdecken, der draußen hoch über der Kuppel thronte.

Viele Monate zuvor war das Auto meines Glaubens, bildlich gesprochen, auf einer Gebirgsstraße aus der Kurve getragen worden. Wer hätte gedacht, dass ich nach meinem freien Fall ausgerechnet in einem türkischen Bad zur Ruhe kommen würde?

10
Pope

Es gibt nur wenige Gaben, die im Leben so wertvoll sind wie die des geistlichen Heilers. In diesem Glauben wurde ich erzogen. Natürlich gebrauchte niemand, der in unserer Gemeinde aufwuchs, jemals den Begriff »Heiler«. Leitende Mitarbeiter wurden als *Pastoren, Älteste* oder *Jüngerschaftstrainer* bezeichnet, doch trotzdem waren sie Heiler. Seit meiner Kindheit habe ich immer wieder Begegnungen mit Heilern gehabt.

In der zehnten Klasse machte sich eine Hippielehrerin vor allen Schülern über mich lustig. In meiner Stadt gab es zwei Arten von Hippies. Die einen redeten dauernd von Frieden und Liebe. Sie war von der anderen Sorte. Als wir sie fragten, wie wir sie anreden sollten, erwiderte sie: »Eure Schönheit.« Einmal hatte sie die Christen in der Klasse verspottet. Ich meldete mich und sagte, dass ich auch zu den Leuten gehörte, über die sie gerade geredet hatte. Sie lachte mich aus und machte mich für den Rest der Woche zur Zielscheibe ihres Spotts. Nach einigen Tagen suchte ich meinen Jugendpastor auf und erzählte ihm, was geschehen war. Ruhig hörte er sich meine Geschichte an und versicherte mir, dass ich nichts Falsches getan hätte. Er meinte, ich hätte wie ein Mann gehandelt und nicht wie ein Junge. Er sagte mir, dass Gott stolz auf mich sei. Er sagte mir, dass *er* stolz auf mich sei. Er war ein geistlicher Heiler.

Als ich im Ausland lebte, hatte ich eine Mentorin namens Kathryn. Mehr als einmal, wenn ich unter meinem Scheitern litt, setzte sie sich mit mir zusammen und ging mit mir die verschiedenen Schritte zur Heilung durch. Einmal, als ich mich besonders hilflos fühlte, blickte sie mich an und sagte: »Vor ungefähr zehn Jahren habe ich eine Entscheidung getroffen. Ich würde niemals wieder auf einen Pastor hören, der nicht weiß, was es bedeutet zu scheitern. Scheitern ist von entscheidender Bedeutung, wenn aus dir eine Persönlichkeit werden soll. Tony, Gott macht aus dir einen großartigen Menschen.« Sie war eine geistliche Heilerin.

//

Schließlich brach der entscheidende Tag an. Nach Monaten des Wartens wurde ich aus Osteuropa hinauseskortiert. Die Stimmen waren ausgezählt, das Urteil wurde verkündet. Für jemanden wie mich war es eigenartig, kein Mitspracherecht an der eigenen Zukunft zu haben. So ist es manchmal mit der Unterordnung. Man holte mich aus dem Budapester Zwischenlager heraus und setzte fest, dass der Weg zur religiösen Genesung für mich in Oregon weitergehen sollte.

Ein wunderbarer, von Rasen umgebener Campus im östlichen Portland sollte als Schauplatz dienen. Das Seminar sollte mein Krankenhaus sein, eine gut bemessene Dosis Theologie die Therapie.

Also ließ ich mich in Portland nieder.

Ich war pleite. Der größte Teil meines Einkommens ging für die Studiengebühren drauf. Ich teilte mir eine winzige Wohnung in Portland mit einem jungen Mann namens Stacy. Er war ein ruhiger Typ und stellte keine großen Ansprüche, was unser gemeinsames Leben betraf. Zusätzlicher Bonus: Geistlich war er fast ebenso sehr vom Weg abgekommen wie ich.

Unsere Wohnung passte perfekt zu uns: ein paar Quadratmeter feuchter Keller unter einem Haus im östlichen Portland. Wir hatten gerade genug Platz für unsere Schreibtische, ein zweisitziges Sofa und eine Kochplatte. Ich schlief auf dem Fundament. Falls Sie sich das vorstellen können: Es handelte sich um einen etwa ein Meter zwanzig hohen Betonsockel direkt an der Wand, der gerade breit genug war, dass man eine schmale Matratze darauflegen konnte. Ich musste auf meinen Schreibtisch klettern, um von dort ins Bett zu steigen. Ich rollte mich ins Bettzeug ein, weil ich nach oben nicht genug Platz hatte, um mich hinzusetzen. In Anbetracht unserer geistlichen Armut war es das perfekte Zuhause. Wie das schwarze Schaf der Familie oder unterirdisch wohnende Nagetiere schob man uns in solch ein Loch ab.

Das Seminar war für mich ein schwieriges Krankenhaus. Das hatte nichts mit dem Lehrstoff zu tun. Der war genau so, wie man es erwartet hätte: Theologie, Bibel, neutestamentliches Griechisch, genau die Fächer, von denen man denken würde, dass sie einem Menschen helfen würden, zurück zum Glauben zu finden. Im Lauf der nächsten Monate jedoch fing ich an, daran zu zweifeln, ob ich jemals durch eine PowerPoint-Präsentation oder eine theologische Facharbeit zum Glauben finden würde.

Langsam ließ dieses Gefühl der Taubheit nach, und wie ein Teenager, den man gerade bei seinen neuen Pflegeeltern abgesetzt hat, empfand ich Zorn und Verzweiflung. *Ich brauche keine Lückentexte, in die man die richtigen Antworten einsetzen soll!*, hätte ich am liebsten geschrien. *Ich habe Fragen. Ich muss wissen, dass es in Ordnung ist, Fragen zu stellen. Ich muss wissen, dass es in Ordnung ist, Zweifel zu hegen. Ich brauche ehrliche Gespräche, ungeschminkt, ohne Angst, sich schmutzig zu machen, wie Gedärme auf dem Fußboden eines Schlachthauses, auf denen man herumrutschen kann. Ich brauche die Freiheit, falschzuliegen.* Das war mein stummer Schrei, gerichtet an meine Kommilitonen und Professoren. Ich brauchte die Freiheit, zu schreien und zu brüllen.

Für jemanden wie mich, der sich überhaupt nicht im Griff hatte, gab es einfach keinen Platz.

Einer meiner Professoren ermahnte mich, dass das Problem mit meinem Willen zu tun hätte. Ich müsste mich bewusst entscheiden zu glauben. Lange dachte ich darüber nach. Ich war ziemlich sicher, dass das Problem nicht auf meinen mangelnden Willen zurückzuführen sei, sondern auf mein zerbrochenes Herz.

Also saß ich in der letzten Reihe und schrieb mit. Ich versuchte in diesen sechs Stunden etwas zu lernen, doch meine Zunge steckte in einer Zwangsjacke.

Wenn die Glocke zum Unterrichtsschluss läutete, machte ich mich auf und davon in den Pub. Er lag im Erdgeschoss eines unauffälligen Gebäudes in der von Bäumen gesäumten Belmont Street im südöstlichen Portland. Ein Schild baumelte über dem Eingang. Darauf standen zwei Wörter: *Horse Brass.*

Wenn ich durch die zweiflügelige Tür aus dunklem Holz in den Pub trat, mussten sich meine Augen erst an das Dämmerlicht gewöhnen. Drinnen gab es alte Holzbänke und abgenutzte rustikale Tische, so wie man sie draußen für ein Picknick verwendet, die vom vielen Bier und Nikotin auch nicht besser geworden waren.

Der schwarze Fußboden war so groß wie ein Basketballfeld, wirkte jedoch viel kleiner. Dunkle Säulen und niedrige Gitter unterteilten den Raum. Auf Wänden, Gittern und Tresen fanden sich überall britischer Kitsch, Bierwerbung, Dartboards und Weihnachtsbeleuchtung. Wenn ich heute darüber schreibe, merke ich, wie schrecklich das klingt. Aber Sie müssen mir einfach glauben: Es passte.

Mit der Zeit wurde ich Stammgast. Der gequälte Theologiestudent fand seinen Platz dort unten neben den anderen: Tin Whistle, Beret, Warrior Princess, Stalin's Beard, Hugger, Stump, Gilligan, Acorn, Video-Poker, Tipsy by Three, Turtleneck, Moby-Dick und Ed hießen sie.

Dann gab es noch einen Stammgast, nämlich Pope. Das war kein Spitzname, weil er uns etwa an den Papst erinnert hätte. Er hieß wirklich so. Er war rank und schlank, einige Zentimeter größer als ich. Beim Gehen machte er große, weit ausholende Schritte. Ich hätte ihn mir gut als Yeti in einem dieser alten Schwarz-Weiß-Filme vorstellen können, wie er durch den Wald stapft. Mit seinem dichten Bart und den schweren Stiefeln füllte er die Rolle jedenfalls gut aus. Unter seinem mächtigen Schnurrbart lächelte er fast immer. Sein Kichern war seine größte Gabe.

Ich vermute, dass wir beide etwa gleich alt waren, obwohl ich ihn niemals gefragt habe. Seine gelbliche Haut und Zähne deuteten darauf hin, dass er ein Leben lang vor schweren Entscheidungen gestanden hatte, Entscheidungen, die ihn Jahre später das Leben kosten sollten.

//

Pope und ich waren Freunde und Konkurrenten. Wir maßen uns beim Dartspiel und in Diskussionen. Pope ließ sich nur zu gerne auf ein Streitgespräch ein. Nur an wenigen Orten werden Diskussion hitziger geführt als in einer Kneipe, zusätzlich befeuert durch ein paar Glas Bier. Dutzende von Malen hatten Pope und ich uns über Glaube oder Politik gestritten oder über die Frage, ob man es rechtfertigen könne, ein Fan der *National Basketball Association* zu sein. Das Besondere war, dass wir die Freiheit besaßen, unterschiedlicher Meinung zu sein – oder auch mal die Selbstbeherrschung zu verlieren. Und selbst die schärfsten Streitgespräche lösten sich in Gelächter auf. Wir ließen die Meinung des anderen stehen, gaben uns gegenseitig ein Bier aus und spielten eine Runde Dart.

Eines Nachmittags saß ich an meinem Lieblingstisch unter dem großen Fenster zur Straße an der Nordwand. Ich tippte eifrig auf meinem Laptop herum und versuchte eine Aufgabe zu erledigen, die mich mit jeder Minute mehr in Rage brachte. Pope saß am Tresen und rauchte eine Zigarette. Er musste meinen aufgebrachten Gesichtsausdruck und das Klappern der Tastatur bemerkt haben. Mit amüsierter Miene kam er zu mir herüber und setzte sich rittlings auf einen mit rotem Vinyl bezogenen Stuhl mir gegenüber.

»Was machst'n da?«, fragte er mich und bemühte sich angestrengt, Unwissenheit und Mitgefühl zu markieren.

»Ich versuche nur, meine Hausarbeit fertig zu schreiben, weil ich einfach gerne viel zu tun habe«, entgegnete ich kurz angebunden und hieb auf die Tasten ein. Dabei schaute ich nicht einmal auf.

Pope, der sich zweifellos darüber ärgerte, dass mir sein amüsiertes Gesicht entgangen war, drückte seine Zigarette im Aschenbecher auf dem Tisch aus und versuchte es auf eine andere Tour. »Also, was hat dir dein Laptop angetan?«

»Was?!«, gab ich zurück und blickte in sein bärtiges Gesicht. Er grinste mich an und blinzelte mir zu.

»Siehst du«, meinte er. »Ich habe auf dich gewartet. Wie geht's dir? Schön, dich zu sehen. Warum machst du nicht eine kleine Pause, dann können wir uns unterhalten.« Er lächelte.

Ich klappte den Laptop zu und atmete durch die geschlossenen Lippen aus, sodass es wie ein Motorboot klang. »Ich glaube, ich muss mein Studium aufgeben.«

»Warum?«

»Ich studiere christliche Theologie ... und mir kommt das komisch vor. Ich habe Fragen, bei denen ich ehrlich gesagt nicht einmal genau weiß, wie ich sie stellen soll. Wenn meine Kommilitonen Fragen stellen, formulieren sie sie so, dass man merkt, dass sie das draufhaben. Mein Problem ist, dass ich es nicht draufhabe. Ich fürchte fast, ich glaube auch nicht so wie die anderen. Im Gegensatz zu ihnen ist es mir egal, ob ich die richtigen Antworten kenne. Ich will einfach, dass das, was ich glaube, stimmig ist, für mich und für die reale Welt.«

Pope schaute in meine glasigen Augen und meinte: »Hmm. Und du glaubst, wenn du dein Studium schmeißt, wird dir das helfen, in der realen Welt deinen Lebenssinn zu finden?«

Ich glaube, das sollte höhnisch klingen, aber weil er ein gutes Herz hatte, klang es tatsächlich aufrichtig, womöglich zu seiner Enttäuschung.

Fast eine Stunde lang zog sich unser Wortwechsel hin. Er stellte bohrende Fragen zu meiner Motivation, zum Wesen der Religion und ob man Bildungsmöglichkeiten nicht als wertvolles Geschenk betrachten sollte. Einige Male konnte man unsere erregten Stimmen noch auf der anderen Seite des Tresens hören.

Schließlich meinte Pope: »Mann, auf der einen Seite hast du ein Problem mit dem Christentum. Ich beschäftige mich mit der Kabbala, von daher interessiert mich das nicht besonders. Aber ich weiß, dass du mir nicht egal bist. Und ich kenne dich. Ich weiß, dass du Gott nachfolgen willst. Also stelle ich dir die folgende Frage und ich will eine ehrliche Antwort. Glaubst du, dass Gott einen Menschen führen kann?«

»Ja«, entgegnete ich nervös.

»Glaubst du, dass Gott dich dahin geführt hat, Freundschaft mit mir zu schließen?«

»Ja, stimmt, das glaube ich.«

»Glaubst du, dass Gott dein Bestes will??«

»Jaaaa«, stieß ich noch nervöser hervor.

»Glaubst du, dass Gott in der Lage ist, sich durch deine Kurse und Professoren um dich zu kümmern und dich etwas zu lehren?«

Schweigend saß ich da. Ich wusste nicht, was ich sagen sollte.

Nach einigen Augenblicken zündete sich Pope noch eine Zigarette an. Er nahm einen tiefen Zug und blies den sich kräuselnden Rauch in die Luft zwischen uns. Dann gestikulierte er mit der Zigarette zwischen den Fingern und sagte: »Es gibt vieles, was ich in meinem Leben bedauere. Mehr als ich hier aufzählen könnte. Ich habe vieles aufgegeben und« – er machte eine Kunstpause – »darum bin ich heute der, der ich bin.« Dabei breitete er die Arme weit aus, sodass ich ihn genau betrachten konnte. Einige Sekunden blieb er in dieser Haltung stehen und kicherte so laut, dass man es im ganzen Pub hören konnte.

Schließlich verebbte sein Lachen und er streifte die Asche im Aschenbecher ab. »Also, pass mal auf, Bruder. Du kämpfst an der falschen Front. Mit deinen Kursen ist alles in Ordnung. Sie sind eine gute Gabe. Du wirst deinen Abschluss machen. Dein Problem ist, dass es beim Glauben deiner Meinung nach um Vorlesungen und Hausarbeiten geht. Du glaubst, dass Glauben eine Sache des Kopfs ist. Aber es geht gar nicht um deinen Kopf, sondern um dein Herz.« Er streckte seinen langen Arm über den Tisch und klopfte mir sacht auf die linke Brust. »Lass dich und dein Herz von Gott führen, in Ordnung? Ich weiß nicht, ob das ein guter Rat ist, aber einen anderen habe ich nicht.« Dann drückte er seine Zigarette aus, stand auf und ging. Doch er blieb noch einmal stehen und blickte mit einem Zwinkern zurück. »Oh, und gib das Studium nicht auf.«

Von diesem Tag an wurde Pope zum Cheerleader meines Bildungsgangs. Abgesehen davon fand ich ihn immer noch schrecklich nervig.

//

Noch heute finde ich es schwierig zu beschreiben, was am *Horse Brass* so besonders war, dass ich dort Heilung erfuhr. Schon merkwürdig, dass ich mich dort so zu Hause fühlte. Bis zu diesem Zeitpunkt hatte ich mich kaum in Kneipen aufgehalten. An meinem einundzwanzigsten Geburtstag hatte ich zum ersten Mal Alkohol probiert, anderthalb Glas Bier, das mir meine Freunde in Feierlaune spendiert hatten.

Vielleicht liegt es daran, dass man in einer Kneipe keine Themenvorgaben macht. Es gibt keine vorgeschriebenen Denkmuster. Mein Leben bewegte sich größtenteils auf eingefahrenen Gleisen. Um welches Thema es sich auch immer handelte, alle Gespräche schienen immer in denselben Bahnen zu verlaufen. Diese Bahnen waren voraussagbar und fanden die Billigung meiner Lehrer. Sie boten mir Sicherheit.

Doch ich brauchte keine Sicherheit. Ich wollte abseits des Wegs stöbern, abseits der eingefahrenen Gleise. Ich wollte mir das Hemd vom Leib reißen und wie verrückt mit wedelnden Armen über eine Waldwiese laufen. Ich brauchte Freunde, die diesen Heilungsprozess unterstützten und sich an meiner Verrücktheit nicht störten.

Im Grund war es gar nicht der Pub selbst, sondern die Menschen dort: aufrichtige und geduldige Straßenkinder, die mir, ohne es zu wissen, immer wieder die Zeit schenkten, die ich zur Heilung nötig hatte.

11
Glauben

Trotz meiner Depression und meinen selbstzerstörerischen Tendenzen kam mein Glaube langsam zurück.

Es war schön, wieder glauben zu können. Es war schön, endlich wieder damit anzufangen – nur anzufangen –, in den Worten der Bibel Heilung zu entdecken. Es war schön, wieder beten zu können.

//

In meiner Jugend lautete eine der großen Streitfragen unter Christen: »Kann man seine Errettung verlieren?« In den christlichen Kreisen, in denen ich mich bewegte, wurde heiß darüber diskutiert. Ich selbst stammte aus einer Tradition, in der man darauf beharrte, dass das unmöglich sei: »Einmal gerettet, immer gerettet.« Die geistliche Lebensversicherung war ein Vertrag, den man nicht rückgängig machen konnte.

Ich kann mich noch daran erinnern, wie ich als junger Mann für die Seelsorge ausgebildet wurde. Mein Mentor John erklärte mir, dass in der Seelsorge keine Frage wichtiger sei als die folgende: »Wenn du heute Abend sterben solltest, wie sicher wärst du dir dann – auf einer Skala von 1 bis 100 –, dass du in den Himmel kommst?« John lehrte mich, dass ich ein Seelsorgegespräch niemals abbrechen dürfe, bevor ich auf diese Frage nicht die Antwort bekommen hätte: »Ich bin mir 100 Prozent sicher.«

John beharrte darauf: »Wenn sie sagen, sie sind zu 50 Prozent sicher, oder 70 oder 90 … sogar wenn sie sagen, sie sind sich zu 99 Prozent sicher, ist das nicht gut genug. Erinnere sie einfach an Gottes Versprechen: ›Ich werde dich nie verlassen und dich nicht im Stich lassen.‹[13] Dann frage sie noch einmal: ›Wie sicher

[13] Josua 1,5; 5. Mose 31,6+8; Hebräer 13,5

bist du dir? Nehmen wir Gott beim Wort oder nicht?‹ Hilf ihnen zu erkennen, dass es keinen Zweifel daran gibt. Der Glaube muss unerschütterlich und zuversichtlich sein.«

Ich frage mich, was John wohl zu meiner geistlichen Achterbahnfahrt in den letzten Jahren gesagt hätte? Erst war ich ein christlicher Missionar, dessen geistliche Zuversicht ihn mit Stolz erfüllt hätte, dann ein niedergeschlagener Zweifler mit einer abgestorbenen Seele. Weil er an das Paradigma »Einmal gerettet, immer gerettet« glaubte, konnte er auch nicht einfach sagen, dass ich meinen Glauben verloren hätte. Würde er behaupten, dass ich niemals wirklich Christ gewesen wäre und die letzten Jahre das eindeutig bewiesen hätten?

Es bestand kein Zweifel daran, dass ich völlig vom Weg abgekommen war. Würde er sagen, dass meine einzige Hoffnung auf Errettung in der Zukunft lag? Dass darum meine Vergangenheit auf den Müllhaufen gehörte? Ich war sicher, er würde voller Liebe für mich beten, dass ich eines Tages den wahren und felsenfesten Glauben an Gott entdecken würde.

//

Einmal traf ich mich nachmittags mit Katarina im *Horse Brass*. In diesem schummrigen Pub war sie eine kleine Sensation.

Sie schwebte förmlich durch die Eingangstür. Wer ihre Bewegungen beobachtete, wäre niemals darauf gekommen, dass sie bereits über sechzig war. Sie benutzte kaum Make-up und trug ihr langes weißes Haar offen. Ihre Kleidung war so bunt und farbig wie sie selbst. Sie trug einen langen, fließenden Rock und einen breiten Seidenschal über Schulter und Oberkörper.

Katarina blieb am Fuß der kleinen Treppe vor dem Tresen stehen, direkt unter dem handgestickten Schild mit den Worten »Yankees willkommen«. Sie drehte sich herum, um nach mir Ausschau zu halten, vor allen Dingen aber, um alle Einzelheiten dieser alten Kneipe in Augenschein zu nehmen. Ich beobachtete sie. Alles nahm sie in sich auf: Schwarz-Weiß-Fotos aus dem

Großbritannien der Kriegszeit, alte Guinness-Werbetafeln und die bunten Glasfenster unter den dunklen Balken.

Schließlich entdeckte sie mich in meiner Lieblingsecke. Ich saß unter einem britischen Propagandaplakat aus dem Zweiten Weltkrieg und einem Gemälde mit Schiffen auf See, das von einem Maler namens Fisher signiert worden war.

Sie schwebte an meinen Tisch und meinte: »Was für ein wunderbarer Ort!« Ihre Stimme klang begeistert.

Katarina und ich hatten uns wenige Tage zuvor auf einer Hochzeit kennengelernt. Ich erfuhr, dass sie trotz ihrer sechs Lebensjahrzehnte wieder die Schulbank drückte. Sie arbeitete an ihrer Doktorarbeit in Religionswissenschaft, die sich mit ökumenischer Spiritualität befasste. Sie selbst war im liberalen Judentum zu Hause. Zu aufrichtigen und liebevollen gläubigen Menschen fasste sie leicht herzliche Zuneigung. Als wir beim Hochzeitsempfang mit dem Champagnerglas in der Hand auf dem Rasen standen, wechselten wir nur einige Worte, doch meine Geschichte interessierte sie und sie bestand darauf, dass wir unser Gespräch bald irgendwo anders fortsetzen sollten. Ich zögerte, doch sie akzeptierte kein Nein.

Nun saßen wir hier. Ein kahlköpfiger Mann Anfang dreißig mit Strickmütze und langweiliger wollener Kleidung und eine lebhafte jüdische Akademikerin, gekleidet in allen Farben von Monets Palette.

Obwohl mir meine Depressionen an diesem Tag zu schaffen machten, führten wir ein wundervolles Gespräch. In der ersten halben Stunde erzählten wir uns unsere Lebensgeschichte und redeten von den Abenteuern, die wir erlebt hatten. Wir sprachen über unsere Familie. Sie erzählte mir von ihren erwachsenen Kindern, ich ihr davon, wie ich mich gerade in Aimee verliebt hatte und welche Ironie darin lag, dass ich sie ausgerechnet am Seminar kennengelernt hatte. Wir plauderten über unsere Reise und versuchten herauszufinden, welche Orte wir beide besucht hatten. Wir fachsimpelten über Westeuropa und tauschten unsere Erinnerungen an Israel aus, vor allem über die Kunstgalerien in Safed, einer im Norden des Landes gelegenen Stadt.

Sie machte es sich bequem, lehnte sich zurück, redete mit den Händen und lächelte breit. Ich dagegen war zurückhaltend, obwohl mich das Gespräch fesselte. Mein immer noch bis oben gefülltes Glas Bier hielt ich mit beiden Händen umklammert.

Dann machte sie eine Pause und ihr Lachen verflüchtigte sich allmählich wie eine Wolke aus Zigarettenrauch. Nach einem Augenblick des Schweigens schaute sie mich an und fragte: »Würdest du mir einen großen Gefallen tun und mir die Geschichte deines Glaubens erzählen?«

»Also …« Ich nahm einen langen Schluck aus meinem Glas und wischte mir den Mund ab, während ich nachdachte. Ich wollte ihr keine vorgefertigte Geschichte vorsetzen, sondern auf ihre Persönlichkeit und unsere neue Freundschaft eingehen.

Ich fing mit meinem Kinderglauben und der Baptistengemeinde an, in der ich aufgewachsen war. Dann erzählte ich ihr von meinen Zweifeln in der Highschool-Zeit, Zweifeln, die so heftig waren, dass ich etwa anderthalb Jahre meinen Glauben nicht mehr praktizierte.

Ich erklärte ihr von meinem Glaubensabenteuer in meiner Studienzeit. Damals hatte ich den Glauben neu für mich entdeckt und Freundschaft mit faszinierenden Menschen geschlossen, die zu Jesus gehörten.

Ich nahm mir Zeit. Sie sprach kein Wort. Die Augen hielt sie geradewegs auf mich gerichtet, obwohl ich mich meistens auf den Schaum auf meinem Bierglas konzentrierte. Hin und wieder blickte ich auf zu ihr. Jedes Mal schien sie den Atem anzuhalten, als wollte sie um jeden Preis verhindern, dass ich von irgendetwas unterbrochen würde.

Ich ging mein Leben Kapitel für Kapitel durch und sie hörte gespannt zu. Schließlich kam ich auf meine Zeit im ehemaligen Jugoslawien zu sprechen. Ich verringerte noch einmal das Tempo, erzählte ihr von den Jahren, in denen ich sieben Tage in der Woche und sechzehn Stunden pro Tag gearbeitet hatte. Ich versuchte ihr zu schildern, wie besessen ich von meiner Arbeit gewesen war. Sie schien mich zu verstehen.

»Und dann geschah es«, erklärte ich. Ich formulierte sehr überlegt. »Dann starb meine Seele. Ich weiß nicht, wie ich es anders erklären kann.« Dabei sah ich nicht auf, sondern malte mit dem feuchten Bierglas ein Kreismuster auf den grob behauenen Tisch.

Ich redete immer weiter. »Weißt du, ich war schon als Jugendlicher äußerst diszipliniert, gerade was mein geistliches Leben betraf. In der Mittelstufe stand ich jeden Morgen früher auf, damit ich in der Bibel lesen und beten konnte. Diese disziplinierte Haltung habe ich nie aufgegeben. Mit achtundzwanzig Jahren, als meine Seele tot war, stand ich immer noch morgens um sechs auf, um wenigstens zu versuchen, Zeit mit Gott zu verbringen. Eigentlich war das lächerlich. Ich war solch ein Idiot. Ich glaubte nicht einmal an Gott. Und selbst wenn Gott wirklich existierte, war ich innerlich so tot, dass es mich überhaupt nicht interessierte, ob ich Gott egal war oder nicht.« Sofort kamen Schuldgefühle in mir hoch, weil ich so etwas sagte.

Meine Augen wurden feucht. »Weißt du, was ich jeden Morgen um sechs machte?« Ich konnte sie nicht ansehen. »Weil die Bibel für mich überhaupt keinen Sinn mehr ergab, kniete ich mich einfach neben meinem Bett hin, die gefalteten Hände auf der Bettdecke, so wie ein Kind betet. Mein Kopf war wie betäubt. Und dann leierte ich ein paar Worte herunter, immer wieder dasselbe. ›Gott, heute fasse ich den Entschluss, an deine Existenz zu glauben. Ich fasse den Entschluss, an deine Existenz zu glauben. Ich fasse den Entschluss, an deine Existenz zu glauben.‹ Wie lächerlich ist das denn? Ich konnte nicht für meine Freunde beten. Ich konnte nicht für meine Teamkollegen beten. Ich konnte nicht für unsere Arbeit beten. Ich konnte nicht einmal für mich selbst beten. Ich war wertlos.«

An diesem Punkt löste sich eine Träne aus meinem Auge und rann über meine Wange. Hastig wischte ich sie weg. »Ja, jedenfalls … das war die Zeit, in der ich meinen Glauben verlor.«

Das Muster aus feuchten Bierglasringen sah inzwischen schon ziemlich verschlungen aus. Ich versuchte darüber nachzudenken, was ich noch erzählen könnte. Doch mir fiel nichts ein, also saß ich einfach da und starrte auf das Kreismuster.

Als ich schließlich aufblickte und Katarina ins Gesicht sah, war ich schockiert. Alles an ihr hatte sich verändert. Sie wirkte überhaupt nicht mehr freundlich. Aus ihren Augen sprühte das Feuer. Sie bebte fast.

»Wie kannst du es wagen!« Dabei schnellte ihr Finger vor und zeigte auf mich. »Wie kannst du es wagen!« Verzweifelt versuchte sie die Fassung zu behalten, doch der Zorn war stärker.

»Sag das nicht noch einmal, hörst du? Wie kannst du es wagen, so über deinen Glauben zu sprechen? Wie kannst du deine eigene Geschichte so in den Dreck ziehen? Schäm dich!«

Sie versuchte sich zu beruhigen. Die Hände hatte sie wieder auf den Tisch gelegt. Mit leicht zitternden Fingern fuhr sie durch die Rillen im Tisch. »Mein Volk wartete viele Generationen schweigend darauf, Gottes Stimme zu hören und mit ihm zu sprechen. Viele Generationen! Wir warteten schweigend. Wir schrien zum Himmel. Wir warteten darauf, dass Gott sprechen würde.«

Sie blickte auf und sah mir in die Augen. »Sieh mich an«, forderte sie mich auf. »Sieh mich an und vergiss niemals, was ich dir jetzt sagen werde. Du hast deinen Glauben nicht verloren. Hörst du? Du hast deinen ... Glauben ... nicht ... verloren. Dein Glaube war niemals weg. Dein Glaube war stark. Ich weiß, dass es sich für dich nicht so angefühlt hat, aber du bist treu geblieben, nicht nur, weil du auf Gott geharrt hast, sondern, wichtiger noch, weil sogar im Schweigen Gott mit dir ausgeharrt hat.«

Katarina lehnte sich wieder zurück und bemühte sich, ihre gewohnt majestätische Haltung wiederzufinden. Sie zupfte den Schal zurecht, damit der Knoten wieder mittig saß und die seidene Pracht gleichmäßig über Schultern und Oberkörper fiel. Als das zu ihrer Zufriedenheit erledigt war, räusperte sie sich. Sie beugte sich leicht nach vorn und klopfte mir auf den Arm. »Du bist so ein lieber, netter, wunderbarer junger Mann. Gott hat dir so viel Freundlichkeit erwiesen.«

Ich wusste, dass sie nicht nur darüber sprach, was ich gerade gesagt hatte, sondern auch über meine religiöse Programmierung, über das, was ich über meinen eigenen Glauben glaubte.

//

Seit diesem Nachmittag mit Katarina versuche ich, den Blickwinkel zu verändern, aus dem ich meinen Glauben sehe. Leider kann ich so einen Schalter, den ich einfach umlege und damit meine Sicht auf den Glauben verändere, nirgends finden, wo auch immer in meinem Innern er sich befinden mag. Meine Art zu reden kann ich jedoch verändern, und das nicht nur um ihrer selbst willen, sondern weil meine Sprache mein Innenleben verrät und auch prägt. Ich habe versucht, mit anderen Worten von meinen Glaubenserfahrungen zu erzählen. Obwohl es Zeiten gab, in denen Zweifel, Dunkelheit oder das Gefühl vorherrschten, Gott sei weit weg, sage ich heute nicht mehr, dass ich meinen Glauben »verloren« hätte. Ich finde es immer noch schwierig zu erklären, doch meiner Auffassung nach verhält sich unser Glaube manchmal einfach eine Weile still.

An den meisten Tagen fühle ich mich noch heute geistlich schwach. Auf meinem geistlichen Weg bin ich so oft vom Weg abgekommen oder habe versagt. Katarinas Worte sind mir im Gedächtnis geblieben und ich glaube, ich werde sie niemals vergessen. Sie half mir, Heilung zu finden, Heilung von meiner Vergangenheit.

Ich fände es spannend, meinen Mentor John und Katarina bei einer Diskussion über den Glauben zu belauschen. Ich bin sicher, dabei würde es ziemlich lebhaft zugehen. Mit Sicherheit würden sie vieles unterschiedlich sehen.

Irgendwie habe ich das Gefühl, dass Katarina eine Begegnung mit John als großes Geschenk empfinden würde. Ich wette, John würde aus solch einem Gespräch mit dem unerwarteten Gefühl hinausgehen, dass er Ermutigung erfahren hat.

12
Der Prophet

Endlich fing ich an, es zu begreifen: Letzten Endes war die Heilung allein Gottes Sache. Weder hatte ich es in der Hand noch konnte ich vorhersagen, von welchen Orten meine Heilung ihren Ausgang nahm.

//

Zu den absurdesten Aussagen Jesu gehört es, dass er seinen Nachfolgern erklärte, es sei gut, dass er sterben und sie verlassen müsse. Manchmal klang er wie ein verrückter Prophet. Wie könnte die Welt ohne den Fleisch gewordenen Gott denn ein besserer Ort sein? Wie könnte überhaupt irgendetwas besser sein ohne diesen wunderbarsten, scharfsinnigsten, weisesten, kreativsten, liebevollsten Menschen, der je gelebt hat, der uns die Wahrheit nahebrachte, ein Fenster in die Ewigkeit öffnete und Gott verkündete? Wie ist das möglich?

Wie ich schon sagte: Er war ein verrückter Prophet.

Dann erläuterte Jesus diese verrückte Behauptung. Er sagte, dass er nach seinem Weggang jemanden zu uns schicken werde, der immer mit uns geht und uns in dieser Welt mit ihren Problemen zur Seite steht.[14] Jesus glaubte wirklich und wahrhaftig, dass dieser Begleiter alles verändern würde. Er würde uns heilen und erklären, wie diese Heilung aussieht, er würde uns die Wahrheit offenbaren und alles wieder zurechtbringen. Dieser Begleiter, der das Wesen Gottes in sich trägt, würde die Macht des Schöpfers einsetzen, um die Geschichte zum Ende zu bringen.

Es gibt ein jahrhundertealtes Gebet eines unbekannten Verfassers, in dem Gott darum gebeten wird:

---

14 Siehe Johannes 14,16 und 16,7

Im Herzen jedes Menschen zu sein, mit dem ich spreche;
im Mund eines jeden zu sein, der mit mir spricht.

Der Beter vertraut Jesus und glaubt an den göttlichen Begleiter. In diesen beiden Zeilen wird Gottes Geist förmlich angefleht, durch den Mund *jedes* Menschen zu sprechen, der meinen Weg kreuzt.

Aber alles in Maßen, oder nicht? Wir müssen realistisch sein und dürfen nichts übertreiben. Schließlich bin ich nicht dumm. Der gesunde Menschenverstand zeigt uns schon, wer mit diesem Gebet nicht gemeint ist.

Misstrauen ist doch etwas Gutes, oder?

//

In meinem zweiten Sommer, den ich wieder in den Staaten verbrachte, lud man mich ein, an einem Programm für Collegestudenten teilzunehmen, das in New York stattfand. Die Studenten sollten den Sommer in der Stadt verbringen. Vorgesehen war ein intensives persönliches Mentoring und daneben sollten sie sich in den rauesten Vierteln New Yorks für soziale Gerechtigkeit und geistliches Leben einsetzen.

Ich wurde gebeten, mich als einer der Mentoren zur Verfügung zu stellen.

Für mich war das eine einmalige Gelegenheit und auch ein persönlicher Sieg, denn es zeigte mir, dass ich auf dem Weg der geistlichen Gesundung war. Zumindest glaubte ich das.

Die Studenten arbeiteten in gemeinnützigen Organisationen, in Obdachlosenunterkünften oder in anderen Wohlfahrtsvereinen. Als Mentor, der ihre Arbeit begleitete, musste ich mich dort auch sehen lassen.

Während meiner ersten Woche in New York lernte ich eins der ältesten Obdachlosenasyle der fünf Stadtbezirke kennen. Es handelte sich um ein altes mehrgeschossiges Gebäude im südlichen Manhattan, das den Namen *Bowery* trug.

Drinnen sah es so aus, wie ich es vermutet hatte. Zunächst besuchte ich die Kapelle. Hier bekamen die »Gäste« jeden Tag eine Dosis Evangelium.

Es war Vormittag. Ich betrat den Raum und setzte mich auf eine der hinteren Bänke. Der Leiter der Einrichtung sprach leidenschaftlich über die heilende Botschaft der Bibel. »Wenn du nur dein Leben Jesus übergibst und seinem Wort gehorchst, wirst du gerettet.«

Das war, fand ich, eine gute Botschaft. Ich dachte an all die armen Seelen um mich herum, die diese Art von Heilung durch das Evangelium bitter nötig hatten.

Inzwischen schaute ich mich im Raum um. Er war schmal. Vorne gab es eine kleine Plattform, die gerade genug Platz für ein Pult und ein paar Musiker bot, wenn man sie brauchte. An diesem Vormittag hatten sich nur wenige Menschen eingefunden, vielleicht ein Dutzend. Rechts saß ein bärtiger Mann gegen die Wand gelehnt. Zum Rhythmus der Andacht wiegte er sich auf seinem Stuhl hin und her. Ein anderer Mann umklammerte seinen Kleidersack mit beiden Armen, ruhte mit der Nase darauf und starrte nach vorn.

Hinter mir in der Ecke saß ein Koloss von einem Mann: groß, stark und schwarz. Er war einige Zentimeter größer als ich und musste mindestens fünfzig Kilogramm mehr wiegen. An solch einem Ort kann es schwer sein, das Alter eines Menschen zu schätzen. Sein Gesicht wirkte etwas kindlich, doch andererseits strahlte er eine gewisse Wildheit aus. Ich schätzte ihn auf etwa fünfzig.

Bald war der Gottesdienst zu Ende und ich folgte den Besuchern hinaus in den Speisesaal. Am Eingang zur Küche stand ein Mann in einer langen weißen Schürze. Ich stellte mich vor und erklärte ihm, dass ich am Sommermentorenprogramm teilnehme und jetzt mithelfen könne. Er lächelte und schüttelte mir ungeduldig die Hand. Ich sollte mir die Hände waschen und bei der Essensausgabe mitmachen. Ich teilte die Bohnen aus.

In den nächsten vierzig Minuten standen etwa fünfzig Gäste für eine Mahlzeit an. Als die größte Hektik vorbei war, wurde ich abgelöst und durfte mir selbst etwas zu essen holen. Das machte ich auch.

Der kleine Speisesaal war fast voll besetzt. Ich fühlte mich etwas unbehaglich, weil ich nicht wusste, wie ich mich unter Obdachlosen bewegen sollte. Unsicherheit machte sich in mir breit. An einigen voll besetzten Tischen ging ich vorbei, weil mich das einschüchterte. Dann kam ich zu dem Tisch mit dem Koloss von einem Mann, der vorhin hinten in der Kapelle gesessen hatte. Er war allein, saß über seinen Teller gebeugt, mit dem Rücken zur Wand, um ihn herum leere Stühle.

Los jetzt. »Darf ich mich dazusetzen?«, fragte ich.

Er sah von seinem Teller auf. Unsere Blicke trafen sich. Ein freundliches Lächeln umspielte seine Lippen. »Es wäre mir eine Ehre. Nehmen Sie sich bitte einen Stuhl.« Er sprach mit Südstaatenakzent. Weil ich an der Westküste aufgewachsen war, hatte ich normalerweise Schwierigkeiten, diese Akzentfärbung einzuordnen, doch diese Aussprache klang eindeutig nach den Südstaaten und hörte sich außerdem sehr melodisch an.

»Ich heiße Tony.«

»Ich bin Harry. Was führt Sie zu mir nach Hause? Sind Sie ein neuer Gast?«

»Ein Gast? Nein … ich meine … ich bin nicht … was ich sagen will … ich bin absolut … ich …« Ich ließ den Kopf sinken. »Ich bin heute nur zu Besuch.« Hätte ich mit dieser Situation noch schlechter umgehen können? »Harry, es tut mir so leid.«

»Oh, machen Sie sich keine Sorgen, junger Mann. Ich habe ein dickes Fell und ein großes Herz. Sie müssen sich meinetwegen wirklich keine Gedanken machen. Wenn Ihr Leben meinem auch nur ein bisschen ähnelt, ist das hier im Vergleich zu Ihrem Elternhaus eine völlig andere Welt.« Er gab mir eine Minute, damit ich wieder innerlich ruhig wurde, und fragte dann: »Wo sind Sie denn aufgewachsen?«

Er war nett. Beim Essen erzählte ich ihm meine Geschichte, zumindest die Höhepunkte. Dann fragte ich ihn nach seiner Lebensgeschichte. Er erzählte, dass er im Süden aufgewachsen war, erzählte von seiner Familie und Gemeinde. Sonntags morgens hatte er im Chor gesungen. Dann sprang er unvermittelt zu den letzten Jahren und schilderte das Leben auf der Straße. Er erklärte mir, dass er seit einigen Wochen im Obdachlosenasyl lebte und am Programm teilnahm. »Man muss an diesem Programm teilnehmen, wenn man bleiben möchte«, sagte er. Dann vertraute er mir an, was ich schon vermutet hatte: Er war drogensüchtig. Seinem Tonfall nach zu schließen, gehörte er zur allerschlimmsten Sorte, die man sich nur vorstellen kann. Ich versuchte es mir nicht vorzustellen.

»Nehmen Sie Drogen?«, fragte er.

»Nein, nie.«

»Gut. Bleiben Sie dabei. Die Drogen nehmen Ihnen alles.« Als er *alles* sagte, senkte er die Stimme. Es klang todtraurig und ich hörte heraus, dass eine lange, dunkle Geschichte dahintersteckte, eine Geschichte, die er mir nicht anvertraute. Ich fragte nicht danach.

Wir aßen zu Ende und stellten die Teller weg.

Dann wandte ich mich ihm zu, um mich von ihm zu verabschieden und für das Gespräch zu danken. Doch bevor ich noch dazu kam, fragte er: »Darf ich Ihnen etwas zeigen?«

»Ich habe nichts – außer Zeit«, meinte ich und versuchte cool zu klingen. Irgendwie kam das nicht an. Jedenfalls ließ er sich davon nicht beeindrucken.

»Schön, dann kommen Sie mal mit.«

Er ging durch einen schmalen Korridor voran und stieg eine Treppe hoch. Es erstaunte mich, wie seine gewaltige Gestalt den Durchgang verfinsterte. Wir gingen durch eine Tür und fanden uns in einem Aufenthaltsraum wieder. Ich blickte mich um: Sofas, ein Bücherregal und einige Brettspiele.

Harry setzte sich an ein altes Klavier, das sichtlich mitgenommen war. Es stand an der Wand mit der Tür. »Wissen Sie, was das ist?«, fragte er.

Dank meines ungeheuren Einsichtsvermögens schloss ich, dass die Antwort »ein Klavier« nicht das war, was er hören wollte.

Seine breiten Schultern ließen das Klavier klein aussehen. Ich entschloss mich, keine wilden Vermutungen anzustellen. »Ich weiß es nicht; was ist das?«

»Das hier« – beim Sprechen ließ er seine Finger über die Tasten gleiten – »das hier ist Fanny Crosbys Klavier.« Ehrfurcht schwang in seiner Stimme mit, als spräche er über den Schauplatz einer Schlacht oder über die Verfassung. Er erwartete offenbar von mir, dass ich diesen Satz in seiner ganzen Bedeutung erfasste. Dann erkundigte er sich: »Kennen Sie Fanny Crosby?«

Ich lächelte verlegen und zuckte die Achseln.

Still lachte er in sich hinein. »Na gut. Sagen Sie mir, junger Mann, singen Sie auch selbst?«

»Ein bisschen.«

»Schön, dann können wir doch eins von Fannys Liedern zusammen singen.«

Er fing an zu spielen. Bei der lebhaften Einleitung bewegten sich seine riesigen Hände wie Schmetterlinge über die Tasten. Dann schlug er kräftiger an, ein einzelner Akkord erklang, der den kleinen Raum erfüllte und die Treppe hinunterpurzelte.

Und dann fing er an zu singen und forderte mich mit einem Blick auf einzustimmen.

»Seliges Wissen: Jesus ist mein! Köstlichen Frieden bringt es mir ein.«

Seine Stimme klang rein und schön. Ich brachte es kaum über mich, den Gesamteindruck mit meinem Gesang zu trüben, doch er hatte mich ausdrücklich gebeten mitzusingen.

»Leben von oben, ewiges Heil, völlige Sühnung ward mir zuteil. Lasst mich's erzählen, Jesus zur Ehr; wo ist ein Heiland, größer als er …«

Er sang langsamer, als ich es von der Baptistengemeinde, in der ich aufgewachsen war, gewohnt war. Nun schloss er die Augen, das Gesicht war nach oben gewandt. Das Vibrato ließ seinen gesamten Körper erbeben. Ich glaube, er sang für Gott selbst, und die Worte stiegen vom Grund seiner Seele auf. »Ihm will ich leben, o welche Freud! Herrliche Gaben Jesus mir beut …«

Als er zu Ende gesungen hatte, hing der letzte Akkord noch einen Augenblick in der Luft, und Harry hielt seinen Kopf dicht über die Tastatur gebeugt.

Er atmete einmal tief durch und sprach mich dann an, ohne aufzusehen. »Wissen Sie, Tony, Fanny war ein gebrochener Mensch so wie ich. Als Kind verlor sie ihr Augenlicht. Als Mann verlor ich meine Nüchternheit, meine Würde … na ja, so ziemlich alles.«

Erst jetzt wandte er sich um und blickte mir in die Augen. »Gott liebte Fanny so sehr, dass er ihr eine erstaunliche Gabe schenkte, die Gabe nämlich, Lieder zu schreiben, und zwar Tausende. So ist Gott, er singt seine Lieder durch gebrochene Menschen. Glauben Sie das?«

»Ja.«

»Sehen Sie, ich habe es auch einmal geglaubt … und mit jedem Tag bin ich ein Stückchen näher daran, es wieder zu glauben.«

Er rieb die Handflächen an den Oberschenkeln. Dann blickte er auf. »Würden Sie gern noch ein Lied hören?«

»Ja bitte«, entgegnete ich.

»Na gut.« Und damit setzte er die Finger noch einmal auf die Tasten.

Den ganzen Nachmittag verbrachten wir mit Singen, nur Harry und ich.

//

Einige Tage später kam ich wieder, und dann nach einigen Tagen noch einmal. Wir aßen zusammen Mittag und verbrachten danach noch ein oder zwei Stunden zusammen. Es war wunderbar. Haben Sie schon einmal einen wirklich tiefgründigen Menschen kennengelernt? Niemals gibt er Plattitüden oder Mutmaßungen von sich. Solch ein Mensch spricht aus den Tiefen seiner Erfahrung, schöpft aus einem Brunnen der Schmerzen. Harry war wie Gandhi. Na gut, vielleicht nicht ganz wie Gandhi, aber ihm so ähnlich, wie ich es seit langer, langer Zeit bei niemandem erlebt hatte … jedenfalls meistens.

Es gab nur ein kleines Problem: Harry war verrückt.

Er war nicht immer verrückt, keineswegs. Am ersten Tag, als wir beide am Klavier saßen, war er so normal wie Mutter Teresa. Doch manchmal war er auch anders.

Meistens zeigte sich das nur an Kleinigkeiten. Er wiederholte sich oder vergaß etwas, über das wir gerade geredet hatten. Das führte ich auf die Drogen zurück, die seinen Verstand wie eine Käsereibe bearbeitet hatten.

Manchmal jedoch ließ er sich minutenlang über Dinge aus, die er sich einbildete. Verrückte Dinge. Zum Beispiel glaubte er, er sei mit Hollywoodstars befreundet. Wirklich. Können Sie sich vorstellen, jemanden ernst zu nehmen, der Ihnen erzählt: »Also, dann hat mich Anthony Hopkins angerufen und wir haben ein bisschen geplaudert?« Können Sie sich das vorstellen? Ich nicht.

Unsere Gespräche liefen oft so ab, dass wir über irgendein Thema sprachen, zum Beispiel wie man das Leben mutig angeht, und dann vielleicht solch eine Bemerkung kam: »Genau wie neulich, als ich mich mit Larry Fishburne unterhalten habe. Larry meinte: ›Du wirst niemals erfahren, ob du etwas leisten kannst, wenn du nicht deine Furcht verleugnest und dich mit ganzer Kraft auf eine Aufgabe wirfst.‹«

Beim ersten Mal ging ich zum Spaß darauf ein, später erkundigte ich mich herablassend: »Meinen Sie den *Schauspieler* Lawrence Fishburne?«

»Ja, *Larry* Fishburne.« Er sagte das, als handelte es sich um die normalste Sache der Welt.

Dann dachte ich mir (und zitierte damit eine Zeile aus *Matrix*): *Bist du sicher, dass er nicht gesagt hat: »Nimm die rote Pille – dann bleibst du im Wunderland und ich führe dich in die tiefsten Tiefen des Kaninchenbaus?«*

So ging es einige Wochen lang. Wir führten eine ermutigende, intelligente Unterhaltung und im nächsten Augenblick kippte sie ins Absurde um. Ich hatte keine Ahnung, ob es sich um Schizophrenie handelte oder um die Spätwirkung der Drogen. Mir fiel es jedenfalls schwer, damit zurechtzukommen. Ich kann mit tiefgründigen Bemerkungen umgehen und manchmal auch mit verrückten, aber nicht mit beidem gleichzeitig und nicht, wenn sie von ein und demselben Menschen kommen.

Diese Ausflüge ins Absurde wiesen immer das gleiche Muster auf und hatten mit Larry Fishburne oder irgendeinem anderen Hollywoodstar zu tun. Ich wusste, dass er all diese Berühmtheiten unmöglich persönlich kennen konnte, und sagte mir: *Guck ihn dir doch nur mal genau an. Er ist ein obdachloser Drogenabhängiger mit einem Südstaatenakzent. Er hat kein Geld. Er hat kein Leben. Wenn er richtig hart arbeitet, könnte er eines Tages wenigstens zur Bedeutungslosigkeit aufsteigen.* In meinen dunkelsten Augenblicken schämte ich mich, dass ich ihn so wenig achtete.

Einige Male versuchte ich ihn darauf anzusprechen, doch immer beharrte er darauf, dass ich derjenige war, der nichts verstand. Die ruhige Gelassenheit, die er dabei ausstrahlte, brachte mich noch mehr auf. Wenn Harry verrückt war – na gut, meinetwegen; aber dass er mir Realitätsverlust vorwarf, ging zu weit. Das konnte ich nicht ertragen.

Also kam ich nicht mehr. Ich ging einfach nicht mehr hin. Bei meinem letzten Besuch hatten wir uns sogar gestritten, was die Sache nur noch schlimmer machte. Als ich gehen wollte, fragte Harry mich: »Kommst du morgen wieder?«

Ich entgegnete: »Ja, ich werde da sein.«

Wir wussten beide, dass das eine Lüge war.

//

Mehr als eine Woche verging. Die Schuldgefühle nahmen überhand. Ich sagte mir: *Nur weil er verrückt ist, bedeutet das doch nicht, dass ich nicht sein Freund sein kann. Er muss ja gar nicht mein Gandhi sein, es reicht, wenn er mein verrückter obdachloser Freund ist.*

Kurz vor dem Mittagessen traf ich im Obdachlosenasyl ein. Ich schaute in der Kapelle nach, doch dort war er nicht.

Dann wartete ich das Mittagessen ab und sah die Menschen kommen und gehen. Keine Spur von Harry.

Überall suchte ich nach ihm und fand schließlich einen Mitarbeiter. Ich musste ihm auf die Sprünge helfen, wer ich war, und als er sich schließlich an mich erinnerte, begrüßte er mich freundlich und gab mir die Hand. »Was kann ich für Sie tun?«

»Ich suche Harry. Er war heute nicht beim Mittagessen. Wissen Sie, wo er sich aufhält?«

Er legte mir die Hand auf die Schulter. »Tut mir leid. Wir wissen selbst nicht, wo Harry ist. Ungefähr vor einer Woche hat er das Programm aufgegeben. Er hat sich einfach davongemacht, wie das so oft passiert. Waren Sie miteinander befreundet?«

Ich entgegnete: »Eigentlich nicht.« Sofort wusste ich, dass ich ihn nicht so verraten konnte. »Doch, schon irgendwie. Das heißt, ja, Harry ist mein Freund. Wissen Sie vielleicht, wann er zurückkommt?«

»Tut mir leid. Er kommt nicht mehr zurück. Wenn sie wieder auf der Straße landen, bleiben sie zu hundert Prozent da. So ist das eben.«

Aufgebracht sagte ich mir: *Harry ist ein Mensch, keine Statistik.* Aber welches Recht hatte ich, so fromm daherzukommen? Ich bin so ein alter Heuchler.

Ich verabschiedete mich von dem Mitarbeiter und stand nach wenigen Sekunden wieder auf der Straße.

Den größten Teil des Nachmittags verbrachte ich damit, zwischen SoHo und Alphabet City hin- und herzulaufen. Ich schaute in den Hauseingängen und Querstraßen nach. Dass es hoffnungslos war, wusste ich, aber ich konnte einfach nicht aufhören zu suchen. Immer wieder gingen mir die Worte im Kopf herum: *Er hat mich gefragt, ob ich morgen wiederkommen würde. Ich habe ihm geantwortet: »Ja, ich werde da sein.«*

Während ich planlos durch die Straßen zog, dachte ich immer wieder an unsere Gespräche zurück. In meinem Kopf spielte sich ein regelrechtes Tischtennismatch ab: tiefsinniges Gespräch, verrücktes Gespräch, tiefsinniges Gespräch, verrücktes Gespräch.

Ich kann nicht glauben, dass ich ihn Gandhi genannt habe, dachte ich voller Abscheu.

Abscheu ist ein effektives Gegengift, um die Scham zu bekämpfen.

In meiner Verzweiflung sprach ich schließlich mit Gottes Geist, unserem Begleiter. Ich bettelte ihn an: »Hilf mir. Beschütze mein Herz vor diesem Schmerz. Schenk mir die Weisheit zu erkennen, ob ein Mensch Worte spricht, die von dir kommen, oder ob er dazu nicht in der Lage ist.«

Mir fiel wieder jenes alte Gebet ein:

Sei im Herzen jedes Menschen, mit dem ich spreche;
sei im Mund eines jeden, der mit mir spricht.

War mit diesem Gebet wirklich *jeder* Mensch gemeint? Ich wollte das zwar gerne glauben, doch Harry hatte mich gelehrt, dass ich mein Herz und meine Gefühle schützen musste.

//

Einige Wochen später saß ich mit einigen Freunden zusammen, die sich gerne einen Film anschauen wollten. Dave erklärte sich bereit, zur Videothek zu gehen. »Was soll ich holen?«, fragte er.

»Egal. Nimm irgendwas und komm so schnell wie möglich zurück.«

Dave brauchte nur etwa zwanzig Minuten. In der Zwischenzeit richteten wir das Zimmer so gemütlich wie möglich her. Vor den Möbeln aus zweiter Hand legten wir farbige Kissen auf den Wohnzimmerboden und arrangierten sie im Halbkreis. An den Wänden hingen lauter Originale, die meisten von Freunden gemalt. Ein ziemlich kleiner Röhrenfernseher stand in der gegenüberliegenden Ecke und diente uns als bescheidene Leinwand.

Als Dave wieder da war, verkündete er: »Ich hab mir den ersten Film gegriffen, der mir in die Hände fiel. Er ist mit Charlie Sheen.« Wir ließen uns auf die Kissen plumpsen, wie das nur eine Gruppe Singles fertigbringt.

Dave schob die Kassette in den aktentaschengroßen Videorekorder und spulte schnell vor bis zu der Stelle, wo der eigentliche Film begann. Die Fernbedienung war schon vor langer Zeit verloren gegangen, deshalb musste er ein paar Knöpfe auf dem schwarzen Gerät drücken.

Der Film war einigermaßen unterhaltsam; neben Charlie Sheen spielten noch sein Vater Martin und Lawrence Fishburne mit.

Allerdings war er kaum ein Kandidat für einen Filmpreis und deshalb guckte ich mit der Zeit nicht mehr richtig hin. Nach etwa zwanzig Minuten durchfuhr mich ein Schreck: Harry erschien auf der Leinwand. Ganz recht, *mein* Harry. Und in den nächsten zwei Stunden sah ich zu, wie Harry ein Gespräch nach dem anderen mit Charlie Sheen, Larry Fishburne und Martin Sheen führte – um nur einige Gestalten aus seinem »Pantheon des Irrsinns« zu nennen.

//

Harry war also überhaupt nicht verrückt gewesen. Er hatte die ganze Zeit recht gehabt, und ich war es, der rein gar nichts verstanden hatte.

Diese Erkenntnis hätte mir eigentlich die Schamröte ins Gesicht treiben müssen, weil ich Harry so schlecht behandelt hatte. Ich schämte mich tatsächlich, doch das war nicht das stärkste Gefühl. Am stärksten empfand ich die Freude und die humoristische Seite des Ganzen. Mir war, als hätte der Heilige Geist, mein Begleiter, mir schlagartig klargemacht, was er mir die ganze Zeit schon zu verstehen geben wollte, ich mich jedoch zu hören geweigert hatte. Ich verließ die Wohnung meines Freundes mit einem Gefühl der inneren Ruhe und Harmonie.

Schließlich stellte ich mir folgende Frage: Machte es überhaupt einen Unterschied, ob Harry verrückt war oder nicht? Löscht sein geistiger Zustand irgendwie sein Potenzial aus, Gottes Stimme für mich zu sein, wenn ich bereit bin zu hören? Wird Gottes Geist – der Beistand – durch Harrys Zustand behindert, durch diesen

Mann zu sprechen? Und warum messe ich gerade seinem Geisteszustand eine so große Bedeutung bei, genauso gut könnte ich mir doch auch den Kopf zerbrechen über sein Aussehen, sein Einkommen, seine Hautfarbe, seine Herkunft, seine Gemeindetradition oder die Tatsache, ob er Drogen nimmt oder nicht.

Wenn ich ehrlich bin, hatte ich im Grunde nach einem Vorwand gesucht, ihn loszuwerden. Darin liegt meine Schuld. Warum hatte ich ihn loswerden wollen? Das weiß ich gar nicht so genau. Vermutlich bewegte mich eine ganze Reihe von Vorurteilen dazu. Seine vermeintliche Verrücktheit war für mich lediglich der Grund, den ich am leichtesten rechtfertigen konnte. Hätte ich nicht über seine geistige Gesundheit mein Urteil gesprochen, dann über seine Armut, seine Sucht oder – darf ich wagen, das zuzugeben? – über seine Hautfarbe. Das ist meine Zerbrochenheit. Ich suche nach Möglichkeiten, fast jeden Menschen loszuwerden, besonders dann, wenn er ganz anders ist als ich. Im Lauf der Jahre bin ich darin ziemlich gut geworden.

Wie viele Menschen, die mir geistlich etwas hätten geben können, habe ich wegen meiner Vorurteile, meiner Ignoranz oder Abneigung in die Wüste geschickt?

13
Hoffnung

Mein Freund Ayric meinte diese Woche: »Gott hat so sehr an mir gearbeitet, dass ich mich allmählich darüber wundere, wie er noch Zeit für andere Menschen findet.«

Ich weiß genau, was er meint.

Mit dreißig hatte ich fast mein gesamtes Erwachsenenleben, nahezu ein Jahrzehnt, als Berufschrist zugebracht. Wenn ich *Berufschrist* sage, meine ich damit einfach einen Menschen, der Geld dafür bekommt, dass er glaubt.

Was ist Glauben überhaupt?

Schon früh hatte man mir beigebracht, dass Glaube eine Reihe von Glaubenssätzen bedeutet: Gott existiert, Gott ist gerecht, Gott ist der Schöpfer, Gott spricht durch die Bibel, Jesus starb am Kreuz, Jesus stand von den Toten auf und so weiter.

Später erklärte man mir, dass diese Glaubenssätze keineswegs der Glaube selbst seien; sie bilden nur eine Art Hintergrund wie die Bäume in einem verschneiten Wald. Glaube dreht sich nicht um Glaubenssätze, sondern um eine Person, genauer gesagt das Vertrauen auf Jesus Christus. Dieser Gedanke war für mich hilfreich.

Doch ich hatte noch ein anderes Problem. Im Lauf der Jahre hatte sich mein Glauben verunreinigt. Hochwirksame, aber schwer zu entdeckende Verunreinigungen hatten sich mit meinem Glauben vermischt und verstärkten sich gegenseitig noch. Das war ohne Absicht oder bösen Willen geschehen, doch es wirkte trotzdem wie ein schleichendes Gift. Mein Vater, meine Kultur, meine Gemeinde und meine Mentoren hatten es eingeschleust. Diese Verunreinigungen trugen Bezeichnungen wie *Unabhängigkeit, Söldnermentalität, Vergleichen mit anderen*, und dazu gehörte auch die Überzeugung, die sich in mir festgesetzt hatte, dass ich eigentlich nicht erwünscht war. Diese falschen Überzeugungen machten das Leben mit Gott unmöglich. So dermaßen unmöglich, dass Gott das Einzige tat, was ein liebender Gott tun konnte. Er griff zum Baseballschläger und drosch auf mich ein. Er zerschmetterte meine geistlichen Knieschützer. Er brach mir meine geistlichen Schulterblätter. Als ich am Boden lag, zu keiner Gegenwehr mehr fähig, höhlte er mich aus wie einen Halloween-Kürbis. Dann erklärte er, noch einmal ganz von vorn mit mir anzufangen. So muss man es manchmal mit giftigen Stoffen machen. Gott holte die »guten« und die falschen Glaubenssätze aus mir heraus und entschloss sich, noch einmal bei null anzufangen.

Ich befand mich also in einem Stadium des Nicht-Glaubens. Nicht Atheismus; Atheismus ist ein Anti-Glauben, der ironischerweise auch ein Glauben ist. Nein, es handelte sich einfach um Nicht-Glauben.

Im Lauf der Zeit fingen Gott und ich wieder an, miteinander zu reden (erinnern Sie sich noch an das türkische Bad?). Es war schön, dass wir uns nicht mehr anschwiegen. Im ersten Jahr, in dem wir wieder miteinander sprachen, interessierte Gott sich offenbar nur für ein Thema: Väterlichkeit, vor allem seine väterliche Liebe mir gegenüber. Manchmal versuchte ich die Unterhaltung auf ein anderes Thema zu lenken, doch geduldig steuerte er das Gespräch immer wieder auf seine Vaterliebe zurück. Für ihn war es eine stille, ruhige Liebe. Er sagte dann: »Setz dich einfach zu mir hin. Du musst nichts tun. Im Augenblick ist es mir egal, ob du überhaupt jemals wieder etwas für mich tun wirst. Ich möchte einfach bei dir sein und ich möchte auch, dass du bei mir bist. Komm ... leg deinen Kopf hier hin. Lass dein Herz ausruhen. Lass deine Seele ausruhen.«

So ging es weiter. Ein Stück Glauben und Vertrauen nach dem anderen säte Gott in mich hinein, in mein Ich, das er zuvor geleert hatte.

Doch ich hatte noch ein weiteres Problem. Meine christliche Pflichtauffassung war zu einem großen Teil mit der Vorstellung von Gewalt verknüpft: Es gibt zwei Mannschaften, und nur eine kann gewinnen. Wir müssen den Berg erklimmen, den Riesen töten, die Schlacht gewinnen, den Sieg über den Feind erringen, für die Wahrheit kämpfen. Diese Redeweisen hatten mich auf subtile Art davon überzeugt, dass ich nur ein Söldner Gottes war, nichts weiter.

Ich hatte die Nase voll von Gewalt, doch es fiel mir schwer, mir den Dienst als Christ anders vorzustellen. Ich dachte schon daran, ganz aus dem Spiel auszusteigen. In meinen Tagträumen beschäftigte ich mich mit einem ganz stillen und persönlichen Glauben. Vielleicht konnten Jesus und ich uns pensionieren lassen. Uns irgendwo in Florida niederlassen. Vielleicht könnten wir fischen gehen. Jesus geht gerne fischen.

//

Nach meiner Rückkehr aus New York City ging ich wieder häufig ins *Horse Brass*. Ich schloss mich einem Dartteam an. Ich rauchte Pfeife. Ich wurde zum blasierten Bierkenner.

An einem Nachmittag mitten in der Woche bediente Dennis am Tresen. Ich fühlte mich immer etwas wohler, wenn er Dienst hatte. Für mich war er ein netter Onkel, ein Kumpel, der jeden Spaß mitmachte, und jemand, der die Gabe hatte, andere zu ermutigen, und das alles in einer Person. Er hat graues, kurzes Haar und rosige Wangen. Wenn ich jemals einen Weihnachtsmann brauchte, das wusste ich, dann wäre er meine erste Wahl. Zwölf Monate im Jahr trug er Shorts, dazu T-Shirts mit Werbeaufdrucken von unbekannten Biermarken, Basketballschuhe und Kniemanschetten. Er hatte einen leicht schwankenden Gang, um seine chronischen Schmerzen zu verbergen. Knie und Rücken litten darunter, dass er jahrzehntelang am Zapfhahn stand und Bierfässer schleppte. Der Schmerz meldete sich bei jedem Schritt.

Als Dennis seine Schicht beendet und seine Abrechnung gemacht hatte, kam er zu mir herüber. Ich saß in einer leicht erhöhten Ecke beim Eingang unter dem Spiegel mit der Gravur der East India Company. In seiner fleischigen Hand hielt er ein Bier, mit dem er sich für seine Arbeit belohnte. Er ließ sich mir gegenüber auf den Stuhl fallen, ohne mich vorher zu fragen. Wir mussten einander auch nicht mehr um Erlaubnis bitten. Über dieses Stadium waren wir hinaus.

»Wie geht's?«, fragte er mit seinem typischen leisen Lachen. »O Mann, bin ich fertig.« Wieder ein Lachen, dann ein langer Schluck. »Also, Bruder, erzähl mal: Wie läuft's so mit deiner Theologie und deiner Arbeit?«

Ich mag Dennis unglaublich gern. Schon öfter hatten wir über das Leben und den Glauben geredet. Er schien Mut und Bestätigung daraus zu schöpfen, dass ich für die Kirche arbeitete. Schon einige Male hatte er mir davon erzählt, wie er in einer lutherischen Familie aufgewachsen war. Als Junge hatte er alles Religiöse geliebt, doch diese Zeit war längst vergangen.

Einige Monate zuvor hatten Dennis und ich darüber geredet, wie er hinter dem Tresen gelandet war und dort mehrere Jahrzehnte gearbeitet hatte. »Ich glaube, ich habe zu viel gesehen, das mir das Herz gebrochen hat. Meine Jahre beim Militär ... Tony, ich habe Dinge gesehen, Dinge, die einfach nicht hätten passieren sollen. Es gibt so viel Schmerz auf der Welt. Ich nahm mir das zu Herzen, und irgendwie kam ich vom Weg ab. Hinter einem Tresen zu stehen, ist einfach weniger Arbeit. Jedenfalls war das früher so, bevor mich mein Körper im Stich ließ.« Sein ansteckendes Lachen war wieder da.

Ich habe keine Ahnung, warum Dennis die ganze Zeit lachte. Lag es nur daran, dass er sich an allem freuen konnte? Oder war es das Gegenteil? Kann Gelächter eine Sprache des Schmerzes sein, eine spontane Explosion, die den Druck von der Seele nimmt? Bei Dennis fragte ich mich, ob Letzteres der Fall war.

Doch zurück zu unserem Gespräch unter dem Signet der East India Company. Auf die Frage, die Dennis mir zu meiner Arbeit gestellt hatte, gab ich ihm folgende Antwort: »Dennis, um dir die Wahrheit zu sagen, ich spiele mit dem Gedanken auszusteigen.«

»Was meinst du damit?«

Ich hielt meine alte Bruyèrepfeife in der Hand. Den Tabak stopfte ich etwas fester, beobachtete den dünnen Rauchfaden und überlegte mir, was ich antworten sollte. »Du weißt, dass ich in den letzten Jahren mit meinem Glauben zu kämpfen hatte. Aber im Augenblick geht es mir damit ziemlich gut. Ich habe eine einfachere und stillere Art zu glauben für mich entdeckt und heute finde ich einen besseren Zugang zu Gott als jemals zuvor. Zehn Jahre meines Lebens habe ich als Söldner in Gottes Diensten verbracht, und darauf habe ich keine Lust mehr. Ich will nicht unbedingt damit aufhören. Ich will mich nur ausruhen.«

»Söldner? Das ist schon ein ziemlich starker Ausdruck. Hat Gott dir befohlen, als Söldner in seinen Dienst zu treten?«

Ich glaube, das ist ein alter Barkeepertrick. Man sagt eigentlich überhaupt nichts Neues, sondern wiederholt in Form einer Frage einfach das, was der Gesprächspartner gerade von sich gegeben hat, um das Gespräch in Gang zu halten.

»Also, nein, Gott hat mich nicht aufgefordert, Söldner zu werden. Ich bin schließlich einfach dort gelandet, als bezahlter Soldat in Gottes Armee.«

Dennis dachte einen Augenblick lang über meine Worte nach und meinte dann: »Ich wusste gar nicht, dass Gott eine Armee hat.« Er trank noch einen Schluck. »Ich weiß übrigens, wie es ist, ein Söldner zu sein, ins Ausland geschickt zu werden, ohne dass ich ein Mitspracherecht hätte, und dort schreckliche Dinge zu sehen.«

Dennis fuhr fort und kam auf meine persönliche Situation zu sprechen. »Tony, ich sehe in dir den göttlichen Funken. Irgendjemand muss dir das sagen. Keine Ahnung, warum deine frommen Freunde dich nicht darauf hinweisen, aber ich tue das jedenfalls. Ich bin viele Jahrzehnte nicht in die Kirche gegangen (Gott sei mir gnädig), aber den Funken in dir kann ich noch erkennen.«

Ich war es nicht gewohnt, dass jemand so mit mir redete. In den vorangegangenen Jahren war es nicht mehr häufig vorgekommen, dass jemand in meinem geistlichen Leben etwas Positives sah. Reflexartig wechselte ich das Thema und fragte Dennis nach seinen Interessen. Er hatte das Alter erreicht, in dem man über die Pensionierung nachdenkt, und obwohl ich das Gespräch nicht darauf bringen wollte, wusste ich, dass sein Körper es nicht zulassen würde, dass er noch lange hinter dem Tresen stand. »Und, hast du schon Pläne für die Zeit nach dem *Horse Brass*?«, fragte ich.

Lautes Lachen. »Ich bin doch nur ein alter Barkeeper, jawohl. So lange sie mich arbeiten lassen, wirst du mich immer dort hinter dem Tresen finden.« Mit der Schulter deutete er auf den langen verzierten Tresen hinter ihm, an dem jetzt Arthur bediente.

Beim Sprechen spielte er mit seinem Bier. Er schwenkte es im Glas umher wie ein Weinkenner. Ich nahm an, er blickte in sein Ale, um dort auf magische Erkenntnisse zu stoßen: Farbe, Klarheit, Kohlensäuregehalt. Vielleicht war das auch seine Kristallkugel. »Tony, als ich ein Junge war, glaubte ich, dass Gott mich berufen hatte. Ich habe nie jemandem davon erzählt, aber ich glaubte, dass ich Pastor werden sollte. Irgendwann und irgendwie kam ich vom Weg ab und Gott zog seine Berufung zurück. Ich weiß, dass ich ihn enttäuscht habe.« Dennis ist eine treue alte Seele mit einem großen Herz. Seine Augen füllten sich mit Tränen, während er sprach, und beschämt senkte er den Kopf. »Ich hoffe nur, dass Gott mich immer noch bei sich haben möchte, wenn dieses Leben vorbei ist.«

Augen, Verstand, Herz und Seele richtete ich auf meinen Freund, den Barkeeper. Nichts verbarg er vor mir und dafür liebte ich ihn.

Nachdem sich der Nebel seiner Gefühle gelichtet hatte, blickte er mir in die Augen und meinte: »Ich weiß nicht, was du mit deinem Leben anfangen sollst, aber lass dir von jemandem gesagt sein, der manches bedauert, was er getan hat: Steig nicht aus. Lass diesen ganzen Söldnermist hinter dir. Bleib dabei und such nach einer anderen Möglichkeit mitzumachen.«

Ich blickte ihn voller Zuneigung an. Er hatte recht, das wusste ich. »Mir fällt keine andere Möglichkeit mitzumachen ein.« Doch ich nahm es mir vor: *Ich will versuchen, Gott weiterhin zur Verfügung zu stehen. Ich will versuchen, auf andere Weise mitzuspielen.*

//

Zehn Jahre sind seit diesem Gespräch vergangen. Heute gehe ich nicht mehr oft ins *Horse Brass*. Aimee und ich heirateten in diesem Zeitraum und bekamen einige Zeit später Kinder. Mir fiel es schwer, die Kneipe hinter mir zu lassen, obwohl ich wusste, dass es für mich nicht mehr das Beste war, jede Woche viele Stunden in einem Pub im östlichen Portland zu verbringen. Das Leben entwickelte sich weiter. Ich entwickelte mich weiter. Trotzdem vermisse ich die Leute dort. Ich vermisse das Dartspiel. Ich vermisse die zwanglosen Gespräche unter Freunden, bei denen man auf unerwartete Entdeckungen stieß.

Im *Horse Brass* halfen mir Menschen wie Katarina, die Wunden der Vergangenheit zu heilen, schräge Außenseiter wie Pope heilten meine sich stetig verändernde Gegenwart und Dennis half mir, den Weg ins Morgen zu gehen, weil er daran glaubte, dass das Leben mit Gott nicht unbedingt etwas mit einer Söldnermentalität zu tun hatte. Die Hoffnung kehrte zurück. Oft war sie nur schwach, aber manchmal braucht man auch nur ein winziges Samenkorn der Hoffnung.

Jedenfalls entschloss ich mich, weiter mitzuspielen. Ich versuchte jede neue Chance mit neuen Augen zu sehen, ohne Gewalt, aber voller Liebe. Ich hielt nach Möglichkeiten Ausschau, nicht für Gott zu kämpfen, sondern meinen Weg mit ihm zu gehen. Ich fing an, daran zu glauben, dass Gott auf kreative Weise um mich herum den Boden pflügte, Saat ausstreute und die Ernte einbrachte. Es machte mir Freude, seine Hand zu nehmen und mich von ihm an den ewigen Ort der Liebe führen zu lassen.

Und Gott führte mich wie in einem Spaziergang in der Abendkühle in einen neuen Garten, den ich erkunden konnte.

TEIL 3

IM REED COLLEGE

Sie betreten jetzt einen Ort, der mir heilig ist. Das Reed College gehört zu den interessantesten Bildungsanstalten der Welt. In vielen Kreisen wird dieser Campus schlechtgemacht. Man hört viele Klischees, von denen ich einige auf den nächsten Seiten ansprechen möchte. Klischees sind niemals fair. Ich bete dafür, dass Sie diese Klischees durchschauen und dieses College durch meine Augen sehen können. Reed hat wunderbare Dinge in den Studenten freigesetzt – und in mir.

14

Eden

Auf einer Party begegnete ich einem alten Freund den ich vom College kannte.

Er war Pastor geworden. Nachdem wir uns eine Weile unterhalten hatten, erzählte er mir von seinen Plänen.

»Ich spiele mit dem Gedanken, als Missionar ans Reed College zu gehen. Wie findest du das?« Er klopfte mir leicht auf die Schulter, während er das sagte.

Offenbar erwartete er von mir, dass ich mich von seinem starken und großen Glauben beeindrucken ließ. Außerdem hätte er es gern gesehen – das spürte ich –, wenn ich seinetwegen nervös geworden wäre, so als hätte er geplant, in den Krieg zu ziehen. Warum ging er davon aus, dass sein Plan in mir derart heftige Reaktionen wachrufen müsste?

Letztlich blieb es beim Reden darüber. Er setzte nicht einmal seinen Fuß auf den Campus von Reed.

//

Die Legenden, die über Reed in Umlauf waren, hatte ich alle schon einmal gehört. Pastoren zogen sie gern als Predigtbeispiele heran, und zwar in derselben Kategorie wie Nordkorea oder den Rotlichtbezirk.

Fromme Menschen hatten mich davor gewarnt, diesen Ort zu betreten. »Das Reed College ist der heidnischste Ort der ganzen Stadt.« – »Geh nicht dorthin, ohne deine geistliche Waffenrüstung anzulegen.« – »Das ist ein Trainingscamp für die linke Elite, wie eine Geheimgesellschaft.« – »Reed kann man kaum als College bezeichnen; das ist nur eine Fassade, um die Finsternis und Zügellosigkeit zu verbergen.«

Klingt ziemlich cool, oder?

//

Das Telefon klingelte. Allan war dran.

Ich wünschte, Sie könnten Allan kennenlernen. Er ist ein wunderbarer Mann.

Allan ist der letzte Amerikaner, der jeden Tag Hosenträger anhat, ganz egal, was er dazu trägt ... und irgendwie sieht es bei ihm gut aus.

Allan hatte eine ungewöhnliche Bitte. »Tony, ich muss dich um einen Gefallen bitten.« Allan ist ein bodenständiger, pragmatischer Typ und er kommt meistens sofort auf sein Anliegen zu sprechen.

»Sag schon«, entgegnete ich, ohne zu zögern. Allan war immer ein loyaler Freund gewesen, auf den ich mich verlassen konnte, und wenn er mich um etwas bat, gab es fast nichts, was ich nicht für ihn getan hätte.

Ich spürte, dass ihm nicht ganz wohl dabei war, mich von etwas überzeugen zu müssen. »Wärst du bereit, einen Erstsemesterstudenten am Reed College kennenzulernen und dich um ihn zu kümmern? Er heißt Mitch und studiert Physik.« Allan erklärte mir, dass ihn ein alter Freund gebeten hatte, mit Mitch Kontakt aufzunehmen. Aus irgendeinem Grund, den er mir nicht nannte, mochte er diese Bitte nicht gern erfüllen. Er war nicht sicher, wie er vorgehen sollte, und wandte sich deshalb mit seiner Bitte an mich. »Wärst du bereit, ihn einmal anzurufen? Vielleicht könntest du ihm eine Tasse Kaffee ausgeben. Tut mir leid, dass ich dir das aufhalse, aber ich weiß nicht, wen ich sonst noch fragen könnte.« Bevor ich noch etwas entgegnen konnte, meinte er noch: »In geistlicher Hinsicht ist er einsam. Vielleicht ist er der einzige Christ auf dem Campus.«

Ich versicherte ihm, dass ich Mitch anrufen würde.

Nachdem ich aufgelegt hatte, dachte ich über den Satz nach, den Allan gesagt hatte: »Vielleicht ist er der einzige Christ auf dem Campus.« Das war eine merkwürdige Aussage, vor allen Dingen, wenn man bedachte, dass es am Reed College mehr als eintausendvierhundert Studierende gab. So komisch es auch klang, es überraschte mich eigentlich nicht. So sprachen Christen normalerweise über das Reed College.

Ich persönlich war mir nicht sicher, was ich von diesem College im Südosten von Portland halten sollte. Noch nie hatte ich jemanden kennengelernt, der dort seinen Abschluss gemacht hatte. Ich kannte auch niemanden, der dort unterrichtete oder arbeitete. Ironischerweise lebte ich zu diesem Zeitpunkt kaum anderthalb Kilometer vom Campus entfernt, hatte jedoch noch nie eins der Gebäude betreten oder war auf den von Bäumen gesäumten Fußwegen gewandelt.

Nach dem zu urteilen, was ich bisher gehört hatte, gab es für einen Christen nur einen Grund, das Gelände zu betreten, und zwar zum Zweck einer »Glaubensprüfung«.

Doch die Zeit der Glaubensprüfung lag schon lange hinter mir.

//

Monate später, als ich mich in der Welt des Reed College zu Hause fühlte, musste ich über Christen lachen, die den Campus besuchten, als seien sie auf einer Art geistlicher Safari. Sie fielen auf wie Touristen in der Savanne, die in Kakishorts und gebügelten Freizeithemden im Geiste Bilder von all den wilden Heiden schossen.

Schließlich begriff ich, dass das Reed College überhaupt kein Ort war, an dem mein Glauben einer Prüfung unterzogen wurde – im Gegenteil, es wirkte auf meinen Glauben inspirierend.

//

An einem Montagnachmittag begegnete ich Mitch zum ersten Mal.

Das Reed College liegt im Südosten von Portland, abgeschnitten vom Rest der Stadt. Das Gelände ist etwa vierzig Hektar groß und wie ein Park angelegt. Die großen Verkehrsadern der Stadt liegen weitab und die meisten Menschen, die mit dem Auto durch

Portland fahren, haben keinen blassen Schimmer, wo das College liegt. Aber vielleicht ist ihnen das auch lieber so.

Den Campus zu betreten, heißt, sich inspirieren zu lassen. In gewisser Hinsicht ist dies ein Ort, der wie geschaffen ist für Legenden. Backsteinbauten, die an Festungen erinnern, liegen fernab der Straße. Hundert Jahre alte Bäume bilden das Verteidigungsbollwerk.

Ich fuhr durch die engen Straßen des Viertels und bog dann in den Woodstock Boulevard ein. Während ich mich dem College näherte, schweiften meine Gedanken ab. Ich versuchte mir vorzustellen, wie dieses legendenumwobene College aus der Nähe aussehen mochte.

Den Wagen stellte ich außerhalb des Geländes ab. Ich fand einen Parkplatz einen Block von der Campusgrenze entfernt, und bis zu den nächstgelegenen Collegegebäuden war es noch einmal doppelt so weit. Dummerweise hatte ich angenommen, dass man als Normalbürger nicht auf dem Gelände parken dürfte, so wie es in allen anderen Universitäten gehandhabt wurde. Natürlich lag ich damit falsch. Ich hätte dort überall parken dürfen, auch ohne besondere Genehmigung. Das war die erste von vielen unerwarteten Freiheiten.

Über eine großzügig angelegte Rasenfläche ging ich auf einen Gebäudekomplex am westlichen Rand des Unigeländes zu. Ich hatte eine vage Vorstellung davon, wo ich die Mensa finden würde. Nachdem ich einen Ahornhain durchquert hatte und an einer Platane vorbeigekommen war, betrat ich einen Tunnel, der unter einem dreigeschossigen Wohnheim durchführte, das mit eisernen Laternen geschmückt war. Auf dem grauen Stein über dem Türbogen prangte die Jahreszahl 1912.

Ich ließ das Sonnenlicht hinter mir und begab mich in den drei Meter breiten Kaninchenbau, ohne zu wissen, wie »tief« es ging oder was auf der anderen Seite lag.

Als ich am Ende des Tunnels wieder ins Tageslicht trat, befand ich mich auf einem großen Turnierplatz. Na ja, das stimmt nicht so ganz, doch so kam es mir jedenfalls vor. Der Hof war lang und schmal, etwa 140 Meter lang und 65 Meter breit. Vor meinem inneren Auge sah ich wiehernde Stuten und in eiserne Rüstungen gekleidete Ritter – es war der perfekte Schauplatz dafür.

In meiner Fantasie spielten sich dramatische Szenen ab, doch die Realität war viel friedlicher. Studenten saßen in kleinen Gruppen herum, manche auf dem Rasen, manche an kleinen Tischen. Friedlich, ja, doch ich konnte den Gedanken nicht abschütteln, dass sie mich alle anstarrten. Wussten sie, dass ich keineswegs einer von ihnen war? Ich fühlte mich ihren Blicken so ausgesetzt, als trüge ich kniehohe Strümpfe im Schottenmuster, Bermudashorts, Filzhut und rosafarbene Sonnenschutzcreme auf der Nase. Ich war ein Narr, der durch den Traum eines anderen spazierte. Ich gehörte nicht dazu. Also beschleunigte ich meinen Schritt und drückte gegen die Glastüren der Mensa auf der anderen Seite des Hofs.

Die Augen hielt ich gesenkt, weil ich keine Aufmerksamkeit auf mich ziehen wollte.

Zum Glück war die Mensa leicht zu finden, und Mitch hatte offenbar kein Problem damit, mich unter den vielen Studenten, die kamen und gingen, zu identifizieren. (Ich frage mich, wie er das fertigbrachte. Sollte es an meinen Bermudashorts gelegen haben?)

Ich dankte dem Herrn für Mitch. Es erleichterte mich, dass ich nicht allein sein musste. Ich blickte mich in dem großen Saal voller Studenten um und dachte mir: *Ich bin Mitchs Freund! Ich gehöre hierher, weil ich Mitch kenne.* Schon erstaunlich, dass ein einziger Mensch so etwas wie Zugehörigkeitsgefühl stiften kann.

Wir holten uns einen Kaffee und setzten uns hin, um uns kennenzulernen. Mitch wählte einen Tisch mitten im Raum. Mir persönlich wäre ein diskreter Tisch an der Wand dicht bei einem Fenster lieber gewesen. Allerdings war ich »Mitchs Freund«, und er hatte die Wahl.

Mitch war ein toller Typ. Er trug eine runde Nickelbrille wie mein Großvater. In Jeans und einem Fleecepullover fühlte er sich sichtlich wohl. Mit seinen achtzehn Jahren war er schon doppelt so klug, wie ich es jemals sein würde, und vertrat seinen Standpunkt mit solcher Sicherheit, dass ich kaum hoffen konnte, es ihm jemals gleichzutun.

An diesem Punkt sollte ich eigentlich in allen Einzelheiten erzählen, wie anregend ich unser Gespräch fand. Ich wünschte, ich könnte das tun. Die Wahrheit ist, dass ich kaum etwas verstand, und das bisschen, was ich tatsächlich verstand, ist mir schon vor langer Zeit aus dem Gedächtnis geschwunden. Ich kann mich nur noch daran erinnern, dass ich verzweifelt versuchte, geistig mitzuhalten. Außerdem kann ich mich noch daran erinnern, dass ich Kopfschmerzen hatte, als wir unser Gespräch beendeten.

Mit der Zeit gewöhnte ich mich an diese seltsame Erfahrung, so wie es immer der Fall ist, wenn man in eine andere Kultur eintaucht. Die Kopfschmerzen ließen nach. Es ist wie beim Wasserskifahren: Man muss sich einfach entspannen und alles genießen.

Mitch war mein Lehrer, was das »Evangelium nach Einstein« betraf. Und ich versuchte ein guter Nachfolger zu sein.

//

Wenn ich an die ersten Wochen mit Mitch zurückdenke, fallen mir vor allem Gespräche über Jesus und Physik ein. Auf jede Frage gab es eine physikalische Antwort. Ob es sich nun um Quarks oder Quantenmechanik handelte, Mitch hatte immer eine wissenschaftliche Metapher für geistliche Sachverhalte parat. Hin und wieder verstand ich genau, wovon er redete. Das heißt, wenn ich genauer darüber nachdenke, ist das eine Lüge. So *richtig* verstand ich es nie.

Durch diese Montagnachmittage mit Mitch wuchs mein Freundeskreis am Reed College allmählich an. Jeder neue Freund beeindruckte mich. Einige von ihnen beschäftigten sich mit Geschichte, andere mit Biologie oder französischer Literatur. Jeder neue Freund war etwas ganz Besonderes und regte mich geistig an.

Ich kann mich nicht an jede Einzelheit erinnern, aber ich bin mir ziemlich sicher, dass ich jede Menge Meinungen von mir gab.

Aber genau das ist mir kaum im Gedächtnis geblieben. Viel besser erinnere ich mich daran, dass ich Fragen stellte, dann den Mund hielt und meine neuen Freunde reden ließ: »Wie sehen deine Träume für diese Welt aus? Was gibt deiner Meinung nach unserem Leben einen Sinn? Was macht jemanden zu einem guten Menschen? Was meinst du, wie ist Gott? Wo haben wir schreckliche Fehler gemacht?« Die Jugendlichen waren nachdenklich und sprachgewandt. Ganz egal, wie das Thema lautete, man ergriff Partei, verteidigte seine Position und suchte nach Argumenten. Sie spielten sich gegenseitig die Bälle zu. Es war mir eine Ehre, in ihren Kreis aufgenommen zu werden.

Nach wenigen Monaten war ich kein Außenseiter mehr, der sich in die Träume eines anderen schlich.

Ich war Teil ihres Traums geworden und sie gehörten nun auch zu meinem Traum.

//

In der Bibel heißt es, dass Gott den ersten Menschen Eden gab, einen Garten voller Bäume. Dieser Garten, so können wir den Worten der Bibel nach urteilen, war der Inbegriff der Freiheit und des Forscherdrangs. Mose schrieb: »Und Gott, der Herr, ließ alle Arten von Bäumen in dem Garten wachsen – schöne Bäume, die köstliche Früchte trugen.«[15] Gott sprach zu den Menschen: »Seht her! Ich habe euch die Samen tragenden Pflanzen auf der ganzen Erde und die Samen tragenden Früchte der Bäume als Nahrung gegeben.«[16] Dieser erste Garten war eindeutig dazu geschaffen, dass man ihn erforschte und Neues entdeckte. Hier ging Gott in der Abendkühle spazieren und lud seine menschlichen Freunde ein, ihn zu begleiten.

Das Reed College glich Eden. Das klingt merkwürdig. Ich meine damit auch nicht, dass es sich um eine vollständige Parallele

---

15 1. Mose 2,9
16 1. Mose 1,29

handelt, aber die beiden ähnelten sich. Wie im Garten Eden gab es auch auf dem Collegegelände viele Bäume, mehr Arten, als ich je benennen könnte: Alaskazedern und kalifornischen Lorbeer, chinesische Ulmen und japanische Storaxbäume, Silberregen und Küstenmammutbäume, Eschen und Zelkoven, Walnuss-, Pflaumen-, Birn-, Apfel- und Kirschbäume. Es ist ein Garten, ein Ort, wo man zu Freiheit, Erkundung und Entdeckung ermutigt wird. Es liegt eine gewisse Ironie darin, dass man hier auch hin und wieder Menschen im Adamskostüm herumspazieren sieht.

Das Reed College wurde bald zu einem der wichtigen Gärten meiner Lebensgeschichte. Damit will ich nicht sagen, dass es dort sicher und behaglich gewesen wäre, ganz im Gegenteil. Die Lebensphilosophie und die Tiefgründigkeit der Studenten machten mich wachsam. Mit Worten warf man hier nicht gedankenlos um sich. Ich sah mit eigenen Augen, wie aus Worten Gedanken werden, aus Gedanken Überzeugungen und aus Überzeugungen Leidenschaften. Und aus diesen Leidenschaften entsteht die Musik, nach der wir leben.

Die Kultur am Reed College war anregend und ergab Sinn, und (ich weiß nicht, wie ich das anders ausdrücken könnte) es war ein Ort, von dem ich das Gefühl hatte, dass ihn Gott eigens für mich eingerichtet hatte. Es war sozusagen das natürliche Ziel, auf das mein Leben bis zu diesem Punkt hingesteuert war. Dafür bin ich in Ewigkeit dankbar.

Anfangs war ich nur am Montagnachmittag dort hingegangen, doch bald kam ich fast jeden Nachmittag. Ich nahm sogar an einem oder zwei Kursen teil, um meinen Horizont zu erweitern. Bald lud ich meinen Freund Don ein, einen Schriftsteller aus der gleichen Stadt und eine verwandte Seele, mit mir auf den Campus zu kommen. Gemeinsam gingen wir in diesem Garten spazieren.

//

Im Garten Eden herrschte Freiheit. Jede Pflanze, jedes Tier bereitete den Menschen grenzenlose Freude. Nur eins hatte Gott seinen Freunden verboten, nämlich von einem bestimmten Baum zu essen. Das war der Baum der Erkenntnis von Gut und Böse.

Die Studenten am Reed College verstehen auch etwas von dieser tief reichenden Freiheit. Sie dürfen in ihrem akademischen Garten umhergehen und sich an jeder philosophischen Frucht laben. Bevor ich meinen Fuß in dieses College setzte, hatte man mir beigebracht, dass es auch hier eine verbotene Frucht gab: das Christentum. Zumindest behaupteten das die Legenden.

Viele Legenden haben einen wahren Kern, andere nicht. Im Lauf der nächsten Jahre machte ich mich auf eine Entdeckungsreise, um herauszufinden, ob diese spezielle Legende einen wahren Kern hatte oder ob sie auf einer Lüge beruhte.

15
Heilige

Die Legenden, die ich über das Reed College gehört hatte, waren statistisch untermauert. In dem Jahr, als ich Mitch kennenlernte, wurde Reed im *Princeton Review* als das am wenigsten religiöse College in Amerika bezeichnet.

Der *Princeton Review* bringt jedes Jahr ein Ranking der amerikanischen Colleges und Universitäten. In fast vierhundert Colleges werden Umfragen zu einer weiten Themenpalette durchgeführt. Bei der Auswertung der »religiösen Fragen« rangiert Reed immer ganz unten.

Viele »Reedies« sind ziemlich stolz darauf.

Religiöse Menschen ziehen dieses Ranking oft als Beweis dafür heran, dass die Studenten am Reed College das Christentum hassen. Wegen der Legenden, die ich gehört hatte, vermutete ich das auch.

//

An keinem Ort, an dem ich jemals gewesen bin, sei es nun Albanien oder ein Obdachlosenasyl in Manhattan, fühlte ich mich unbehaglicher und schüchterner als am Reed College. Ich kann nur mutmaßen, woran das lag.

Mein Vater war immer der klügste Mann in seinem Umfeld gewesen. Es ist eine ziemliche Herausforderung, diesem Beispiel nachzueifern. Vielleicht glaubte ich, dass ich so klug sein müsste wie er, und damit hatte ich am Reed College schon von vornherein verloren.

Dieses Gefühl des Unbehagens erklärt, wieso es mich erleichterte, als ich St. Michael kennenlernte.

St. Michael gehörte seit etwa zehn Jahren quasi zum Inventar des Reed College.

Wir beide hatten uns in Nullkommanichts gefunden. Wir ähnelten uns, waren beide Anfang dreißig und »Außenseiter«, weil wir dort nicht studierten. Wir beide schätzten die Reed-Kultur. Der Unterschied zwischen uns lag darin, dass er lange genug hier gewesen war, um sich im akademischen und im Beziehungsgarten blind zurechtzufinden.

Außerdem gehörte St. Michael zu Jesus.

Um die Wahrheit zu sagen: Wenn es St. Michael nicht gegeben hätte, wäre meine Zeit am Reed College vermutlich nicht mehr als eine Werbepause im Film gewesen. Von dem Augenblick an, als wir uns kennenlernten, glaubte er, dass ich für das Reed College wie geschaffen sei. Wiederholt bekräftigte er seine Überzeugung … und das wollte etwas heißen. Er hatte zehn Jahre seines Lebens der Aufgabe gewidmet, einen Ort zu lieben, der 99 % der Christen nicht kümmerte. St. Michael glaubte, dass ich irgendwie anders war. Er glaubte, dass mir dieser Ort nicht entgehen würde.

Unsere Wege kreuzten sich nur für wenige kurze Monate.

Am meisten fordert uns das Leben heraus, wenn wir uns zwischen zwei Dingen oder Menschen, die wir lieben, entscheiden müssen. Innerhalb von drei Monaten nach meiner Ankunft stand St. Michael vor einer solchen Herausforderung. Eine Notsituation in seiner Familie zwang ihn, den Bundesstaat zu verlassen. Natürlich konnte er das Reed College nicht mitnehmen, doch bleiben konnte er auch nicht. Er traf die notwendige und heldenhafte Entscheidung, für seine Familie da zu sein. Nach zehn Jahren ließ er Reed hinter sich.

Vor seinem Umzug jedoch bat mich St. Michael noch einmal um ein Treffen im Café Papaccino.

Als ich dort eintraf, war Michael sichtlich betrübt. Ich setzte mich ihm gegenüber auf einen Polstersessel neben dem Fenster zur Straßenseite. Er spielte mit einer überdimensionierten Tasse voll Kräutertee.

Dann erzählte er mir von seiner Familienkrise und erklärte mir, warum er umziehen müsse. Er bat mich, so lange wie möglich am Reed College zu bleiben. Wenn er wüsste, dass ich bleiben würde, könnte er es leichter ertragen wegzugehen. Für ihn war das ein heiliger Wunsch. So verstand ich es auch.

Und wie konnte ich jemandem einen heiligen Wunsch abschlagen?

//

In diesem ersten Sommersemester, einige Monate vor unserem Treffen im Papaccino, heckte St. Michael einen Plan aus. Die Idee, davon war er überzeugt, passte perfekt zum Reed College. John Perkins, der bekannte Bürgerrechtler, wollte in die Stadt kommen, um eine Reihe von Vorträgen zu halten. Michael arbeitete mit der Collegeverwaltung eng zusammen, um den Campus auf die Liste der ohnehin zahlreichen Vortragsorte zu setzen. Dr. Perkins sollte im größten Saal, dem *Kaul Auditorium*, sprechen.

Michael erklärte mir: »John Perkins ist unendlich wertvoll für uns Amerikaner. Er gehört zu den letzten noch lebenden Führungspersönlichkeiten der Bürgerrechtsbewegung und hat mit Martin Luther King zusammengearbeitet. Jahrzehntelang hat er sich in den Südstaaten für Gleichheit vor dem Gesetz, Rassenversöhnung und soziale Gerechtigkeit eingesetzt.«

Ich verstand seine Begeisterung und ließ mich sogar davon anstecken. Doch meine Zweifel konnte ich nicht verbergen. »Ich verstehe alles, was du sagst, Michael. Aber ist er nicht auch ein Pastor in den Südstaaten? Er gehört zu den Leuten, die den Jesus der Bibel predigen. Viel weiß ich nicht über ihn, aber das weiß ich. Bist du sicher, dass das eine gute Idee ist?«

St. Michael merkte, wie ich zögerte, und entgegnete: »Es gibt nicht allzu viel, dessen ich mir heutzutage noch *sicher* bin. Aber ich weiß, dass Dr. Perkins einen Segen für diesen Campus bedeutet, allein dadurch, dass er hierherkommt. Wie man ihn empfangen wird, hängt von den Studenten ab.« Dann fügte er noch hinzu: »Tony, du musst dich vor vorschnellen Schlussfolgerungen in Acht nehmen. Diese Studenten werden dich überraschen. Du solltest sie nicht von vornherein abstempeln.«

Ich wusste zu schätzen, was St. Michael hier erreichen wollte. Zwar zweifelte ich an seiner Weisheit, aber im Glauben versuchte ich, Michaels Erwartungshaltung nachzuahmen.

//

An dem Abend, an dem Dr. Perkins seinen Vortrag hielt, schlüpfte ich an der Garderobe vorbei durch das große Foyer ins *Kaul Auditorium.* Ich war früh dran. Ich stieg die Treppe hoch und nahm auf halber Höhe auf einem Stuhl an der Nordwand Platz. Für ein kleines College wie Reed ist das Auditorium recht groß; hier werden beliebte Veranstaltungen abgehalten, wenn zum Beispiel Orchester gastieren oder die *Portland Gay Symphonic Band* spielt. Ich ließ den Blick durch den nahezu leeren Saal und über die Hunderte von unbesetzten Plätzen schweifen.

Wie viele Studenten würden wohl kommen, fragte ich mich. Schließlich war das hier das Reed College. Die Veranstaltung fand mitten in der Woche statt, abends, wo Studenten am liebsten lernen, und von dem Redner hatte, so stellte ich es mir vor, keiner von ihnen gehört. Ich machte mir Sorgen und schloss die Augen. Ganz egal, wie viele (oder wie wenige) kommen würden, ich versuchte mir vorzustellen, welchen Empfang sie Dr. Perkins bereiten würden.

Um zehn vor sieben tröpfelten die ersten Studenten herein. Aus dem Rinnsal wurde ein Fluss und innerhalb einer Viertelstunde war der Saal bis auf den letzten Platz gefüllt.

Es war eine richtige Menschenmenge zusammengekommen. Mit meinen Augen verschlang ich das Bild, das sich mir bot. Am besten könnte man den Saal als Kreuzung zwischen einem beliebigen amerikanischen Collegecampus (bedruckte T-Shirts, ein Jugendlicher in einem Football-Trikot und jede Menge Jeans) und einem Zigeunerlager (helle Naturfarben, Schals, violett gefärbtes Haar und Dreadlocks) beschreiben.

Alle nahmen Platz und warteten. Eine erwartungsvolle Spannung legte sich über den Saal.

Einige Minuten später stieg eine Studentin namens Nadine die Stufen zur Bühne hinauf und stellte sich hinter das schlichte Pult in der Mitte. Nadine ist der Inbegriff der Eleganz, und diese Eleganz übertrug sich auf das gesamte Publikum.

Sie stellte Dr. Perkins ohne großes Brimborium mit schlichten Worten vor. So hatte es sich Dr. Perkins gewünscht.

Langsam erhob sich der ältere Mann – er war schon in den Siebzigern – von seinem Platz. Er konzentrierte sich auf seine Bewegungen, stieg vorsichtig, aber zielsicher das Treppchen empor und nahm seinen Platz hinter dem Rednerpult ein. Dann ließ er den Blick über seine Zuschauer schweifen. Er ist nicht besonders hoch gewachsen und das Alter hat ihn zusätzlich gebeugt. Er trug einen einfachen Anzug, und eine große Brille ruhte auf seiner Nase. Vierhundert junge Menschen blickten in sein dunkles Gesicht.

Obwohl er persönlich fünf Präsidenten beraten, vor dem Kongress gesprochen und viele Vorträge vor jeweils mehreren Tausend Menschen gehalten hatte, bekam man den Eindruck, dies sei die wichtigste Zuhörerschaft, an die er sich jemals gewandt hatte. Bescheiden dankte er Nadine. Dann dankte er dem Publikum und zeigte sich bewegt darüber, dass es ihm solche Ehre erwiesen und sich Zeit für ihn genommen hatte. Er grüßte alle auch im Namen seiner Familie und seiner Heimatstadt Mendenhall. Die Einleitung schloss er mit den Worten ab: »Ich grüße Sie im Namen unseres Herrn Jesus Christus.«

Sein Vortrag dauerte fünfundvierzig Minuten. Ich blickte mich um. Alle saßen mucksmäuschenstill auf ihrem Platz.

In seinem Südstaatenakzent berichtete er von wirtschaftlicher Ungerechtigkeit und Rassendiskriminierung in Amerika. Er begann mit seiner Kindheit, spannte den Bogen bis zum entscheidenden und schmerzhaften Drama der 1960er-Jahre und bekräftigte, dass bis heute Hautfarbe und soziale Schicht für Ungleichheit verantwortlich sind.

Dr. Perkins bettete seine persönliche Geschichte in die Geschichte der Bürgerrechtsbewegung ein. Er sprach über seine Familie und erzählte von seinem Bruder Clyde, der im Polizeigewahrsam gestorben war. Er berichtete von den vielen gewaltlosen Aktionen, im Zuge derer er, seine Freunde und Familienangehörige häufig inhaftiert worden waren.

Nachdem er uns das Umfeld der Bürgerrechtsbewegung nahegebracht hatte, schilderte er uns, wie er einmal verhaftet worden war. Man warf ihn im hinteren Bereich einer Polizeiwache in einen fensterlosen Raum. Zusammengekrümmt lag er auf dem Boden, umgeben von kräftigen weißen Polizisten. Seine Stimme klang klar und bestimmt, als er in seinem Mississippiakzent davon berichtete. Dabei hielt er Blickkontakt mit den Studenten. »Ich konnte mich nicht verteidigen, als sie mich verprügelten«, erinnerte er sich. »Ich weiß noch, wie ich mein eigenes Blut auf die Wand spritzen sah, als sie mich immer wieder schlugen.«

Dann hielt er inne. Gespanntes Schweigen lag über dem Raum. Schließlich sprach er weiter. »Als ich dort lag, zu Füßen dieser großen weißen Polizisten, blickte ich in ihre Gesichter ... verzerrt vor Zorn ... und augenblicklich wurde mein Herz mit Mitleid erfüllt. Als ich sie sah, konnte ich nur eins denken: *Lieber Jesus, welche Schmerzen müssen diese Menschen in ihrem Leben erfahren haben, dass sie nun solchen Hass empfinden. Erweise ihnen Barmherzigkeit.*«

Man hätte den Flügelschlag eines Schmetterlings hören können.

Dr. Perkins gab dem Publikum einen Augenblick Zeit, um diese Eindrücke zu verarbeiten.

Nun schloss er seine eigene Bewertung an und teilte uns mit, wie er persönlich zu den Problemen dieser gesellschaftlich benachteiligten Randgruppen stand. Seiner Meinung nach wurden sie systematisch aus dem Bewusstsein verdrängt, und er bekräftigte, dass eine neue Generation heranwachsen müsse, die von Mitleid und Opferbereitschaft geprägt ist.

An dieser Stelle machte er eine Pause.

Man merkte, dass der Vortrag fast vorbei war, aber noch nicht ganz. Er nahm die Brille ab, blickte über das Pult und ließ seinen Blick über die Studentenschaft gleiten. »Da ist noch etwas.«

Er deutete mit der Brille in den Saal, nicht bedrohlich oder fordernd, sondern wie ein Großvater, der die gesammelte Weisheit eines langen, harten Lebens in konzentrierter Form weitergibt. »Es gibt keine Hoffnung.« Er hielt inne und machte noch eine Geste mit der Brille in der Hand. Dann kniff er die Augen zusammen, als wolle er alles daransetzen, um sicherzugehen, dass ihm jeder zuhörte. »Es ... gibt ... keine ... Hoffnung ... außer dem Versöhnungswerk Jesu Christi. Es gibt keine Hoffnung außer einer Erweckung, bei der wir die Liebe Gottes im ganzen Land wiederentdecken. Es gibt keine Hoffnung für unsere kaputten Städte außer dem Kreuz Jesu und seiner Auferstehung. Es gibt keine Hoffnung, die rassistische Entwicklung umzukehren. Es gibt keine Hoffnung, die Armut zu beseitigen und allen Menschen ihre Würde wiederzuschenken. Es gibt keine Hoffnung für meine Leute zu Hause in Mendenhall und es gibt keine Hoffnung für euch hier am Reed College. Das Evangelium von Jesus Christus ... ist unsere einzige Hoffnung.« Die Brille hielt er nun in die Höhe und kniff die Augen weiter zusammen. Dann setzte er sie wieder auf die Nase und schloss seinen Vortrag mit einem einfachen »Danke«.

Damit trat er vom Pult zurück und ging auf das Treppchen zu.

Und dann geschah es.

Vierhundert Studenten erhoben sich von ihren Plätzen und spendeten donnernden Applaus, laut und plötzlich wie ein Überschallknall. Nicht eine einzige Sekunde zögerten sie. Wie in einer gewaltigen Choreografie standen sie alle auf und klatschten.

Nach einigen Sekunden kam der Zeitpunkt, an dem der Applaus typischerweise verebbt. Jeder von uns lernt schon als Kind, wie lange man anständigerweise klatschen darf. Diese Studierenden ließen diese Frist verstreichen. Und die nächste auch noch. Das Protokoll respektierten sie überhaupt nicht. Aus den zehn Sekunden wurden dreißig. Aus einer Minute wurden zwei. Die Zeit stand still, und diese Studenten ehrten mit ihren stehenden Ovationen einen Mann, seine Botschaft und sein Leben. Der Applaus wurde immer lauter.

//

Diesen Abend mit Dr. Perkins im *Kaul Auditorium* werde ich niemals vergessen. An diesem Abend begriff ich, dass die Legenden rund um das Reed College auf Lügen beruhen, unverschämten Lügen. Die Studenten dort hassen das Christentum nicht. Ich saß dort und beobachtete, wie sie einem älteren Mann, der möglicherweise der entschiedenste Christ war, der jemals seinen Fuß auf diesen Campus gesetzt hatte, Ehre erwiesen und sogar ihre Zuneigung zeigten. Das Evangelium von Jesus Christus hassten sie nicht. Niemand hätte es ihnen klarer als an diesem Abend predigen können.

Jesus sagte einmal: »Euch Schriftgelehrten und Pharisäern wird es schlimm ergehen. Ihr Heuchler! Ihr seid wie weiß getünchte Gräber – mit einer sauberen, ordentlichen Außenseite, doch innen voller Gebeine und Schmutz.«[17]

Die Studierenden am Reed College wollen dasselbe wie Jesus. Sie wünschen sich Authentizität, keine Heuchelei. Sie wünschen sich einen Glauben, der zur Tat führt und nicht in festgefahrenen Institutionen endet. Sie wollen an etwas glauben, nicht weil es mit leeren Worten gepredigt wird, sondern weil man es auslebt und dafür Opfer bringt.

Nach diesem Abend mit Dr. Perkins sollte ich noch oft Erfahrungen rund um den Glauben machen, wenn ich mit Reed-Studenten beisammensaß. In den folgenden Monaten beobachtete ich, dass ganz neue Glaubensvorstellungen wie ein Schöpfungschoral erklangen:

---

[17] Matthäus 23,27

Wir glauben an einen Glauben, …

… der von persönlicher Umgestaltung geprägt ist.

… der nicht von einer Tagesordnung angetrieben wird, die nur um ihrer selbst willen existiert.

… der sich in der Tat wie im Wort als wahr erweist.

… der zu einem aufopferungsvollen Leben führt.

… der sich im Dialog, nicht im Monolog vollzieht.

… der Armut um des anderen willen auf sich nimmt.

… der sich den Menschen anschließt, die am Rand stehen.

… der Menschen und auch ganze Städte und Länder verändert.

… der für die Armen und für die Reichen da ist.

… der sich der Vergessenen und der Beliebten annimmt.

… der für die Namenlosen und für die Berühmten da ist.

… der für die Zerschundenen, aber auch für die Täter da ist.

… der Hoffnung bringt.

Natürlich deckt dieses Glaubensbekenntnis nicht alles ab. Das ist bei keinem Glaubensbekenntnis so. Allerdings klingt in diesen Sätzen viel von dem an, was Dr. Perkins sagte. Und es klingt sehr nach Jesus.

//

St. Michael hatte recht behalten und dafür bin ich dankbar. Dr. Perkins' Besuch war kein Fehler gewesen, und mehr noch: Dieser Abend hatte mein Leben verändert, und vielleicht sogar das vierhundert anderer Menschen.

Einige Monate später ging St. Michael fort. Er hatte den Staat verlassen. Ich vermisste ihn, weil er Menschen akzeptieren konnte, wie sie waren, und weil er wertvolle Ratschläge geben konnte. Ich vermisste ihn, weil er mein Freund war. Sein Wunsch, dass ich am Reed College bleiben sollte, hallte in mir wider, und ich betete darum, dass mir das lebensverändernde Geschenk seiner Einladung nicht entgehen sollte.

16

Ordiniert

Mehr als zehn Jahre hatte St. Michael die Rolle eines ehrenamtlichen Studentenpastors am Reed College wahrgenommen. Jedes Jahr hatte er eine Reihe von Jesus-Nachfolgern begleitet und kleine Bibelgruppen geleitet. Er hatte versucht, die lebendige Gegenwart des übernatürlichen Wunders zu verkörpern, das Jesus »das Evangelium« nennt. Das alles hatte er mit Geschick, leichter Hand und voller Respekt geschafft.

In seiner Abwesenheit wollte ich sein Erbe in Ehren halten und lernen, die Studenten am Reed College so zu lieben wie er.

Ja, mir war klar, dass ich alles, was ich in meinen zehn Jahren als Berufschrist gelernt hatte, reformieren und überdenken musste. Im Lauf der Jahre hatte ich unzählige Konferenzen besucht und eine ganze Bibliothek von Handbüchern zusammengetragen. All diese Ratgeber mitsamt ihren farbigen Grafiken und den Marketingformeln warf ich aus dem Fenster. Die traditionellen und »in der Praxis bewährten« Strukturen waren für einen anderen Ort geschaffen worden. Für mich war es schrecklich, mich von all diesen Patentrezepten zu trennen, die mir Sicherheit verhießen – aber es musste sein. Hier hatte ich einen funkelnagelneuen Garten vor mir.

//

In der ersten Woche des neuen Semesters lernte ich Jared kennen. Jared absolvierte am Reed College ein Aufbaustudium. Wie ich war er ganz neu dort. Der Kontakt entstand durch Joshua, einen gemeinsamen Freund, einen Theologen und Songwriter mit einer verrückten Frisur, mit dem ich zufällig auch meine Kellerwohnung teilte. Auf seinen Vorschlag hin rief ich Jared an und fragte ihn, ob er Lust hätte, mit uns zusammen Mittag zu essen. Er hatte Lust.

Wir trafen uns im *Nicholas*, einem libanesischen Restaurant.

Das *Nicholas* ist die herrliche Belohnung am Ende einer Schatzsuche. Die meisten Menschen wissen nicht, dass dieses Restaurant überhaupt existiert. Es liegt in einem unauffälligen Winkel zwischen großen altmodischen Geschäften an der Grand Avenue. Nur Ortsansässige essen hier und es ist fast immer viel los.

Der Speisesaal ist nicht größer als ein kleines Schlafzimmer. Zwanzig Tische wurden auf engstem Raum dort hineingequetscht. Wenn man dort isst, reibt man sich die Schultern mit dem Nachbarn am nächsten Tisch, und das führt unweigerlich zu einer Unterhaltung und wenn es funkt, sogar zu einer Freundschaft, selbst wenn sie nur für die Dauer eines Mittagessens besteht.

Wenn ich ins *Nicholas* gehe, naht mein Lieblingsmoment heran, wenn der Kellner ein gullydeckelgroßes Pitabrot bringt, frisch aus dem Ofen, und es mitten auf dem Tisch absetzt. Es ruht auf einem kleinen Metallgestell, etwa so groß wie ein Zylinder. An einem Wintertag kann man seine Hände über der dampfenden Oberfläche wärmen.

Jared und ich trafen gleichzeitig ein. Es herrschte kein Hochbetrieb und deshalb bekamen wir sofort einen Tisch (was selten genug vorkam). Wir saßen einander gegenüber und lehnten uns über den kleinen Tisch, die Köpfe einen guten halben Meter voneinander entfernt.

Ich wartete auf das Pitabrot.

Jared eröffnete das Gespräch, ohne sich mit Höflichkeitsfloskeln aufzuhalten. »Bevor der Kellner kommt, möchte ich noch etwas sagen.«

»Gut, schieß los«, entgegnete ich. Ich war neugierig und gleichzeitig schreckte mich der Bruch mit den gesellschaftlichen Gepflogenheiten etwas ab.

Jared sieht gut aus, er hat blondes Haar, einen gepflegten Bart und Augen von einem durchdringenden Blau. Ich schätzte ihn auf Mitte zwanzig.

»Bevor wir uns auf diesen ganzen Prozess einlassen, zusammen Mittag zu essen und uns unsere Lebensgeschichte zu erzählen« – einen Augenblick lang machte sich Enttäuschung auf seinem Gesicht breit, ich vermute, weil seiner Meinung nach die Formulierung »Lebensgeschichten erzählen« zu einem Klischee geworden war – »und bevor wir uns vorspielen, dass wir Freunde sein wollen, und bevor wir uns über das Reed College unterhalten … oder überhaupt irgendetwas sagen … würde ich gern etwas von dir wissen.«

Jareds Einleitung ließ mich aufhorchen. Er wollte das Gespräch auf ein wichtiges Thema bringen. Ich wusste es und er wusste, dass ich es wusste. Darum mochte ich ihn sofort. Und ich dachte mir: *Was treibt diesen jungen Mann an … und was um alles in der Welt könnte so wichtig sein?*

Dann ließ er die Katze aus dem Sack: »Was ich von dir wissen muss, ist Folgendes: Kannst du etwas von einem Collegestudenten lernen?«

Damit hatte ich nicht gerechnet. Es war eine eigenartige Frage, vor allen Dingen am Beginn einer Freundschaft. Ich war verwirrt und wollte noch mehr wissen. »Was meinst du damit?«

»Schau mal: Ich bin in einer Gemeinde aufgewachsen. Ich habe bei vielen christlichen Gruppen mitgemacht und viele Pastoren kennengelernt. Eins habe ich dabei immer wieder erlebt: Christliche Leiter sind total unfähig, von ihren Untergebenen zu lernen. Und von diesem religiösen Müll habe ich die Nase voll. Also, ich frage dich noch einmal: Bevor wir auch nur darüber nachdenken, zusammen zu Mittag zu essen – kannst du etwas von einem Studenten lernen? Kannst du etwas von einem Studenten wie mir lernen?«

Jared blickte mich an und wartete auf eine Antwort. Er machte keine Witze und mir war auch nicht nach Späßen zumute. Ich suchte in mir nach einer ehrlichen Antwort. Ich wusste, dass ich ihn nicht täuschen könnte. Ich wusste, dass ich ihm die Wahrheit sagen musste, sagen musste, was ich wirklich empfand.

»Jared, ich glaube, ich finde deine Frage vernünftig.« Mit Zeigefinger und Daumen rieb ich mir den Nasenrücken, während ich nach den richtigen Worten suchte. »Hör mal, ich kann nicht für die Pastoren sprechen, die du kennengelernt hast. Das würde ich nicht einmal versuchen. Aber ich kann für mich selbst sprechen. Ehrlich gesagt habe ich alle Instrumente in der Hand, um als Leiter Menschen zu manipulieren. Ich bin groß gewachsen. Ich bin ein Mann. Ich kann mich einigermaßen verständlich ausdrücken. Ich bin älter als du. Egal, wo ich bin, ich gehöre immer zu den beeindruckendsten Persönlichkeiten im Raum. Und ich habe einen großen Teil meines Lebens die Rolle eines ›Leiters‹ ausgefüllt, vor allem im christlichen Bereich. All das und mehr *sollte* dich misstrauisch machen.«

Ich suchte in Jareds Miene nach einem Anzeichen, dass meine Worte zu ihm durchgedrungen waren. Er saß einfach da, ohne sich zu bewegen, die Augen starr nach vorn gerichtet. Ich wusste nicht genau, was ich davon halten sollte, und entschloss mich daher, einfach weiterzureden. »Wenn du und ich gemeinsam in einer Gruppe sind, werde ich dich mit hoher Wahrscheinlichkeit enttäuschen. Wir können außerdem mit Sicherheit annehmen, dass ich manchmal nichts von dir lernen werde, wenn ich eigentlich den Mund halten und dir zuhören sollte – das aber nicht tue – und das wird zu meinem Schaden sein.« Dieses Bekenntnis schien Jared zu besänftigen. Er lächelte sogar ein wenig amüsiert.

Ich entspannte mich etwas und fuhr fort. »Ich kann dir Folgendes sagen. Ein paar Mal in meinem Leben musste ich schon heftige Schläge einstecken. Ich weiß, was Scheitern bedeutet. Und ob ich das nun konsequent durchziehe oder nicht, ich möchte jedenfalls nicht aufhören zu lernen. Ich will mit der Haltung leben, dass wirklich jeder mein Lehrer sein kann. Ich hoffe, du kannst das glauben, und du kannst auch glauben, dass unsere Freundschaft auf Geben und Nehmen beruht. Darüber hinaus weiß ich nicht, was ich sonst noch sagen kann.«

Jared lächelte.

Und in diesem Augenblick trat der Kellner an unseren Tisch.

Jared sah ihn an. Dann wandte er seinen Blick wieder zu mir. Ich hielt die Augen fest auf Jared gerichtet und fragte mich, ob er nun mit mir essen oder jeder seines Weges gehen würde.

Endlich löste Jared die Spannung. »Also, weißt du schon, was wir bestellen wollen?«

»Könnten wir mit dem Pitabrot anfangen?«

//

Bald erfuhr ich, dass Jared ein entchristlichter Christ war, wie ich es bezeichnen würde. Damit meine ich, dass er einen großen Teil seines Lebens in einer christlichen Gemeinde verbracht hatte, nun jedoch einige Schritte außerhalb stand und nach einer anderen Heimat suchte.

Es gab eine ganze Reihe von entchristlichten Christen am Reed College. Sie hatten eine gewisse Zeit ihres Lebens in einer Gemeinde verbracht, verspürten nun aber kein oder kaum ein Bedürfnis danach. Viele von ihnen hatten unerfreuliche Erfahrungen mit Christen gemacht. Andere hatten das Gefühl, man könne sich mit ihnen nicht frei austauschen. Wieder andere waren von der Unsicherheit oder dem Elitedenken enttäuscht, das sie im kirchlichen Umfeld erlebt hatten. Was immer den Ausschlag gegeben hatte, irgendwann kletterten sie ins Boot, um die Insel namens Christentum zu verlassen. Sie suchten nach einem Glauben, der in sich stimmig war. Sie wollten etwas haben, nach dem sie ihr Leben ausrichten konnten.

Ich weiß nicht, ob Jareds Frage Sie ebenso überrascht hat wie mich. Mich jedenfalls überraschte sie völlig. Als ich später darüber nachdachte, kam ich zu dem Schluss, dass Jared etwas auf der Spur war. Und dieses Etwas war wichtig.

//

In der Mittelstufe wurde ich zum ersten Mal mit der Evolutionslehre konfrontiert. Sie war für alle Schüler verbindlich im Lehrplan vorgesehen. In meiner Heimatstadt gab es keinen Aufschrei, dass man auch den Kreationismus neben der Evolutionstheorie lehren müsse. In meiner Heimatstadt war diese Vorstellung einfach lächerlich. Nur die Evolution hatte im Lehrplan etwas zu suchen.

Eines der ersten Themen, das man uns im Rahmen der Evolutionstheorie vorstellte, um die Basis für Thesen wie das Überleben der Bestangepassten und andere Folgerungen zu schaffen, war die Nahrungskette (schließlich waren wir erst in der Mittelstufe). Die Nahrungskette war einfach zu verstehen: Zwischen zwei Lebewesen besteht immer die Beziehung, dass das eine frisst und das andere als Nahrung dient. Viele Lebewesen sind einerseits Esser, andererseits Nahrung – außer natürlich, man befindet sich an der Spitze der Nahrungskette: ein Ort von gottgleicher Macht. Wenn ein Löwe auf eine Antilope trifft, geraten die Rollen nie durcheinander. Die beiden Tiere müssen weder Streichhölzer ziehen noch »Ene, mene, muh und raus bist du« spielen. Der Löwe frisst, die Antilope wird gefressen. Darüber gibt es keine Diskussion. Es ist eine lächerliche Vorstellung, dass die Antilope den Löwen verspeist. Versuchen Sie sich das nur einmal vorzustellen. Es würde wie ein Cartoon wirken. Die Nahrungskette hat eine bestimmte Richtung.

Jared wies mich darauf hin, dass wir dieses Evolutionsmodell oft geistlichen Beziehungen überstülpen. In der Gemeindekultur hatte man mir beigebracht, mich in eine solche Beziehungs-Nahrungskette einzuordnen. Es gibt Beziehungen, in denen ich der Lehrer (Esser) bin, und es gibt andere, in denen ich der Lernende (Nahrung) bin. Dieses geistliche Ökosystem war klar und besaß absolute Geltung. Man lehrte mich, dass es von entscheidender Bedeutung sei, und ich lernte, mir meinen Platz in dieser Hackordnung zu suchen.

Jared hatte diese Hackordnung satt. Er hatte es satt, immer nur Nahrung zu sein; genauer gesagt, er hatte das Fresser-Nahrung-Paradigma in geistlichen Beziehungen satt.

//

Im Laufe der nächsten Wochen, Monate und sogar Jahre wurden Jared und ich Freunde – und das war erstaunlich. Er ist fast so arrogant wie ich. Trotz dieser unbestreitbaren Lage der Dinge wurden wir Freunde. Ein paar Jahre später waren wir sogar mehr als Freunde. Als unsere Zeit am Reed College vorbei war, wurden wir Geschäftspartner und hin und wieder schafften wir es sogar, unsere Rechnungen zu bezahlen. Während wir um das finanzielle Überleben kämpften oder gelegentliche Erfolge feierten, verbrachten wir unsere Zeit auch damit, über das Leben im Allgemeinen, Glauben, den Sinn des Lebens und die Hoffnung auf eine bessere Welt zu diskutieren. Jedes Thema konnte eine neue Dynamik entwickeln, wenn jeder von uns persönliche Erfahrungen oder Informationen beitragen konnte. Trotz dieser Unterschiede kämpften wir für einen gleichberechtigten Austausch. Wir kämpften für ein gemeinsames Leben und wurden von der Wertschätzung und Liebe füreinander angetrieben.

//

Das Gespräch an diesem Tag und viele weitere Wortgefechte mit Freunden am Reed College erinnerten mich immer wieder an meine Arroganz. Ich wurde daran erinnert, dass ich das Potenzial besaß, innerhalb einer Beziehung eine Grenze zu setzen, sodass mir unentdeckte Gaben entgingen. Ich betete darum, dass ich von der Bindung an Hierarchien im geistlichen Ökosystem geheilt würde, denn schließlich handelte es sich nur um eine Illusion. Meine Sehnsucht, zuzuhören und zu lernen, verstärkte sich.

Letzten Endes entdeckte ich, dass ich die Sicherheit verheißenden religiösen Patentrezepte hinter mir lassen konnte, obwohl der Gedanke mir Furcht einflößte. Ich brauchte kein Handbuch für den geistlichen Dienst, um das Versprechen einzulösen, das ich St. Michael gegeben hatte. Das »Handbuch« war überall um mich herum. Ich konnte es in den gemeinsamen Erfahrungen und Einsichten der Studenten am Reed College finden. Wenn ich nur genug Geduld aufbrachte, um zu hören, würde der Weg Jesu mit der Zeit in diesem Umfeld Gestalt gewinnen. Ich hegte den Verdacht, dass das Leben mit Jesus hier anders aussehen würde als in einer Kleinstadt. Es würde auch anders aussehen als in einem Vorort. Es wäre auch anders als an einer staatlichen Universität (das Reed College ist ein privates College). Es müsste ein Leben mit Jesus sein, das von den Gegebenheiten am Reed College geprägt wird. Und es würde in uns Gestalt gewinnen müssen – und in mir.

Eine englische Bibelübersetzung schildert dieses Leben mit Jesus folgendermaßen: »Das Wort wurde Fleisch und Blut und zog in unser Viertel ein.«[18]

---

[18] Siehe Johannes 1,14; wörtlich aus dem Englischen übersetzt

17
Der Prediger

Als Mitch und ich uns einmal in der Mensa unterhielten, blickte ich über die Schulter und sah etwas, das ich überhaupt nicht verstand.

Nicht weit von der Spülküche stand eine halbhohe Mauer, gerade hoch genug, dass man seinen Ellenbogen bequem darauf ablegen konnte. Zu beiden Seiten dieser hüfthohen Mauer standen Studenten und plauderten. Keiner von ihnen lehnte sich jedoch auf die glatte Oberseite. Das ging nicht, weil darauf Teller mit Essensresten standen.

Zunächst war ich verwirrt. Warum sollte ein Student seinen Teller auf der Mauer abstellen, wo doch die Spülküche nur einige Schritte entfernt war? Zweitens, warum war diese Mauer solch ein belebter Treffpunkt?

Dann bemerkte ich es. Ich hätte es früher sehen sollten, doch so etwas hatte ich einfach nicht erwartet: Die Studenten aßen. Sie nahmen sich hier etwas und dort etwas vom Teller und trafen ihre Auswahl aus den Essensresten anderer Studenten.

Der erste Gedanke, der mir durch den Kopf schoss, war *Igitt*! (Das war einfach eine Reaktion aus dem Bauch heraus.) Ich konnte die Augen nicht abwenden. Es war, wie wenn man einen Verkehrsunfall beobachtet. Man will eigentlich wegsehen, aber irgendwie gelingt das nicht. Ich kann mir nur vorstellen, was sich auf meinem Gesicht abzeichnete, doch Mitch schien das nicht zu bemerken. Gerade war er dabei, mir mithilfe von Salz- und Pfefferstreuer die Grenzen des zweiten thermodynamischen Lehrsatzes und seine Parallelen zum geistlichen Leben aufzuzeigen.

Ich wusste nicht, was ich mit meinen Gefühlen anfangen sollte, und versuchte, meine Reaktionen einzuordnen. Aus irgendeinem Grund konnte ich es aushalten, wenn jemand sich an einer halb aufgegessenen Portion Pommes frites gütlich tat. Aber als ein Student eine Schale mit Cornflakesresten aufaß, wurde mir flau im Magen. Ich fand es widerlich, vom Teller eines Fremden zu essen. Erklären kann ich das nicht und ich bin auch nicht stolz auf meine Reaktion. Woher kannten sie die Essensgewohnheiten des Erstkonsumenten? Woher wussten sie, dass er das Essen nicht beispielsweise vergiftet hatte? Und was, wenn jemand hineingesabbert hätte? Das waren, ehrlich gesagt, die Gedanken, die mir durch den Kopf schossen. Und welcher erwachsene Mann gebraucht überhaupt den Begriff »sabbern«?

//

In Portland gibt es eine Reihe von Menschen, die sich ihre Nahrung dort beschaffen, wo es nichts kostet. Manchmal sammeln sie Obst von Bäumen, die auf öffentlichem Boden stehen. Noch häufiger suchen sie in den Abfalltonnen hinter einem Supermarkt nach weggeworfenen Nahrungsmitteln. Dort gibt es viel zu entdecken: Obst, Gemüse, Eier, im Grunde fast alles. Es ist schon erstaunlich, wovon sich Menschen in unserer Wegwerfgesellschaft trennen.

Das Motiv, das diese Sammler antreibt, ist Hoffnung, die Hoffnung auf eine bessere Welt, in der wir kleinere ökologische Fußabdrücke hinterlassen und unseren Konsum begrenzen. Es ist eine Kunstform. Ich selbst habe Freunde, die diese Kunstform praktizieren. Ich persönlich habe noch nie Lebensmittel aus dem Abfall herausgefischt, habe jedoch Respekt vor denen, die so etwas tun.

Es fesselte mich, als ich an jenem Nachmittag mit Mitch in der Mensa saß. Noch nie hatte ich beobachtet, dass jemand in meiner Nähe diese Art der Nahrungsbeschaffung praktizierte. Ich war fasziniert. Und sobald ich mein unlogisches Unbehagen überwunden hatte, fand ich es sogar inspirierend.

//

St. Michael war nicht mehr da. Ich gehörte nun zu der kleinen Gemeinschaft von Christen auf dem Campus. Ein schöner Gedanke. Es tut gut, dazuzugehören.

Zunächst war es nur eine Handvoll Studenten, die sich mit uns »Außenseitern« zusammentaten. Sie wollten Struktur in unsere Zusammenkünfte bringen und ich hielt das für eine gute Idee.

An einem Tag zu Anfang des Wintersemesters setzten wir uns hin, um zu überlegen, welche regelmäßigen Veranstaltungen uns in unserem geistlichen Leben und der Kultur am Reed College überhaupt helfen könnten. Wir waren nur zu acht.

Um den Stein ins Rollen zu bringen, schlug ich vor, dass wir einen Bibelkreis gründen könnten. Ich dachte mir: *Das ist ein völlig plausibler Vorschlag. Wir sind alle begeisterte Anhänger von Jesus und nennen uns Christen, manche mehr, manche weniger. Was wäre besser als ein Bibelkreis?*

Mein Vorschlag wurde bestenfalls mit Gleichgültigkeit aufgenommen.

Dann spürte ich Gottes Geist, als flüstere er mir ins Ohr: *Denk an die Gespräche mit Jared … Erinnere dich an das, was du mit Dr. Perkins erlebt hast … Denk daran … denk daran …*

Als ich den Studierenden in die Augen blickte, wurde mir klar, dass mein Vorschlag nicht ins Schwarze getroffen hatte. Ich unternahm einen zweiten Versuch. »Tut mir leid. Fangen wir noch einmal von vorn an. Was glaubt ihr, was wir tun sollten?« Ich schaute meinen Kumpel Don an. Er nickte, weil er wusste, dass die Diskussion so viel besser verlaufen würde.

Die Studenten blickten sich an und wie Maiskörner in einem Popcornzubereiter prasselten die Vorschläge auf mich ein. Man erklärte mir, dass sich alle Studenten am Reed College in den Lehrveranstaltungen viel mit der Bibel beschäftigten. Im ersten Studienjahr muss jeder Student die Bibel wie auch andere Werke der westlichen Geistesgeschichte lesen. Selbst ein antikirchlich eingestellter Reed-Student liest die Bibel mehr als die meisten Christen aus meiner Bekanntschaft, die in den Gottesdienst und zur Bibelstunde gehen.

Dann wiesen mich die Studenten darauf hin, dass sich ihnen reichlich Gelegenheiten bieten, um über die Bibel zu diskutieren. Im Reed College glaubt man an eine klassische westliche Erziehung in Kombination mit interaktivem Lernen in studentischen Kleingruppen. Bei diesen sogenannten Konferenzen analysiert ein Dutzend Studenten unterschiedliche Texte, und zwar frei von jeglicher didaktischer Kontrolle.

An diesem Punkt schlug Ivan vor: »Vielleicht können wir eine andere Art von Interaktion anbieten. Wir könnten den Studenten einen Freiraum bieten, um Fragen des Glaubens und des geistlichen Lebens auf persönlicher Ebene zu diskutieren.« Den Begriff *persönlich* betonte er besonders.

Diese Idee schien bei den anderen gut anzukommen.

Nach einer Viertelstunde hatten wir die wesentlichen Fragen geklärt und kamen überein: An jedem Donnerstagabend um neunzehn Uhr würden wir eine Diskussion über Glaubensfragen anbieten. Wir hatten das Ziel, solche Fragen auf persönlicher Ebene zu behandeln.

Nadine reservierte uns einen Kursraum im Biologiegebäude, nicht weit vom Eingang zur Campusbibliothek gelegen. So konnten die Studenten die Diskussionsrunden als Pausenbeschäftigung betrachten.

//

Später dachte ich über diese Idee mit den Diskussionen noch weiter nach. Ich hielt das für eine großartige Idee. Mir kam das wie eine wunderbare Marketingstrategie vor. (Und das verrät schon, dass ich das Konzept überhaupt nicht richtig begriffen hatte.) Für mich war es brillantes Marketing, weil es so viele Werte und Normen verkörperte, die für die Reed-Studenten wichtig waren. Wir hatten einen philosophischen Unterbau. Wir ahmten das Kleingruppenmodell nach. Die Diskussionen sollten offen geführt werden und wir bekräftigten das Recht jedes Teilnehmers, jeden Standpunkt, jede Meinung zu vertreten. Und dabei würden wir die ganze Zeit kleine Schnipsel jesusmäßiger Wahrheiten einstreuen. Ich hatte die Mentalität eines Vertreters, der Reinigungsprodukte an der Haustür verkauft.

Wir planten die Veranstaltungen für ein ganzes Semester. Die Studenten ließen Don und mich bereitwillig mitmachen und wir durften sogar einige Diskussionen leiten (was ziemlich leicht war, weil die Studenten hitzige Wortgefechte gewohnt waren). Nach einigen Wochen des Ausprobierens legten wir eine Liste von Fragen vor, über die wir reden wollten: Wie ist Gott? Warum bin ich so daneben? Warum wird auf der Welt so viel falsch gemacht? Was bedeutet es, ein »guter« Mensch zu sein? Was macht Jesus einzigartig? Warum ist das Kreuz ein so kraftvolles Symbol in der Geschichte der Menschheit? Was ist das Wesen religiöser Hingabe? Was ist Bekehrung? Kann ich spirituell frei sein?

Die Idee schlug ein.

Ich kann mich noch an die Veranstaltung erinnern, in der wir über die Frage sprachen: »Warum bin ich so daneben?« Das Semester lief schon einige Wochen und wir waren inzwischen auf zwölf Teilnehmer angewachsen. Ich weiß, das ist keine besonders große Anzahl, aber für uns war das groß. Am besten gefiel uns, dass sich nur die Hälfte von ihnen mit dem christlichen Glaubenssystem identifizierte. Bei uns herrschte wirklich Vielfalt.

»Heute Abend wollen wir über die Frage sprechen: ›Warum bin ich so daneben?‹«

Das Gespräch war lebhaft, wie Bälle flogen die Kommentare hin und her. Wir sprachen über alles Mögliche, über das Wesen der Moral, die Relativität des Gutseins, der Ort, an dem der Wille sitzt, persönliche Verantwortung und die Auswirkungen des persönlichen kulturellen Konstrukts.

Irgendwann reichten wir ein kleines gebundenes Buch aus den unteren Regalen der Collegebibliothek herum. Es war typisch für eine akademische Bibliothek, mit einem stabilen dunkelblauen Einband. Vorne stand nichts darauf und auch der Rücken trug nur weiße Buchstaben: Titel, Autor und Signatur. Es war ein einzigartiges Buch. Auf den Buchseiten standen keine Worte, nicht ein einziges. Auf jeder Seite war ein Schwarz-Weiß-Foto zu sehen. Das Thema: Völkermord. Es handelte sich um einen Fotoessay zum Völkermord in Afrika gegen Ende des zwanzigsten Jahrhunderts. Die Bilder waren furchtbar und grausam, jedoch auch auf merkwürdige Weise distanziert. Auf jeder Seite sah man Leichen, viele von ihnen mit einer Machete umgebracht. Von Menschen dahingemetzelt, die sie ihr Leben lang gekannt hatten.

Wir reichten das Buch herum. Schweigen breitete sich aus. Hier saßen wir nun im ersten Stock des Biologiegebäudes und konnten nicht wegschauen. Gemeinsam besuchten wir dieses Museum des Völkermords. Und jeder der Anwesenden fasste den Entschluss, sich auf den Schmerz unserer afrikanischen Nachbarn überall auf der Welt einzulassen.

Dann wurde die Frage gestellt: »Frag dich selbst: ›Bin ich zu so etwas fähig?‹« Eine kleine Pause, und dann: »Wenn du in diese Situation hineingeboren worden wärst, wärst du in der Lage, solche Morde zu begehen?«

Wieder kam es zu einem Meinungsaustausch, doch das Tempo verminderte sich. Wir dachten länger nach und wogen unsere Worte auf eine fast heilige Weise. Einige beharrten darauf, dass sie niemals dazu fähig sein würden, einen anderen Menschen mit einer Machete umzubringen, schon gar nicht jemanden, den sie persönlich kannten. Andere brachten etwas leiser ihre wackelige Hoffnung zum Ausdruck, dass sie über solche Schreckenstaten erhaben seien.

Zu guter Letzt sah sich Logan im Raum um. Er war im dritten Studienjahr, hatte eine wilde Frisur und einen alten Wollpullover, der am Ellenbogen schon löchrig geworden war. Er wählte seine Worte mit Bedacht, als fielen sie ihm erst beim Sprechen ein. »Wir stecken in einer Zwickmühle, oder?« Er rieb sich mit den Fingern die Stirn. »Entweder geben wir zu, dass wir dazu fähig sind – wenn wir die gleichen kulturellen Erfahrungen machen wie die Mörder auf diesen Fotos, würden wir genauso handeln –, oder wir nehmen den Standpunkt ein, dass wir über so etwas erhaben sind. Wenn wir das tun, deuten wir damit an, dass wir aus einem anderen Stoff gemacht sind, unseren afrikanischen Nachbarn moralisch überlegen, und das ist im Wesentlichen das gleiche Argument, das die Nazis benutzten, um ihre arische Rassenlehre zu rechtfertigen.«

Er wirkte, als habe ihn seine eigene Argumentation erschreckt. »Mörder oder Nazi: Wenn wir ehrlich sind, bleibt der Menschheit keine Wahl.«

Ich dachte mir: *Das ist möglicherweise die beste Definition der menschlichen Verderbtheit, die ich jemals gehört habe.*

//

Die Wochen gingen ins Land und unsere Gespräche am Donnerstagabend gingen weiter. Meistens dauerten die Veranstaltungen nicht länger als eine Stunde.

Was ich anfangs für eine brillante Marketingstrategie gehalten hatte, entpuppte sich als tiefgründige Erfahrung, die meine Art zu glauben prägte. Hier kamen Atheisten, Buddhisten, Juden, Heiden und Christen jeder Couleur zusammen, die sich ganz offen über den Geist und über Gott austauschten.

Diese Gespräche führten dazu, dass ich immer tiefer in Jesus verwurzelt wurde. Die unterschiedlichen Blickwinkel, in denen ich immer neue Wahrheiten entdeckte, taten mir gut. Sie überzeugten mich, dass Jesus letzten Endes eine Person, eine lebendige Gegenwart ist, auch wenn man Jesu Leben und Lehre in eine Ideologie eingebettet hat. An diesen Donnerstagabenden war Jesus bei uns. Er kam zu uns in den Saal. Er flüsterte den Anwesenden ins Ohr. Und wenn ich bereit war zuzuhören, überraschte es mich häufig, wie seine Gedanken durch die Worte der Teilnehmer ans Licht kamen.

Die Studenten ermöglichten diese Erfahrung. Ich lernte aus dem, was sie verstanden hatten und weitergaben. Mehr noch, ich lernte aus ihrer Haltung und freudigen Bereitschaft, etwas voneinander anzunehmen.

Mir war ein Platz in der ersten Reihe vergönnt, wo ich aus nächster Nähe beobachten konnte, wie sie in der Gemeinschaft Freiheit auslebten und nach Übereinstimmung strebten. In der Mensa hatten Studenten die Freiheit, vom Teller eines anderen zu essen, während sie miteinander sprachen, weil sie sich nach einer Welt sehnten, in der man weniger wegwarf.

Ganz ähnlich hatten die Studenten am Reed College an den Donnerstagabenden die Freiheit, eine Veranstaltung zu besuchen, wo sich Freunde zu einem offenen und aufrichtigen Gespräch trafen. Sie hatten die Freiheit, von ihren Ideen und ihrem Schmerz zu erzählen. An den Ideen anderer Menschen labten sie sich wie an einem Festmahl. Sie bedienten sich von den philosophischen Leckerbissen, die im Saal herumgereicht wurden. Sie halfen mir, ein Mensch zu werden, der sich auch in Glaubenssachen an den Tellern anderer Menschen bedient, ohne dass ihm das zuwider ist und er das sogar akzeptieren kann.

18
Lektionen

Abwesenheit von Angst: Das war einer der Aspekte am Reed College, die mein Leben am meisten veränderten. Insbesondere fehlte diese Angst bei Gesprächen über Glaube und Religion.

Angst setzt dann ein, wenn sich meine Identität an einer Vorstellung festklammert, die eigentlich nicht zu mir gehört, und ich das Gefühl bekomme, dass ich etwas nicht mehr unter Kontrolle habe. Bei mir kann ein Abgabetermin zu Angst führen. Gespannte Beziehungen können zu Angst führen. Finanzielle Probleme führen häufig zu ganz besonderen Auswüchsen von Angstanfällen. Und interreligiöser Dialog kann zu einem wahren Geysir der Angst werden.

//

Mein Vater redete nicht viel. Er glaubte, man müsse mit Worten sparsam umgehen, und er wählte sie immer mit Bedacht. Ich kann mich nur an wenige Situationen erinnern, in denen mein Vater mich in einem Gespräch beriet oder mir etwas beibrachte. Er lehrte mich auf tausend andere Arten ohne Worte: Ich sah ihn jeden Morgen in der Bibel lesen. Ich hörte, wie er vor den Mahlzeiten für unsere Familie betete. Ich beobachtete viele Male, wie er abends aus dem Haus ging, um an der Gemeindeleitungssitzung teilzunehmen. Ich wusste, dass er für christliche Werke spendete.

Doch dass er mir ausdrücklich in einem Gespräch etwas beibringen wollte, kam nur selten vor – und darum hinterließ die folgende Geschichte bei mir einen nachhaltigen Eindruck.

Eines Tages kam mein Vater von der Arbeit nach Hause. Ich kann nicht älter als zwölf gewesen sein. Ich kann mich so genau daran erinnern, weil es für mich völlig ungewohnt war, dass er solch ein Gespräch anfing.

»Tony, heute hatte ich auf der Arbeit eine interessante Unterhaltung.«

Ich war überrascht, gespannt und ein wenig verwirrt. Ich wollte ihn aufmuntern, weiterzureden. Also griff ich tief in die Trickkiste eines Zwölfjährigen, bot meinen gesammelten Wortschatz auf und erwiderte: »Mmmh.«

Mein Vater nahm das als Stichwort auf, um weiterzusprechen. »Ich weiß nicht, ob du dich noch an Bill erinnerst; wir sind Kollegen. Bill ist Mormone. Ich weiß nicht, ob du das wusstest. Jedenfalls schaute ich heute in seinem Büro vorbei, um etwas nachzufragen, und wir kamen ins Gespräch. Zu Anfang war es nett. Dann meinte Bill, er hoffte, wir könnten mehr Zeit miteinander verbringen, weil wir beide zur Kirche gehen.« Mein Vater suchte nach den richtigen Worten, um Bills Vorschlag am besten zusammenzufassen. »Er meinte, er würde gern einmal über alles reden, was wir eigentlich glauben.«

Für mich war dieses Thema überaus aufregend (obwohl ich die patentierte ausdruckslose Miene eines Heranwachsenden aufgesetzt hatte).

In den Achtzigerjahren redeten wir in der Gemeinde oft über Mormonen. Dort waren sie die »Bösen«. In Wahrheit wusste ich nicht viel über sie, aber ich wusste, dass es sich um eine Sekte handelte – o ja, und ich hatte etwas über ihre »heilige Unterwäsche« gehört.

»Was hast du ihm geantwortet?«, fragte ich.

Mein Vater blickte mir in die Augen. Ich wusste, dass wir gerade ein Gespräch von Mann zu Mann anfingen, und das war etwas Besonderes. »Tony, in dieser Situation habe ich getan, was ich tun musste.« Seine Miene war ernst, sogar ein wenig streng. »Ich habe ihm gesagt, dass ich an seinem Glauben nichts respektiere und ich kein Interesse hätte, Zeit mit ihm zu verbringen. Ich habe ihm gesagt, dass ich nicht daran interessiert bin und auch niemals interessiert sein werde, ihm zuzuhören, wenn er über seinen Glauben spricht.«

Und damit war die Lektion beendet.

Ich wusste, dass ich das als wichtigen und prägenden Augenblick betrachten sollte. Ich kann mich daran erinnern, wie stark mir mein Vater vorkam, weil er mit solcher Kühnheit sprechen konnte. Sein Glaube war stark.

Dieses Gespräch fand vor dreißig Jahren statt, doch ich kann mich noch genau daran erinnern. Es lebt in meinem Gedächtnis als eine der prägenden Lektionen fort, die mir mein Vater mitgab. Wer meinen Vater kannte, wird von dieser Geschichte vermutlich überrascht sein.

Ich weiß nicht, was damals in meinem Vater vorging oder warum er sich die Zeit nahm, mir von dem Gespräch mit Bill zu erzählen. Ich weiß aber, dass mir danach jeder interreligiöse Austausch Unbehagen bereitete.

Das Gespräch mit meinem Vater lehrte mich, dem anderen mit Misstrauen zu begegnen. Es lehrte mich, einen Anfangsverdacht zu hegen. Und es ließ mich ängstlich werden.

Es peitschte Wellen in mir auf, die erst nach fast dreißig Jahren ins offene Meer hinausgespült wurden.

Die Studenten am Reed College halfen mir dabei.

//

Jede Illusion, die Gemeinschaft am Reed College wäre perfekt gewesen, ist genau das: eine Illusion. Wir hatten unsere Fehler und kämpften mit der Frage, wie wir unser Glaubensleben in einer sehr gemischten und sich stets verändernden Gemeinschaft ausleben konnten.

Wir scheiterten öfter, als dass wir Erfolg hatten. Doch wir blieben bei unseren Fragen und das war das Element, das uns die größte Hoffnung gab.

Dass wir uns angstfrei mit Glaubensfragen beschäftigen konnten, sorgte bei mir für eine Reihe von Paradigmenwechseln in meinem Verständnis des Evangeliums.

An dieser Stelle möchte ich von drei Erfahrungen am Reed College erzählen.

Denomination

»Unsere Gruppe braucht einen Namen.«

Das hatte einen ganz pragmatischen Grund. Nach einer Weile kann man sich nicht mehr so nennen: »die christliche Gruppe, in der viele Mitglieder keine Christen sind, und sogar diejenigen, die Christen sind, sich nicht unbedingt als Christen bezeichnen würden, und es außerdem eine Reihe von Teilnehmern gibt, die eindeutig außerhalb des christlichen Glaubensbekenntnisses stehen, trotzdem aber Jesus als prägende und notwendige Stimme im Dialog über Glauben, Ziel, die Welt an sich und den Sinn des Lebens anerkennen.« Schon allein der Gedanke daran lässt mich zusammenbrechen. Man sieht leicht ein, dass das mit der Zeit ermüdend wirkt.

Also suchten wir nach einer Bezeichnung, die zu uns passt. Sie musste unserer gemeinsamen Hoffnung gerecht werden, ohne die Unterschiede zu verwischen. Schließlich machten Sarrah Lynne und Nadine einen ziemlich schrägen Vorschlag. »Warum nennen wir uns nicht ›Oh for Christ's Sake‹«?[19]

Eine brillante Idee!

Was für eine begeisternde und ironische Bezeichnung. Letzten Endes verband uns in aller Unterschiedlichkeit die Sehnsucht, Jesus nachzufolgen. Diese Hoffnung kam in unserem neuen Namen zum Ausdruck. Gleichzeitig war diese Bezeichnung scherzhaft. Eine von Christen niemals gebrauchte Formulierung herzunehmen und sie sozusagen ihrer ursprünglichen und eigentlichen Bedeutung zuzuführen, war genial.

Oh for Christ's Sake oder auch OFCS (welche Organisation, die vor sich selbst Respekt hat, könnte ohne Akronym existieren?) wurde zur Dachorganisation, unter der alle unsere Treffen stattfanden.

//

19 Wörtliche Übersetzung: *um Jesu willen*. Freier übersetzt: *Himmel noch mal*!

Schon bevor ich den Campus kennenlernte, hatte Ivan ein Hobby. Er übte es am Freitagnachmittag aus. Es handelte sich um ein seltsam einfaches Hobby. Zusammen mit Studenten besuchte er Obdachlose. Er lieh sich einen Kleinbus aus dem Wagenpark des Reed College, parkte ihn am Eliot Circle in der Mitte des Campus und wartete auf die Studenten, die ihn begleiten wollten. Ivan machte keine Werbung. Trotzdem tauchten an jedem Freitagnachmittag zwischen acht und zwanzig Studenten auf, um zum Obdachlosenasyl St. Francis im südöstlichen Portland zu fahren.

Ivan hatte kein Programm und plante praktisch nichts. Er fuhr einfach hin. Nur eins stand fest: »Ihr werdet zwei Stunden dieser Woche mit einigen eurer Nachbarn, die draußen leben, verbringen.« Das war's. Trotz dieses schlichten Konzeptes waren an jedem Freitag Studenten da. Sie kamen, weil sie ein Freund eingeladen hatte. Sie kamen, weil sie das leben wollten, was sie glaubten. Sie kamen, weil ihnen die Obdachlosen nicht egal waren.

Ich kann mich noch daran erinnern, wie ich zum ersten Mal zum Kleinbus am Eliot Circle kam. Ich war pünktlich und traf genau zu dem Zeitpunkt ein, als Ivan mit dem Bus um die Ecke bog. Zunächst warteten Ivan und ich allein und lehnten uns gegen den Bus, der unter den japanischen Kirschbäumen stand. Ich freute mich über die Gelegenheit, mit meinem Freund zu plaudern, doch im Grunde fand ich sein kleines Projekt lediglich »nett«, nichts weiter.

Dann stießen die Studenten dazu. *Wer sind diese Leute?,* fragte ich mich. Ich hatte diese Studenten noch nie gesehen. Sie kamen nicht zu den Treffen von *Oh for Christ's Sake.*

Faszinierend, sagte ich mir.

Innerhalb einer Viertelstunde hatten sich fünfzehn Studenten in den Bus gequetscht.

Dann ging es los zum St.-Francis-Obdachlosenasyl.

Nachdem wir die Leute dort zwei Stunden lang besucht, ihnen eine Mahlzeit serviert und mit ihnen gegessen hatten, sammelte Ivan seine Truppe wieder ein, und wir fuhren zurück zum Campus. Die ganze Fahrt über unterhielten wir uns. Ivan saß am Steuer und gab Gesprächsanstöße. »Warum seid ihr heute gekommen?« – »Was habt ihr von unseren Nachbarn, die draußen leben, gelernt?« (Ivan achtete darauf, nicht von »Obdachlosen« zu sprechen, weil ihnen das seiner Meinung nach die Würde nahm.)

Die Unterhaltung war spannend und anregend. Ich musste an Jesus denken, wie er Menschen mit dem Ausspruch »Was ihr für einen der Geringsten meiner Brüder und Schwestern getan habt, das habt ihr für mich getan!«[20] zum Handeln ermunterte.

Bald waren wir auf dem Campus angekommen, die Studenten verzogen sich in ihre Wohnheime und der Kleinbus wurde wieder abgegeben. Dann sprach ich Ivan an.

»Ivan, das war unglaublich! Du fährst jeden Freitag zu den Obdachlosen und die Studenten kommen einfach her und fahren mit?« Ich war begeistert.

Ivan erklärte: »Ich mache das schon seit über einem Jahr. Manchmal kommen nur sechs Leute, manchmal so viel wie heute, aber irgendwer kommt immer.«

»Und du machst keine Werbung?« Meine Neugier war noch nicht befriedigt.

»Nein, im Grunde funktioniert das mit Mundpropaganda. Wer mitmacht, erzählt seinen Freunden davon. Ich lade nicht einmal mehr dazu ein. Die ganze Sache hat eine Eigendynamik entwickelt.«

Ich wollte ihn wirklich ermutigen. »Ivan, deine Idee ist wirklich erstaunlich, das musst du begreifen. Nicht nur die Fahrt zum St.-Francis-Haus, sondern auch das Gespräch, das du auf der Rückfahrt geführt hast. Brillant! Du kannst wirklich vermitteln, was das Evangelium von Jesus bedeutet.«

Ivan wirkte plötzlich etwas verlegen und verwirrt. »Kann schon sein.«

Ich ignorierte Ivans Zurückhaltung. Mein Wunsch, ihm gut zuzureden, ließ sich nicht eindämmen. »Ivan, ich möchte dir helfen, das volle Potenzial dieser St.-Francis-Sache auszuschöpfen.

---

20 Matthäus 25,40

Wir könnten es das ›*Oh-for-Christ's-Sake*-Obdachlosenprojekt‹ nennen und ein paar Flyer drucken. Dann würden sich noch viel mehr Studenten diesem Projekt anschließen und sich mit deinen brillanten Fragen auf der Rückfahrt auseinandersetzen, aber vor allen Dingen hätten die Studenten dann vielleicht Lust, auch zu den anderen OFCS-Veranstaltungen zu kommen. Man nennt das ›Cross-Marketing‹.«

Ivan sah mich an, als ob ich Chinesisch spräche. Aber weil er ein Gentleman ist und ein gutes Herz hat, gab er sein Bestes, um zu verbergen, wie gekränkt er sich fühlte. »Tony, ich fahre den Kleinbus zum St.-Francis-Haus, damit die Studenten das Leben dort kennenlernen und Zeit mit Menschen verbringen können, die von Jesus geliebt werden. Ich tu das auch für meine Kommilitonen, weil ich sie sehr schätze. So können sie die Dinge einüben, über die wir in den Seminaren reden.«

Mensch, diesen Jungen mag ich wirklich. Ein toller Typ, allerdings ein bisschen naiv. Irgendwie hatte er meine Idee noch nicht richtig verstanden und deshalb erklärte ich weiter. »Ivan, ich glaube, du hörst mir nicht richtig zu. Wir sind total auf der gleichen Wellenlänge. Wir wollen das Gleiche. Ich glaube bloß, dass du noch mehr Einfluss gewinnen könntest, wenn du etwas Werbung machst und dein Name bekannter wird.«

Ivan sagte erst einmal nichts. Als er endlich den Mund aufmachte, versuchte er respektvoll zu klingen. »Tony, *du* hast mir nicht richtig zugehört. Mir geht es gar nicht darum, mehr Einfluss zu gewinnen. Ich verstehe, was in dir vorgeht, aber Jesus ist absolut in der Lage, auch ohne mein Zutun mehr Einfluss zu gewinnen. Immer wieder hat es Kirchenspaltungen gegeben, weil jemand dem, was er tat, seinen Stempel aufdrücken wollte. Darum gibt es heute Hunderte, vielleicht sogar Tausende von Denominationen. In Wirklichkeit ist es so, dass in St. Francis Wunderbares geschieht. Am Reed College auch. Warum um alles in der Welt können wir das nicht einfach unterstützen, ohne noch etwas daraufzusetzen? Warum sollen wir uns dafür eine Marketingstrategie einfallen lassen? Zumindest sehe ich das so.«

Manchmal bin ich etwas schwer von Begriff. Ich glaube jedoch, dass ich schließlich den springenden Punkt verstand.

Als ich an diesem Tag nach Hause fuhr, gingen mir Ivans Worte immer noch im Kopf herum. »Es geht mir gar nicht darum, noch mehr Einfluss zu gewinnen … Jesus ist absolut in der Lage, auch ohne mein Zutun mehr Einfluss zu gewinnen … Immer wieder hat es Kirchenspaltungen gegeben, weil jemand dem, was er tat, seinen eigenen Stempel aufdrücken wollte …« Mir schwirrte der Kopf.

Warum braucht denn jede Gemeinde ihre eigene Obdachlosenarbeit, die ihren Namen trägt? Oder eine Gruppe für alleinstehende Mütter? Oder eine Arbeit für Süchtige? Oder eine Arbeit für Schüler? Oder, oder, oder, und jede Gruppe, jede Arbeit trägt das Logo der Gemeinde.

In jedem Viertel gibt es bereits Menschen und Organisationen, die sich hingebungsvoll dafür einsetzen, jede erdenklich menschliche Not zu lindern. Was würde geschehen, wenn wir einfach aufhörten, uns über religiöse Etiketten Gedanken zu machen? Was würde geschehen, wenn wir einfach die Menschen, die bereits anderen helfen, mit unserer Zeit, unseren Talenten, unserem Geld unterstützen? Was wäre, wenn wir ihnen einfach unter die Arme greifen würden, ganz egal, wer die Anerkennung für die geleistete Arbeit bekommt? Würden Christen dadurch anders wahrgenommen werden?

Ich glaube, ich weiß, was Ivan antworten würde.

Ich weiß jedenfalls, was Jesus sagen würde: »Wenn du einem Bedürftigen etwas gibst, posaune es nicht heraus, wie es die Heuchler tun, die in den Synagogen und auf den Straßen mit ihren Wohltaten angeben, nur um die Aufmerksamkeit auf sich zu ziehen! Ich versichere euch: Das ist der einzige Lohn, den sie jemals dafür erhalten werden.«[21]

---

[21] Matthäus 6,2

Es war ein Nachmittag im Frühling. Ich konnte kaum glauben, dass fast ein Jahr vergangen war, seitdem ich Mitch in der Mensa kennengelernt hatte.

Ich bekam einen Anruf von Kym. Die OFCS-Mannschaft war nach einem Einsatz in San Francisco vor einigen Tagen nach Portland zurückgekehrt.

Kym gehörte zu den »Außenseitern« – so wie ich. Sie war eine wundervolle Christin. Sie kam gern ans Reed College. Manchmal besuchte sie unsere Diskussionsgruppe am Donnerstagabend oder andere Treffen. Sie wollte Studenten in ihrem Glauben ermutigen und darum betrachtete ich sie als gute Freundin.

Am Telefon fragte mich Kym, ob wir uns außerhalb des Campus in Papaccinos Café treffen könnten.

Ich war einverstanden.

Als ich dort eintraf, saß sie bereits an einem ruhigen Tisch neben der Ostmauer, auf der eine Wandmalerei prangte. Ich winkte Kym zu, ging zum Tresen und bestellte wie gewöhnlich einen schwarzen Kaffee. Hier wurde er in Tassen so groß wie eine Suppenterrine ausgeschenkt. (Hallo!)

Mit diesem Koffeinersatztank bewaffnet setzte ich mich Kym gegenüber.

»Hallo, wie geht's!« Nach der San-Francisco-Reise war ich immer noch in Hochstimmung und das spiegelte sich auch auf meinem Gesicht wider.

Kym reagierte zurückhaltend, was in unseren Gesprächen nicht ungewöhnlich war. »Mir geht es gut. Und dir? Wie war eure Reise?«

»Toll«, platzte ich heraus. »Wir sind mit achtzehn Mann gefahren und haben uns in ein paar Autos gequetscht. Die Hälfte von uns hat auf dem Fußboden geschlafen. Unsere Freunde in San Francisco haben für das Programm gesorgt. Jeden Tag haben wir fantastische Sachen gemacht … warte mal … einmal waren wir in einer Obdachlosenunterkunft … an einem anderen Tag haben wir bei einem, äh, Kunstprojekt einer Essensausgabestelle mitgemacht, einem ausgefeilten Programm zur Mittagszeit im Golden Gate Park. Jeden einzelnen Tag könnte ich als lebensverändernd bezeichnen. Und wir hatten eine tolle Mannschaft: Penny, Nate, Ivan, Laura Jean, Jared, Mitch und ein paar Studenten, die ich vorher noch gar nicht gekannt habe. Und dann war da noch ...«

»Ja, ja, schon gut!« Kym unterbrach mich abrupt in meinem Monolog. Sie klang aufgeregt, was völlig untypisch für sie war. Einige Cafébesucher blickten sogar zu uns herüber. Natürlich hatte sie recht, meinen Redeschwall aufzuhalten. Ich litt an Logorrhö.

Kym brauchte einen Augenblick, um den Hals freizubekommen. Ich sah, dass sie sich Mühe gab, höflich zu sein und ihr Anliegen klar und deutlich zu formulieren. »Ich habe dich und die anderen jetzt ein paar Monate beobachtet. Ich möchte, dass du weißt, dass ich versucht habe ... *wirklich* versucht habe, euch in jeder erdenklichen Weise zu unterstützen. Eure Gespräche am Donnerstagabend verdienen Beifall, auch wenn sie meistens ziemlich chaotisch ablaufen.« Ich merkte, dass sie allmählich auf den springenden Punkt zusteuerte. »Als ich bei eurem Gebetstreffen mitgemacht habe ... Also, weißt du, für mich ist es sehr schwierig, den Mund zu halten, wenn ich manche Studenten höre, die – oh, wie soll ich das bloß ausdrücken – wenn sie ganz offensichtlich nicht an den Gott der Bibel glauben.«

Mir war deutlich geworden, dass Kym wirklich aufgebracht war und sich ihre Frustration schon seit geraumer Zeit angestaut hatte. Ich saß einfach da und nickte. Ich wollte ihr so viel Zeit geben wie möglich, damit sie sich alles von der Seele reden konnte.

Sie fuhr fort. »Ich wollte eigentlich dazu schweigen, einfach weiter dafür beten, vielleicht im Lauf des Sommers mit dir darüber reden, aber ich fürchte, ich halte das nicht mehr aus.«

Ich wollte sie beruhigen. »Ich bin froh, dass du damit nicht gewartet hast, bitte erzähl weiter.« Ich fühlte mich unbehaglich. Irgendwie wusste ich, worauf sie hinauswollte. Außerdem hasse ich Kritik. Und ich wollte, dass Kym mich mochte. Ich wollte ihr zu verstehen geben, dass ich sie mochte. So ein Gedankenaustausch ist niemals leicht.

»Tony, als ich von eurer Reise nach San Francisco gehört habe, wusste ich, dass ich nicht länger schweigen kann. Ich muss den Mund aufmachen. Wenn ich das richtig verstehe, und bitte korrigiere mich, wenn ich falschliege, dann waren einige Jugendliche auf diesem Missionseinsatz nicht einmal Christen. Stimmt das?«

Schüchtern entgegnete ich: »Ich glaube schon, dass das ... ja, das stimmt.«

»Es ist ja schön und gut, auf dem Campus kreativ und offen zu sein, aber wenn ihr auf einen Missionseinsatz fahrt ...!« Ihre Stimme wurde mit jedem Satz kräftiger. »Sinn und Zweck eines Missionseinsatzes ist es, das Evangelium weiterzugeben und von der Liebe Jesu zu erzählen. Wie kannst du das glaubwürdig tun, wenn du in deiner Mannschaft reihenweise Leute hast, die nicht einmal an Jesus glauben?« Ihre Stimme klang schrill, als sie »Jesus« sagte.

Ich blickte ihr in die Augen. Sie war innerlich wirklich in Aufruhr. Ich sah, dass unsere Gruppe ihr ein wichtiges Anliegen war, und konnte mir nur vorstellen, wie intensiv und leidenschaftlich sie in der Woche unseres Einsatzes für uns gebetet hatte.

»Kym, danke, dass du mir das anvertraut hast. Ich weiß, dass dir diese Studenten wirklich am Herzen liegen. Du hast die ganze Woche für uns gebetet, darauf könnte ich wetten. Stimmt das?«

»O ja, ja, das habe ich.«

»Das weiß ich. Und du sollst wissen, dass dein Gebet meiner Meinung nach einer der Gründe dafür ist, dass unsere Reise geistlich so bedeutsam war. Wir haben uns nicht nur an wunderbaren Projekten beteiligt und anderen gedient, sondern da war noch etwas anderes, und ich möchte, dass du davon erfährst. Ich glaube, dass jeder Student, der an dem Einsatz teilgenommen hat, Jesus tiefer zu lieben gelernt hat – sowohl die, die sich Christen nennen, als auch die, die das nicht tun.«

Ehrlich gesagt weiß ich nicht, ob Kym überhaupt hörte, was ich da gerade gesagt hatte.

»Tony, ich muss dir etwas sagen … du musst die Art, wie du diese Gruppe leitest, verändern.«

Darauf musste ich etwas erwidern. »Ich leite diese Gruppe gar nicht. Die Studenten leiten sie. Und ich bete dafür, dass es Gott ist, der sie letzten Endes leitet.«

Sie atmete tief durch. »Na gut.« Sie wollte den roten Faden nicht verlieren. »In den letzten Monaten habe ich genau darauf geachtet, was du sagst. Obwohl dein geistliches Leben für meinen Geschmack ein wenig seltsam ist, habe ich doch keinen Zweifel daran, dass du die wesentlichen Punkte, die das Christentum ausmachen, glaubst, aber diese Studenten … diese Studenten! Was bringst du ihnen bei? Du musst akzeptieren, dass du eine größere Verantwortung trägst.«

Ich wollte, dass sie sich alles von der Seele redete. »Welche Veränderungen würdest du denn gerne sehen?«

»Irgendwann musst du die christlichen Jugendlichen aussortieren. Sie müssen im Glauben gefestigt werden. Wo sind die traditionellen Bibelkreise? Wo bleiben Lobpreis und Gottesdienst?« Ihre leidenschaftlichen Appelle kamen Welle um Welle bei mir an und legten die Grundlage für den einen wesentlichen Punkt, der, wie ich wusste, der Grund für unser Kaffeetrinken war: »Tony, du bist gefährlich. Du verletzt diese Jugendlichen. Irgendjemand muss das sagen. Du riskierst zu viel und machst damit etwas kaputt. Irgendetwas muss sich ändern.«

Ihre Worte trafen mich, wie Sturmwogen auf die Küste krachen.

Wir unterhielten uns fast eine Stunde. Ich versuchte ihr zuzuhören und dann zu erklären, warum wir so lebten, wie wir lebten. Ich wollte, dass sie uns verstand. Und sie sollte wissen, dass auch ich ständig Zweifel hegte. »Dieser Weg bedeutet auch für mich eine schreckliche Last. Kym, ich habe viele Nächte schlaflos im Bett gelegen, über genau diese Fragen nachgedacht und Gott gebeten, uns zu helfen.«

Am Ende gestand sie, dass sie nicht einfach tatenlos zusehen könne, wie es mit uns bergab ging. Sie entschuldigte sich dafür, dass sie sich nicht in der Lage sah, uns weiterhin zu unterstützen, und vertraute uns ehrlicherweise an, dass sie einigen christlichen Studenten helfen würde, eine *richtige* christliche Gruppe zu finden.

Als alles gesagt war, dankte ich ihr, reichte ihr die Hand und wandte mich zum Gehen.

Es war ein regnerischer Nachmittag im Frühling. Als ich das Papaccino durch die Glastür verließ, zog ich mir die Kapuze über meinen kahlen Kopf, um mich vor den Regentropfen zu schützen. Ich vergrub die Hände in den Taschen meiner Jeans, machte mich auf den Rückweg zum Campus, der etwa zehn Blocks entfernt lag, und beobachtete, wie die Ritzen zwischen den Bürgersteigplatten unter mir vorbeizogen. Ich wusste nicht, was ich von der ganzen Sache halten sollte. *Sind wir wirklich zu weit gegangen? Habe ich, durch meine Worte oder mein Schweigen, diese Studenten verletzt, obwohl ich behaupte, sie zu lieben? Ist es überhaupt möglich, eine echte Gemeinschaft zu haben, in der wir an Jesus glauben, wenn die Teilnehmer so unterschiedliche Auffassungen vom Glauben haben?*

»Jesus, hilf uns.«

Errettung

Einige Monate gingen ins Land. Wieder kam nach dem Frühling der Sommer und dann der Herbst. Im Universitätskalender spiegelten sich Ebbe und Flut des Lebens wider: der »Tod«, wenn wir uns von den Abgängern verabschiedeten, die »Geburt«, wenn neue Studenten kamen, aus denen bald Freunde wurden.

Im Lauf dieser Monate und Jahre lasen wir gemeinsam die Bibel. Das führte zu vielen langen Diskussionen und noch viel mehr neuen Entdeckungen. Vom Hörsaal bis zur Mensa ließen wir unseren vielfältigen Gedanken freien Lauf. Vom Alten Testament bis zum Neuen, vom 1. Buch Mose bis zur Offenbarung inspirierte uns alles, forderte uns alles heraus. Die Gespräche drehten sich nicht in erster Linie darum, zu welchem Team wir gehörten, sondern vielmehr darum, wie wir leben und was wir lieben sollten. Die Erkenntnisse dieser Studenten, die alle einen ganz unterschiedlichen Hintergrund hatten, weiteten meinen Blick auf die gute Nachricht von Jesus und inspirierten mich mehr als jemals zuvor.

Aus diesen Erlebnissen entsprangen die folgenden Worte. Hier sah ich biblische Hoffnung, die wir uns alle leidenschaftlich zu eigen machen sollten. Es war eine Hoffnung, die wir der Welt verkünden wollten:

Stell dir eine Welt vor, wo es
keine ethnische oder kulturelle Hierarchie gibt,
wo Sklaverei nur noch in der Erinnerung existiert,
wo es keine Vorurteile gegenüber Nationen gibt und kein
Geschlecht benachteiligt wird.

Stell dir eine Welt vor, wo es
weder Jäger noch Gejagte gibt, wo
der Leopard das Lamm verteidigt
und der Löwe Gras frisst.

Stell dir eine Welt vor, wo die
Erkenntnis Gottes die Erde erfüllt und jeder
staunt, wie nahe das Göttliche uns ist,
vom Kleinsten bis zum Größten.

Stell dir eine Welt vor, wo immer
Gerechtigkeit regiert, wo immer Entscheidungen
voller Liebe getroffen werden, wo Güte fließt wie ein Strom.

Stell dir eine Welt vor, in der es
kein Weinen mehr gibt, keine verzweifelten Schreie, wo alle
Kinder überleben und die Alten das volle Maß
ihrer Tage erleben.

Stell dir eine Welt vor, in der die Armen
nicht zum Nutzen der Reichen arbeiten, wo die,
die ein Haus bauen, darin wohnen, und alle, die
aussäen und einen Weinberg bebauen, den Ertrag genießen.

Stell dir eine Welt vor, in der die Menschen
nicht bedrückt werden und man ihnen
weder das Leben noch ihren Lebensunterhalt nimmt.

Stell dir den Frieden vor.[22]

[22] In Anlehnung an Galater 3,28-29; Jesaja 11,6-9; Jeremia 31,34; Amos 5,24; Jesaja 65,19-22

19
Der Segen

Meine Zeit, in der ich im Garten des Reed College lustwandelte, nahm ein abrupteres Ende, als ich gehofft hatte. Der Abschied kam unerwartet, und das war nur teilweise meine Entscheidung. Es schmerzt mich immer noch, um das vorsichtig zu sagen – und diesen Schmerz habe ich in mancher Hinsicht bis heute nicht richtig überwunden.

Bevor ich Ihnen von diesem Abschied erzähle, möchte ich Ihnen jedoch noch einen anderen Gedanken nahebringen.

Sonnenuntergang

Schon als Junge lernte ich die Formulierung »das Evangelium weitergeben«. Von Kindesbeinen an war sie mir vertraut und ich wusste, dass sie ein wichtiger und sogar wesentlicher Teil des Lebens mit Jesus war.

Hunderte von Male hatte ich diese Formulierung in der Gemeinde gehört. Und je öfter ich hörte, dass man das Evangelium weitergeben oder mitteilen[23] solle, desto mehr sah ich vor meinem inneren Auge ein bestimmtes Bild. *Was bedeutet es, etwas zu »teilen«?*, fragte ich mich. Und dann sah ich vor mir in etwa folgendes Bild:

Das Evangelium ist wie eine Schokoladentorte – eine schöne Schokoladentorte mit guten Zutaten. Manche Leute haben diese Schokoladentorte, andere nicht. Wenn man die Torte hat und zu den Glücklichen gehört, steht man in der Verantwortung, sie mit anderen zu teilen.

---

[23] Die englische Formulierung lautet *share the gospel* (wörtl.: *das Evangelium teilen*)

»Tony, mein Junge, du hast so ein Glück, dass du zu den Menschen mit Schokoladentorte gehörst, aber du darfst sie nicht für dich behalten. Wenn du in die Welt hinausgehst, vergiss nicht, die Torte mit allen Menschen zu teilen, die keine haben. Denk an die armen Menschen ohne Torte. Jeder Mensch mag Torte – zumindest sollte er das. Tony, dir gehört die Torte. Die anderen sind darauf angewiesen, dass du ihnen davon abgibst.«

Das Bild ist in mancher Hinsicht durchaus zutreffend. Doch wie jedes Bild hat es seine Grenzen. Gibt es noch eine andere Möglichkeit, etwas zu »teilen«?

Während meiner Zeit am Reed College gewann noch ein anderes Bild Gestalt. Ich weiß nicht, woher es kam und wie es stark genug wurde, um das Bild von der Schokoladentorte zu verdrängen. Jedenfalls sah es so aus: Was wäre, wenn »das Evangelium weiterzugeben oder zu teilen« nicht so sehr dem Teilen einer Schokoladentorte entspräche, wo der eine privilegiert ist und Zugang zur Torte hat und der andere nicht? Was, wenn »das Evangelium zu teilen« eher damit zu vergleichen wäre, gemeinsam einen Sonnenuntergang anzuschauen?

Diese geteilte Erfahrung ist etwas völlig anderes als eine geteilte Torte. Stellen Sie sich vor, dass zwei Menschen auf einer Klippe am Ufer des Pazifiks stehen und zusehen, wie die Sonne hinter dem Horizont versinkt. Wenn Sie diese Erfahrung teilen möchten, müssen Sie Seite an Seite stehen, nicht einander gegenüber. Wenn Sie gemeinsam einen Sonnenuntergang betrachten, hat jeder die Möglichkeit, etwas beizutragen; jeder kann seine Gedanken mitteilen oder eine Schlussfolgerung ziehen. Das ist wirklich eine gemeinsame, geteilte Erfahrung.

Bedeutet das nun, dass jeder der Anwesenden alle Aspekte eines Sonnenuntergangs begreift? Im Normalfall nicht. Zum Beispiel kann sich einer von ihnen jahrelang mit physikalischer Optik, der atmosphärischen Dichte und der Wechselwirkung zwischen Himmelskörpern beschäftigt haben. All das kann zu einem sinnvollen Austausch während des Sonnenuntergangs beitragen. Manchmal bringt es Spaß, die wissenschaftliche Seite solch eines

Sonnenuntergangs zu verstehen. Ein anderer bringt vielleicht andere Aspekte in das Gespräch ein. Vielleicht malt er Aquarelle, kann die Schönheit der Natur beschreiben und erklären, was das mit Hoffnung zu tun hat. Solch ein Gespräch kann viele Wendungen nehmen; vielleicht müssen die Freunde, die diese Erfahrung teilen, sogar über ihre Traurigkeit reden, weil Sturmwolken die Schönheit vor ihren Augen verhüllen. Sie teilen Segnungen und Schmerz und manchmal schweigen sie zusammen, weil das die beste Möglichkeit ist, Anteil aneinander zu nehmen.

Letzten Endes kann niemand den Sonnenuntergang für sich vereinnahmen. Er macht uns demütig und ehrfürchtig. Von einem Sonnenuntergang kann ich niemals genug bekommen. Immer sehne ich mich nach mehr. Ein Sonnenuntergang ist nicht das Werk eines Menschen. Gott hat ihn gemacht. Er ist sein Geschenk an die Welt. Er ist etwas, das man teilen soll.

Die am Ende der Erde leben, stehen in Ehrfurcht vor deinen Wundern. Vom Sonnenaufgang bis zum Sonnenuntergang gibst du den Menschen Grund zur Freude.[24]

Abenddämmerung

Das meiste, was Sie in diesen Kapiteln über das Reed College gelesen haben, geschah in meinem ersten Jahr auf dem Campus. Insgesamt war ich fast drei Jahre dort. In diesem Zeitraum kamen viele Leute von »draußen« und begleiteten unsere Gemeinschaft ein Stück des Wegs. Dann zogen sie weiter. Einige dieser Freunde waren so wie mein Freund Don, der Schriftsteller. Die Gemeinschaft inspirierte ihn beim Schreiben und stärkte seinen Glauben. Andere Freunde ähnelten eher Kym. Sie hatten mit unserer zugegeben ungewöhnlichen Glaubenskultur ihre Schwierigkeiten. Für Kym und andere war sie zu skandalös, um sie mittragen zu können.

[24] Psalm 65,9

Ursprünglich war ich auf Einladung von St. Michael auf den Campus gekommen.

Als er mich bat, seinen Platz einzunehmen, ging er ein echtes Risiko ein. Er gehörte nämlich zu einer bestimmten christlichen Gruppierung. Ich jedoch gehörte dieser Gruppe nicht an und das führte zu gewissen Problemen. Im ersten Jahr gab es deswegen keine Spannungen und zum größten Teil lief die Zusammenarbeit reibungslos. In den darauffolgenden Monaten jedoch wurden die Differenzen sichtbar.

Im Frühling meines dritten Jahrs lud mich der Regionalleiter auf eine Tasse Kaffee ein. James ist ein erfahrener christlicher Leiter, der allgemein geschätzt wird. Ich fühlte mich geehrt, dass er mich anrief und sich Zeit für mich nahm.

Wir hatten uns in einem kitschigen Café am östlichen Stadtrand von Portland verabredet. Die Fahrt dauerte vierzig Minuten. James saß schon an einem Tischchen unter den Plüschtieren in der Nähe der Tür.

Zunächst unterhielten wir uns nett. Wir waren uns im Lauf der Jahre vielleicht drei Mal begegnet und so gab es eine ganze Menge zu plaudern.

Nach zwanzig Minuten veränderte sich die Atmosphäre auf einmal. James' Stimme und Haltung blieben gleich, doch trotzdem war etwas anders. Kennen Sie dieses Gefühl, wenn man schon einmal mit seinem oder seiner Liebsten zusammengesessen hat und auf einmal begreift: »O nein. Das ist ein Trennungsgespräch!« Es zählt zu den unheimlichen Fähigkeiten des menschlichen Unterbewusstseins, so etwas immer irgendwie wahrzunehmen. Zum letzten Mal hatte ich dieses Gefühl während meiner letzten Monate in Osteuropa gehabt. Und jetzt, das spürte ich ganz genau, war es wieder so weit.

James steuerte auf die Trennung zu. Seine Worte klangen seltsam eingeübt. Mir wurde schwindelig.

»Tony, du musst wissen, dass wir wirklich dankbar für all die Jahre sind, die du für uns am Reed College warst; ehrlich, du hast viel geleistet.«

»Ja schööön.« Ich beschwor mich, ruhig zu bleiben und ihn ausreden zu lassen. *Tony, wenigstens einmal im Leben nicht überreagieren!*

James fuhr fort: »Ich möchte wirklich, dass wir unser Gespräch heute wie ein Fest betrachten, denn wir feiern, dass der Herr gegenwärtig ist – trotz dieser Situation.«

Was will er denn damit sagen?

»Tony, du weißt, dass wir schon seit Jahren – Jahrzehnten eigentlich – immer unsere Leute am Reed College gehabt haben. Darum tragen wir unserer Meinung nach die Verantwortung dafür, dass unser Dienst auf dem Campus so fortgesetzt wird, dass er … geistlich gesund ist und den Studenten guttut. Und deshalb glauben wir, um es ganz einfach auszudrücken, dass wir dort eine neue Richtung einschlagen müssen … und um das zu tun, ist es nötig, dass du zurücktrittst.«

Ich war völlig aufgelöst. »Wer ist auf diese Idee gekommen?« Irgendetwas war furchtbar falsch gelaufen. Ich versuchte ihm die Schönheit unserer Gemeinschaft zu erklären. Er war geduldig und verständnisvoll, doch er bewegte sich keinen Zentimeter.

Das Gespräch dauerte noch etwa eine halbe Stunde.

Natürlich fiel es mir nicht leicht, seine Bitte zu erfüllen. Wir mussten die folgenden Wochen im Gespräch bleiben. Wir beide brachten unsere Standpunkte zu Gehör. Es ist mir nicht möglich, beide Seiten genau darzustellen und deshalb will ich das gar nicht erst versuchen. Schließlich fiel die Entscheidung. Ich gab auf. Die Folge davon war, dass ich wegging und viele Jahre keinen Fuß mehr auf den Campus setzte.

Ich erzähle Ihnen diese Geschichte, die mir zugegebenermaßen unangenehm ist, aus einer Reihe von wichtigen Gründen. So wichtigen Gründen, dass ich das Gefühl hatte, ich kann die Reed-Episode nicht abschließen, ohne sie Ihnen anzuvertrauen, obwohl ich im Rückblick einsehe, dass ich eine Reihe von dummen Fehlern gemacht habe.

Zunächst einmal habe ich eine krankhafte Angst davor, zurückgewiesen zu werden.

Das Gespenst meiner Abreise aus Osteuropa (das durch die damalige Glaubenskrise noch zusätzlich Futter bekam) ergriff in dem Augenblick von mir Besitz, als James anfing, von der »Trennung« zu sprechen. Es traf mich mit solcher Gewalt, dass ich das Gleichgewicht verlor und nicht mehr klar denken konnte. Ich hing in den Seilen. Es raubte mir den Atem.

Vielleicht kann ich das erklären.

Etwa zur gleichen Zeit, als das Gespräch mit James stattfand, adoptierten Aimee und ich unseren ersten Hund. Es war für uns ein wichtiger Lebensschritt. (Was soll ich sagen? Wir sind Hundemenschen.) Simon Peter hatten wir in einem privaten Tierheim nicht weit vom Reed College gefunden.

Er war räudig. Die Leute vom Tierheim hatten ihn in einer Kiste auf einem leeren Parkplatz gefunden. Er war unterernährt und von den Vorbesitzern im Glauben, er sei tot, zurückgelassen.

Simon ist eine schwarze Dogge mit einem Kopf so groß wie ein Basketball und Kiefern, die einen Knochen zermalmen können. Als wir ihn das erste Mal sahen, war er auf achtzig Pfund abgemagert und so schreckhaft wie ein Vogel. Aufgrund seiner schlechten Erfahrungen in der Vergangenheit zuckte er noch jahrelang jedes Mal zurück, wenn man in seiner Nähe eine plötzliche Bewegung machte. Wenn ich ein Werkzeug durch die Gegend trug oder ein Küchengerät zur Hand nahm, duckte er sich. So sah es in seiner Seele aus. Obwohl er nichts zu fürchten hatte und stark genug war, um mich umzubringen, ohne auch nur aus der Puste zu kommen, hatten seine Erlebnisse seinen Instinkt überschrieben. Er benahm sich nicht mehr wie eine Dogge.

Genauso unnatürlich reagierte ich auf James. Und wie ein Tier duckte ich mich und rannte weg.

In den folgenden Jahren dachte ich viel über meine krankhafte Angst vor Ablehnung nach und begriff, dass sie mich in meinen letzten Entscheidungen, die ich am Reed College getroffen hatte, gesteuert hatte. Je mehr ich überlegte, desto besser verstand ich, dass die Auswirkungen noch viel, viel tiefer gingen. Diese Angst beeinflusste meine *täglichen* Entscheidungen.

Meine krankhafte Angst vor Ablehnung bringt mich dazu, mich nur mit Menschen zu umgeben, bei denen ich mich sicher fühle. Sie bringt mich dazu, vor denjenigen zu kuschen, deren Verhalten ich nicht vorhersagen kann. Sie veranlasst mich dazu, jeden Menschen zu fürchten, der anders ist als ich, der anders denkt oder anders glaubt.

Ich möchte mich selbst beschützen. Also gehe ich den Menschen aus dem Weg, die anders sind.

Jemandem aus dem Weg zu gehen, bedeutet einfach, vorzeitig zu kapitulieren. Das trennt Menschen voneinander. Es setzt dem Leben eine Grenze.

Das zweite Bekenntnis, das ich vor Ihnen ablegen muss, ist noch wichtiger. Mit meinem Weggang verriet ich unsere Gemeinschaft am College. Ich verriet meine Freunde.

Auf diesen Seiten haben Sie gelesen, dass die Reed-Studenten mir manches Wichtige beibrachten. Ich kann Ihnen sagen, dass solche Lektionen nicht einfach zu begreifen und sogar noch schwerer zu leben sind. Nach all diesen Erfahrungen war ich immer noch im System von Macht, Kontrolle und institutioneller Hierarchie gefangen. Ich hatte das so tief verinnerlicht, dass noch heute, Jahre später, meine Wortwahl diese Bindungen verrät.

Ich wollte mich verändern. Ich hatte den Studenten auf tausenderlei Art versprochen, dass ich mir alle Mühe geben würde, sie als Gleichberechtigte zu behandeln. Ich versprach, dass ich mich ihrer Leitung beugen würde, so wie wir alle uns bemühten, einander untertan zu sein. Ich versprach, dass ich keine willkürlichen Entscheidungen ohne sie treffen würde, schon gar nicht, wenn sie unsere Gemeinschaft betrafen.

Zu meiner Schande muss ich gestehen, dass ich sie von meinen Entscheidungen ausschloss, als ich diese persönliche Krise erlebte. Ich bat sie nicht einmal um ihre Einschätzung oder ihren Rat. Schlimmer noch, als sie mir zu Hilfe eilten, um mich zu trösten, zu unterstützen, mich zu verstehen, wies ich sie steif von mir, weil etwas meine Instinkte überschrieben hatte. Den Leuten von »draußen« räumte ich Autorität ein, nicht den Menschen, mit denen ich zusammen Leid erlebt, geträumt und geglaubt hatte. Warum? Weil es mir letzten Endes zu schwerfiel. Mein Glaube erwies sich als zu schwach.

Ich brach das Versprechen, das ich Jared im libanesischen Restaurant gegeben hatte, dass ich ihn nämlich nicht »wie ein Kind« behandeln würde. Ich brach das Versprechen, das ich Nadine gegeben hatte, als ich bekräftigte, dass ihre Weisheit für uns von wesentlicher Bedeutung sei. Ich brach das Versprechen, das ich Carlos gegeben hatte, als ich ihm sagte, dass ich mein geistliches Leben ganz authentisch und ehrlich mit ihm teilen würde, auch wenn wir beide nicht dasselbe glaubten, ganz gleich, was es kosten würde.

Ich schreibe diese Worte ganz bewusst und entschlossen. Ich weiß, dass die Gedanken, die ich auf diesen Seiten entwickelt habe, nicht leicht zu verstehen sind. Ich weiß, dass viele von Ihnen ebenso wie ich kämpfen müssen, um sie auf Ihr Leben, Ihr Umfeld und Ihren geistlichen Weg anzuwenden. Ich schreibe diese Worte nieder, weil sich das Evangelium durch und in diesen Lektionen finden lässt.

Nichts von dem, was sich zu tun lohnt, ist jemals einfach. Mein Scheitern zeugt von dieser Hoffnung.

Meine Zeit am Reed College endete abrupt.

Wie Adam den Garten Eden verließ, so verließ ich Reed. Ich ging und kehrte nie zurück. Als ich Reed den Rücken kehrte, handelte ich nicht nach den Lektionen, die mich die Studenten gelehrt hatten. Nachdem nun Monate und Jahre ins Land gegangen sind, bete ich um die Kraft, meinen Freunden am Reed College und den Lektionen, die sie mir erteilt haben, die gebührende Ehre zu erweisen.

Immer noch danke ich Jesus dafür, dass er auf vielfältige Weise durch ihr Leben und ihre Worte zu mir sprach. Ich danke ihm, dass er mir die Möglichkeit gab, mit ihm im baumbestandenen Garten zu wandeln, den man unter dem Namen Reed College kennt.

Was ich am Reed College erlebte, wirkt in mir weiter, und ich danke Gott, dass dies nicht der letzte Garten war, in den er mich einlud, um dort mit ihm spazieren zu gehen.

TEIL 4

NACH HAUSE KOMMEN

20
Der Nachbar

»Hauptsache regional! Hauptsache regional!« Garrett spuckte fast vor Eifer aus, als er das sagte.

Es war an einem Mittwochmorgen um neun Uhr. Aimee und ich hatten gerade die Jungen zur Schule gekarrt und Aimee war danach zu Hause geblieben. Garrett und ich hatten uns viel zu erzählen, weil wir uns einige Zeit nicht gesehen hatten. In der Woche zuvor waren wir uns zufällig begegnet und er hatte sich unbedingt mit mir verabreden wollen. Wir entschlossen uns zu einem späten Frühstück im *Muddy's* im Mississippi District nördlich von Portland. Das Café lag nur etwa zehn Häuserblocks von meinem Haus entfernt.

Für einen Mittwochmorgen war Garrett in blendender Form. Er war ganz in Grün gekleidet, hatte einen handgestrickten Schal um den Hals geschlungen und trug fingerlose Handschuhe.

Er war schon richtig in Fahrt gekommen.

»Mann, ich sag dir, Hauptsache regional. Das ist viel wichtiger als Bioprodukte.« Mit den Fingern malte er Anführungszeichen in die Luft, als er *Bioprodukte* sagte. »Das ist auch viel wichtiger als Nachhaltigkeit. Jede Firma kann behaupten, dass sie nachhaltig produziert, aber woher wissen wir das? Wie um alles in der Welt sollen wir das nachverfolgen können? Also ehrlich, denk einfach mal drüber nach. Wem sind sie Rechenschaft schuldig? Und wo bleibt die Transparenz?«

Das war ein bisschen viel für mich. Ich hatte noch nicht einmal meinen Kaffee getrunken. Am liebsten hätte ich seinen Redeschwall unterbrochen, doch das war hoffnungslos. Garrett ließ sich nicht aufhalten und das mochte ich an ihm. Ich entschloss mich, im Rhythmus seiner Schmährede hin und wieder zu nicken und nebenher zu beten, dass der Kellner bald kommen möge ... mit jeder Menge Kaffee.

»Ernsthaft, denk mal drüber nach. Eine Firma erzählt dir, dass sie nachhaltig produziert. Aber was bedeutet das eigentlich? Vielleicht haben sie es bloß in einer recycelten Verpackung versandt und einen ›Nachhaltig‹-Aufkleber draufgepappt. Und dabei kamen Pestizide und jede Menge Dünger auf Mineralölbasis zum Einsatz, ganz zu schweigen davon, dass die Ernte von modernen Sklaven des einundzwanzigsten Jahrhunderts in einem gottverlassenen Winkel dieser Erde eingebracht wurde. Woher willst du das wissen?« Er verschränkte die Hände vor der Brust ineinander, als hielte er darin vorsichtig die Essenz des Lebens.

Ich musste ihm deutlich machen, dass ich zugehört hatte. »Keine Ahnung. Woher können wir das wissen? Was würdest du sagen?«

»Das ist der springende Punkt, Bruder: Man kann es nicht wissen. Und darum sind Erzeugnisse aus regionalem Anbau so wichtig. Sie sorgen für den Ausgleich im Informationsdschungel. Nimm zum Beispiel dieses Restaurant.« Er fuhr mit dem Finger herum und deutete auf das Café, das sich im Erdgeschoss eines hundert Jahre alten Hauses mitten im Geschäftsviertel des nördlichen Portland befand. In der Umgebung gab es viele kleine Boutiquen, Restaurants, die zu keiner Kette gehörten, und gemeinnützige Einrichtungen. »Schau dich hier doch mal um. Die Bilder an den Wänden wurden von Künstlern aus dem Ort gemalt. Das gezapfte Bier stammt aus der Region. Und die Speisekarten …« Er griff nach einer laminierten Speisekarte und wedelte damit in der Luft herum. »Das hat sich kein Konzern ausgedacht, das ist nicht das Produkt eines Think Tanks in der Madison Avenue. Das stammt von einem Menschen aus dem Ort. Wem, glaubst du, gehört dieses Café wohl?«

»Bitte?« Ich war nicht sicher, ob er von mir eine Antwort erwartete oder ob ich nur nicken sollte. »Wem, glaubst du, gehört dieses Café wohl?« Die Frage klang sehr nachdrücklich.

Eine solch starke Dosis Garrett hatte mich schockiert. Also sammelte ich mich und entgegnete gelassen: »Also … es gehört Dyer.«

Mit einem Mal verschlug es Garrett die Sprache. Ich konnte es nicht glauben. Er wusste einfach nicht, was er sagen sollte. Dann stammelte er: »Wie bitte? Ich meine ... das war nur eine rhetorische Frage. Du weißt, wie er heißt?«

»Wie *sie* heißt, genauer gesagt«, meinte ich. »Dyer ist eine Frau. Sie wohnt bei mir um die Ecke in dem grauen Haus. Sie hat zwei Hunde und ein kleines Kind ... ich glaube, es ist ein Junge. Jedenfalls kommt sie beim Spazierengehen oft an unserem Haus vorbei. Wir grüßen uns.«

»Also, genau das meine ich!« Garrett schrie es fast heraus. Ich fürchtete schon, er würde gleich von seinem Sessel aufspringen. »Genau das ist es. Das ist es! Mensch, du weißt, wie die Inhaberin heißt! Das gefällt mir. Das gefällt mir echt. Also, hör mal zu ...« Er beugte sich nach vorn und zog die Augenbrauen zusammen. »Das bedeutet es, Rechenschaft abzulegen. Wenn du Fragen hast, kannst du einfach hingehen und ...«

»Dyer.«

»Genau, Dyer. Du kannst einfach hingehen und Dyer fragen. Wo kauft sie ihre Kaffeebohnen ein? Wie recycelt sie ihren Müll? Wo bekommt sie ihre Schokolade her, ihren Zucker, ihren ... Pfannkuchenteig? Was auch immer. Es gibt tatsächlich jemanden, den du fragen kannst.« Er machte eine Pause, um seine Gedanken zu sammeln. »Und jetzt pass mal auf. In den zwanzig Minuten, die wir beide hier sitzen, habe ich den blonden Mann dort beobachtet, wie er sein Fahrrad abgeschlossen hat, durch die Tür gekommen und dann in der Küche verschwunden ist. Er hat sich die Hände gewaschen und eine Schürze umgebunden. Weißt du, was das bedeutet?«

»Ich bin sicher, du wirst es mir sagen.« Ich lächelte verschmitzt.

»Regional! Das bedeutet, er kommt aus der Gegend hier. Er ist mit dem Fahrrad hergekommen. Wenn du und ich unsere Rechnungen bezahlt und das Trinkgeld auf den Tisch gelegt haben, wissen wir, wo es hingeht. Es kommt bei dem blonden Typ mit dem Fahrrad an, und bei Dyer, ihrem Sohn und ihren beiden Hunden. Das ist so toll. Es ist so toll, dass sie auf diese Weise mit unserem Geld und der ganzen Welt verbunden sind.«

Ich mag Garrett. Er liebt das Leben leidenschaftlich und ist von Natur aus ein Revolutionär. Als wir uns kennenlernten, meinte ich: »Du bist ein Aktivist, der nach der Sache sucht, für die er sich einsetzen will.« Darüber mussten wir beide laut lachen. Meine Worte sollten sich als prophetisch erweisen. Im Lauf der Jahre hat er eine Menge Dinge entdeckt, für die er sich einsetzt, und er lebt, was er predigt.

»Na gut, Garrett. Lass mich mal den Advokaten des Teufels spielen. Wir hätten uns ebenso gut in einem Restaurant, das zu einer landesweiten Kette gehört, zum Frühstück treffen können. Dann würden hier trotzdem haufenweise Leute aus der Gegend arbeiten: Kellner aus der Gegend, Küchenhelfer aus der Gegend, Köche aus der Gegend. Ich meine, es ist schön, dass ich Dyers Namen weiß und alles, aber unsere Dollars würden in jedem Fall irgendjemandem zugutekommen.«

Das schien Garrett regelrecht aufzuputschen. »Guter Punkt, guter Punkt.« Er nahm sich einen Augenblick Zeit, um das Besteck vor ihm gerade auszurichten. Dann streckte er beide Hände in die Höhe, weit auseinander, wie die gegenüberliegenden Enden eines Zollstocks. »In einer Restaurantkette geht ein Teil unserer Dollars natürlich an Arbeitskräfte aus der Gegend. Aber der Teufel liegt im Detail. *Welchen* Anteil bekommen sie? Welchen Anteil? Und der Anteil, der nicht in die Gehälter, Strom und Nahrungsmittel fließt (die vermutlich aus irgendeinem Warenlager im Mittleren Westen hierhergeliefert und weiß Gott wo gekauft worden sind), alles, was dann übrig bleibt, wohin fließt *das*?«

»Keine Ahnung.«

»Das ist der springende Punkt. Wir können es nicht wissen. Trotzdem muss man sich die Frage stellen: Wo geht mein Geld hin? Wird es auf die Konten der Schwerreichen gepumpt, oder kommt es den Menschen zugute, die es wirklich brauchen – Menschen wie Dyer?«

Die Diskussion wurde mir allmählich zu hitzig. »Garrett, es gefällt mir, dass du dich so leidenschaftlich dafür einsetzt, und ich finde deine Gedanken dazu wirklich interessant. Aber im Grunde ist es kein moralisches Problem, wenn ich über jeden einzelnen Cent nachdenke. Es ist einfach der Unterschied zwischen gut und sehr gut, richtig? Versteh mich nicht falsch, ich möchte schon das sehr Gute unterstützen ...« Ich atmete tief auf. »Manchmal macht es viel weniger Arbeit, sich bloß mit dem Guten zufriedenzugeben.«

Eine Spur von Enttäuschung stahl sich in Garretts Blick, doch er setzte seine Ausführungen unbeirrt fort. »Tony, ich will dir eine kleine Geschichte erzählen. Ist es in Ordnung, wenn ich dir eine kleine Geschichte erzähle?« Er wartete meine Antwort gar nicht erst ab und stellte ein paar Utensilien auf dem Tisch in einer bestimmten Ordnung vor sich hin – Salzstreuer, Serviettenständer und so weiter –, wie ein Kind, das eine Spielszene aufbaut. »Sagen wir mal, du hättest ein Haus auf fünf Hektar Land.« Er setzte den Serviettenständer mitten auf den Tisch. »Es ist kein besonderes Luxushaus, sondern eine vernünftige Wahl für dich und deine Familie. Wie viele Kinder hast du noch mal?«

»Drei Jungen.«

»Gut, das Haus hat also eine vernünftige Größe, zumindest nach westlichen Maßstäben, und das bedeutet, dass es nach globalen Maßstäben ein richtiger Palast ist, aber wir wollen die Dinge nicht zu kompliziert machen.«

»Nein, das wollen wir auf keinen Fall.«

Garrett rollte mit den Augen. »Gut, jedenfalls hast du dieses Haus. Weil du deine Kinder liebst und auch die Freunde deiner Kinder, entschließt du dich, einen Swimmingpool zu bauen. Sagen wir mal, du entwirfst ihn selbst und baust ihn unter Berücksichtigung der Nachhaltigkeit. Das ist ein wunderschönes Geschenk für deine Familie und Freunde. Weil du keine Chemikalien magst, kommt dir eine brillante Idee. Du entschließt dich, den Fluss umzuleiten, der über deinen Grund und Boden fließt, sodass er deinen neuen Pool speist – eine unerschöpfliche Quelle reinen, sprudelnden Wassers.« Er legte das Besteck in einer Reihe auf den Tisch, um den Fluss darzustellen. »Kannst du dir das vorstellen? Sieht schön aus, oder? Und jetzt denk an deinen wunderschönen Pool ... ist das ein unmoralisches Bauprojekt?«

»Gut, ich spiele dein Spiel mit«, meinte ich. »Nehmen wir mal an, meine Motive wären rein und weil das Motiv mehr als alles andere zählt, kommt es mir nicht unmoralisch vor. Aber ich habe irgendwie das Gefühl, dass du mir gleich etwas anderes erzählen wirst.«

»Der Teufel steckt im Detail. Es hängt alles davon ab. Es hängt davon ab – und jetzt hör mir genau zu –, wie viele Fragen du bereit bist zu stellen.« Er kam richtig in Fahrt. »Einen Teil der Geschichte habe ich dir nämlich noch nicht erzählt: Wenn du nämlich ein bisschen nachforschst, stellst du fest, dass der von dir umgeleitete Fluss früher ins Tal floss, wo sich ein paar Dutzend Familien darauf verlassen, dass sie damit ihre Felder bewässern können. Ohne das Wasser verlieren sie ihren Lebensunterhalt. Verstehst du, was ich dir damit sagen will?«

Ich wusste, dass Garretts Geschichte nur ein Gleichnis war, doch als ich darüber nachdachte, wie man es auf das wirkliche Leben anwenden könnte, wurde mir unbehaglich zumute.

Er war noch nicht fertig. »Der Pool ist nicht unbedingt unmoralisch. Der Wunsch nach frischem Wasser war nicht unmoralisch. Erst wenn man tiefer gräbt, entdeckt man, welche Folgen diese scheinbar ›moralischen‹ Handlungen haben. Es geht dabei nicht nur darum, welche Fragen man stellt, sondern auch, welche man nicht stellt. Was ich nicht weiß, macht mich nicht heiß – dieser Wahlspruch stimmt nicht. Unwissenheit kann Zerstörung bewirken. Wir stimmen mit unseren Dollars ab. Ja, in dieser Geschichte hast du dich für einen Swimmingpool entschieden, aber auch dafür, anderen Menschen Schaden zuzufügen.«

Garrett fasste den antiken Tisch mit beiden Händen und beugte sich zu mir herüber. »Mensch, ich weiß, dass ich das Gespräch eben an mich gerissen habe. Tut mir leid. Aber das ist wichtig. Es hat schon seinen Grund, warum in den meisten religiösen Texten so viel von Geld die Rede ist. Die Leute, die sie im Altertum verfasst haben, waren brillant. Sie wussten, dass es nicht nur um Reichtum und Armut geht. Geld ist eine Sprache. Es ist die Sprache des Moralbewusstseins. Und wie bei vielen wichtigen Fragen hängt viel davon ab, wie tief zu graben wir bereit sind. Und sind wir bereit, Entdeckungen zu machen ... und unser Handeln danach auszurichten?«

//

Gespräche wie dieses mit Garrett an einem Morgen im *Muddy's* sind für unser Viertel ziemlich typisch. Ich lerne solche Begegnungen immer mehr zu schätzen und bete dafür, dass Gott mir hilft, mich immer mehr für meinen Nächsten zu öffnen. Ich beginne zu verstehen, dass das sehr wichtig ist.

Jemandem zuzuhören heißt ihn zu lieben.

Wenn wir jemanden lieben, möchten wir seine besten Seiten kennenlernen, das, was ihn ausmacht.

Was jemand erlebt hat und glaubt, bestimmt das Wesen seiner Identität. Jemanden zu lieben bedeutet, sich von seinen Erinnerungen, Meinungen und Hoffnungen faszinieren zu lassen.

Ich möchte nicht nur meinen Nächsten lieben, sondern auch das Wohnviertel, in das Gott mich hineingestellt hat, als Ganzes. Jeder Einzelne meiner Nachbarn ist ein Experte darin, was es heißt, an diesem Ort zusammen mit uns zu leben. Jeder an diesem Ort lebt, lernt, beobachtet, deutet, hört zu und trägt zu der DNS dieses besonderen Ortes auf unserer Welt bei. Wenn ich wissen will, wie ich den Ort, an dem ich wohne, lieben kann, muss ich auf die Erkenntnisse aller Menschen hier zurückgreifen: der Reichen und der Armen, der Jungen und der Alten, der Konservativen und der Linken, aus jeder Kultur, aus jedem Hintergrund. Sie sind das Lehrbuch und wir sind die Aktivisten.

Schließlich, und das ist der wichtigste Punkt, verändern mich diese Nachbarn, und zwar so sehr, dass ich nicht mehr glauben kann, dass ich ohne sie geistlich heil und gesund sein kann.

Das Gespräch mit Garrett warf für mich ein neues Licht auf sozioökonomische Werte. Ich merkte sofort, dass seine Worte zu Schlussfolgerungen führten, deren Ausmaß ich noch nicht absehen konnte. Als ich mich an jenem Tag auf den Heimweg von

Muddy's machte, musste ich mir eingestehen, dass seine Ansichten etwas für sich hatten.

Garrett hatte Geld als eine Sprache bezeichnet. Er hatte mir erklärt, dass ich mit jedem ausgegebenen Dollar über etwas abstimmte. Seine Worte zogen ganz praktische und konkrete Konsequenzen für mein Verhalten nach sich. Jedes Mal, wenn ich mein Portemonnaie zücke, denke ich daran zurück. Inwiefern entscheide ich mich jetzt für das Gute oder das Schlechte? Verteidige ich damit meinen Nächsten, egal, ob er in meiner Straße wohnt oder auf der anderen Seite der Erdkugel? Bin ich ihm ein Segen oder füge ich ihm Schaden zu?

Garrett sprach über Geld und Moral. Dabei ging er über die Kollekte am Sonntagmorgen weit hinaus. Er wandte das Prinzip auch nicht nur auf seine Familie oder Konfession an, sondern auf seinen Nächsten, ob er ihn nun mit Namen kannte oder auch nicht. Und er hatte recht! Jesus redete ebenfalls über die Armen und das Geld. Er sprach häufiger darüber als über viele andere Themen. Er forderte einen reichen Mann heraus. Er kritisierte die Motive, die hinter unserer Wohltätigkeit stehen. Er verglich Reiche mit Armen. Er setzte ins richtige Verhältnis, was eine arme Witwe gab. Er sprach über das eigentliche Wesen eines Denars (einer Münze). Für Jesus waren finanzielle Entscheidungen wichtig. Er betrachtete sie als eine der Grundfesten des menschlichen Daseins. Die ganze Bibel stützt Jesus in dieser Auffassung, denn sie enthält Hunderte und Aberhunderte von Versen, in denen es um Geld geht. Trotzdem habe ich noch nie einen Pastor gehört, der den geistlichen Aspekt des Geldes so sehr betonte wie Garrett. Niemand hat meinen Lebensstil so stark verändert wie die Garretts, denen ich in meinem Leben begegnet bin.

Schließlich redete Garrett auch darüber, dass man Rechenschaft ablegen müsse. Im Grunde hatte ich davon vorher lediglich in der Gemeinde gehört. Doch für Garrett war das ein wichtiges Thema. Er kämpfte für eine Welt, in der man ehrlich miteinander umging. Er glaubte an eine Welt, in der wir voreinander keine Angst haben, eine Welt, in der wir uns Mut machen, uns aufeinander einzulassen. Er wollte anderen von seinen Gedanken erzählen und ihnen die Möglichkeit geben, ihn zu korrigieren und zu kritisieren. Unbedingt wollte er auch in der Lage sein, Fragen zu stellen, und zwar auf eine Art, die die Gesellschaft normalerweise nicht gutheißt.

Ein freier und provokanter Austausch stellt sicher, dass keiner von uns in Unwissenheit verharrt.

Wenn wir uns offen und ehrlich miteinander auseinandersetzen, führt das zu einem besseren Verständnis von Moral und vielleicht auch zu Gemeinschaften, in denen die Tugend wohnt.

21
Nazareth

»Hauptsache regional.« Garretts Worte klingen immer noch in mir nach.

In den Jahren nach meiner Zeit am Reed College wurde mein Leben regelrecht provinziell.

Aimee und ich kauften ein Haus im Norden von Portland. Auf der anderen Seite des Flusses lag der Pearl District. Wir zogen unsere Kinder groß und liebten unsere kleine Hausgemeinde. Wir machten uns um genau dieselben Dinge Sorgen wie unsere Nachbarn: Wie kommen wir ohne Krankenversicherung über die Runden? Wie können wir unsere Kinder in der Schule unterstützen, wenn das Schulsystem versagt? Wie gehen wir mit Stress um? Wie können wir im Alltagstrott einen Sinn für unser Leben entdecken? Wie können wir geistlich gesund bleiben?

Um diese Zeit herum lernte ich den Begriff *spiritual formation* (Geistliches Wachstum) kennen. Es war kein neuer Begriff, nur mir war er neu. Einer der Gründe, warum Menschen sich zu neuen Religionen oder einer neuen Theologie hingezogen fühlen, ist darin zu sehen, dass dadurch ihre Fantasie beflügelt wird. Neue Begriffe, neue Muster helfen uns, aus den eingefahrenen Gleisen auszubrechen und neue Gedanken zu denken. Mir ging es so mit dem geistlichen Wachstum.

Die Bibel ist voll von hilfreichen Fragen, die den Weg zum geistlichen Wachstum aufzeigen. Wo findet man geistliche Nahrung? Wo ist meine geistliche Heimat? Was bedeutet es, geistliche Nachkommen zu haben? Wie sieht meine individuelle Rolle im geistlichen Ökosystem aus? Diese Fragen haben Bedeutung für die Ewigkeit.

Und mit ihnen wird nach dem »Was« des geistlichen Wachstums gefragt, doch erst in den Antworten finden wir das Leben. Lassen Sie mich erklären, was ich damit meine.

Jedes Lebewesen auf der Erde muss Antworten auf die oben gestellten Fragen finden, jeweils angepasst an seine Existenz, damit es gedeihen kann: Wo finde ich Nahrung? Wo gibt es Wasserquellen? Wo kann ich ein passendes Zuhause finden? Welche Symbiosen sind dem Leben förderlich? Wie pflanze ich mich fort? Wo ist mein Platz im Ökosystem? All diese Fragen sind für jedes Lebewesen von entscheidender Bedeutung. Allerdings wird ein Vogel eine ganz andere Antwort geben als ein Fisch. Die Fragen sind dieselben, doch die Antworten richten sich danach, wo ein Lebewesen zu Hause ist. Antworten aus dem Regenwald werden völlig anders ausfallen als Antworten aus der Wüste. Flussbewohner werden anders antworten als Tiere aus der Arktis oder dem Stadtpark.

Mit dem geistlichen Wachstum verhält es sich genauso.

Je länger wir in unserer Familie und Gemeinde darüber nachdachten, desto mehr kamen wir zu der Erkenntnis, dass wir unser Viertel verstehen und lieben mussten. Wir mussten unsere Kraft aus diesem neuen geistlichen Ökosystem schöpfen. Wir mussten es lieben, so wie es war, damit wir davon lernen konnten. Schon als Junge in der Sonntagsschule hatte ich die Fragen kennengelernt. Nun mussten wir neue Antworten finden für unser einzigartiges und wunderbares Viertel im Norden von Portland.

//

Jesus wuchs in einem nicht christlichen Viertel auf. Ernsthaft. Nicht einen einzigen Christen gab es in seiner Nachbarschaft. Genauer gesagt gab es überhaupt keine Christen irgendwo auf unserem Planeten.

Natürlich gab es um ihn herum eine ganze Menge Juden. Viele von ihnen waren vermutlich wirklich gottesfürchtig, so wie seine Mutter. Die meisten aber waren eher passiv und der Glaube spielte in ihrem Leben keine große Rolle – so wie in jeder Stadt in jeder Kultur in jeder Epoche der Weltgeschichte. So ist es nun einmal mit der Religion.

Wenn wir uns die Geschichte von Jesus anschauen, sehen wir, dass er regelmäßig mit Samaritern, Heiden, unverhältnismäßig vielen religiösen Heuchlern und Leuten, die es auf Machtspielchen anlegten, zu tun hatte. Das war seine Welt.

Es ist so selbstverständlich, dass es mir dumm vorkommt, diese Worte überhaupt niederzuschreiben, doch wenn ich daran denke, wie Jesus in Nazareth aufwuchs, wird mir deutlich, welch ein inniges Abhängigkeitsverhältnis er zu Gott, seinem Vater, hatte. Er redete mit Gott. Er hörte auf Gott. Er verließ sich auf Gott – auf jeden Fall seit dem Teenageralter, und vermutlich auch schon davor.

Er verließ sich auch auf seine Nachbarn. Sie brachten ihm bei, wie man mitspielt und sich behauptet. Sie brachten ihm bei, wie man einen Witz erzählt, wie man einen Streit anfängt und in einer Diskussion den Sieg davonträgt. Über die Thora wusste er schon viel, doch die Nachbarn brachten ihm auch den Straßenslang bei. Hier in seinem Viertel lernte er, wie sich die kleinen Leute ausdrücken, und das machte die Bergpredigt zur einflussreichsten Predigt aller Zeiten. Wirtschaft, Bildungssysteme, Unterhaltung, Militär, kleine Firmen, Steuern, Politik auf lokaler, regionaler und staatlicher Ebene – mit all dem hatte er während seines ganzen Lebens zu tun. Und all das integrierte er in sein geistliches Leben.

Jesus war auch Zimmermann. Das weiß ich, seit ich den Windeln entwachsen bin. Von seinem Vater Josef lernte er das Handwerk. Damit unterstützte er seine Familie, bis er mit etwa dreißig Jahren öffentlich zu wirken begann. Dreißig Jahre sind eine lange Zeit, um den Zimmermannshammer zu schwingen.

Jetzt kommt eine merkwürdige Frage: Warum sprach Jesus niemals über das Zimmermannshandwerk? In meiner Bibel sind die Worte Jesu rot gedruckt, und das sind ziemlich viele. Wenn ich die rote Schrift durchgehe, entdecke ich praktisch nichts über das Zimmermannshandwerk. Ist das nicht eigenartig? Schauen Sie sich einmal seine Gleichnisse an: Warum gibt es nicht ein einziges, das sich mit Holzbearbeitung beschäftigt? Man sollte eigentlich meinen, dass sich hier eine unendliche Liste von Metaphern finden ließe, aus denen man Gleichnisse machen könnte, vor allem, wenn man

Tausende von Stunden als Zimmermann gearbeitet hat. Doch wir hören nichts davon, wie man hobelt, Bretter miteinander verbindet oder einen Balken genau zurechtsägt (sogar mein Vater brachte mir bei: »zweimal messen, einmal zuschneiden«). Es gibt kein Gleichnis vom Guten Zimmermann, keine Geschichte vom Verlorenen Hammer oder einem Werkzeug von unschätzbarem Wert. Keine einzige.

Hingegen gibt es ein Gleichnis über einen Menschen, dem ein Weinberg gehört, den er verpachtet. Es gibt ein Gleichnis über einen Arzt. Es gibt Gleichnisse, die im Erwerbsleben angesiedelt sind und sich mit Geldverdienen oder Steuern befassen. Es gibt Gleichnisse über Schafhaltung und Landwirtschaft. Es gibt Gleichnisse übers Fischen, Backen und Festefeiern. Es gibt Gleichnisse übers Nähen, über die Weinherstellung und das Bauwesen (und das hat, so wie ich Zimmermannsarbeit verstehe, wenigstens ein wenig mit dem Beruf Jesu zu tun).

Ich finde das bemerkenswert.

Wo hat Jesus etwas über all diese Bereiche gelernt? Es handelte sich ja nicht nur um passives Wissen. Er kannte sich in diesen Themen so gut aus, dass er sie geschickt und mühelos auf die tiefsten Fragen unseres Lebens anwenden konnte. Aus dem Stegreif konnte er vor Tausenden von Zuhörern oder in einem Gespräch, in dem man ihn in die Zange nehmen wollte, darüber diskutieren.

Wo hatte er all das gelernt? Seine Nachbarn müssen es ihm beigebracht haben. Wer sonst? Jesus war ja weder im Kloster noch in einem Palast aufgewachsen. Er wohnte in einer realen Stadt, umgeben von realen Menschen. Die Experten um ihn herum beeinflussten und veränderten ihn. Wenn er mit den Leuten von gegenüber zusammen war, mit Reisenden ein Stück des Wegs ging oder mit den anderen Kindern auf dem Dorfplatz spielte, lernte er etwas von ihnen. Er gehörte zu ihnen und sie zu ihm. An diesem Ort und in dieser Zeit war er Mensch geworden.

Die Gleichnisse sind ein wunderbares Fenster zum geistlichen Wachstum Jesu.

Jesus wuchs im Nazareth des ersten Jahrhunderts auf, einem Dorf im alten Israel, vielleicht eine Tagesreise von Jerusalem entfernt. Ich bin niemals dort gewesen, denn ich habe ja keine Zeitmaschine. Und dennoch weiß ich, wie es dort war. Durch die Worte und das Leben Jesu kann ich dieses Dorf kennenlernen.

Seine geistliche Prägung erfuhr Jesus in Nazareth. Und nun muss jeder von uns darüber nachdenken, wo wir unsere Prägung erfahren und geistlich wachsen.

Wir, meine Familie und meine Gemeinde, wachsen im Zentrum von Nord-Portland auf. Das ist unser Dorf.

In unserem Viertel gibt es unzählige Cafés, Minibrauereien und Imbisswagen. Es gibt eine Stadtbahnlinie. Wir haben ein Schulsystem, das ums Überleben kämpft. Es gibt junge, hippe Leute und alte etablierte Kreise. Wir haben Neureiche und alte Armut. Wir haben einen der ältesten Rotlichtbezirke von Portland. Wir haben eine Privatuniversität, die einem Palast gleicht. Wir haben ein paar Kirchen, von denen die meisten am Sonntag allerdings fast leer sind. Wir haben Menschen.

Die Menschen machen die Gemeinschaft aus. Sie sind unsere Nachbarn.

Wenn wir durch unser Viertel gehen, versuchen wir darauf zu hören, wo Jesus uns hinführen will. Das scheint uns die beste Zusammenfassung dessen, wozu Jesus uns aufforderte, als er sagte: »Folge mir nach.« Das also versuchen wir zu tun. Wenn wir ihm in unserem Viertel folgen, wohin er uns führen will, wachsen wir geistlich.

Vor zweitausend Jahren erwuchsen die Gleichnisse Jesu aus seinen Begegnungen mit seinen Nachbarn. Noch heute, wenn wir mit ihm gehen, erzählt Jesus wie früher Gleichnisse. Nur sind wir heute nicht in Nazareth, sondern an einem anderen Ort. Er erzählt neue Gleichnisse durch unsere Nachbarn, die uns geistlich prägen und zum Wachstum verhelfen.

Überall hält Jesus für uns ein Gleichnis bereit, wenn wir nur Ohren haben zu hören. Hier nun möchte ich Ihnen einige Gleichnisse aus unserer Nachbarschaft vorstellen. Stellen Sie sich selbst einmal die Frage: Welche Geschichten aus Ihrem Ort und Ihrer Zeit prägen Sie geistlich?

22

Der barmherzige Samariter

Ich begegnete Robbie in einem Park. Er kam direkt auf mich zu.

Ich kann mich an diesen Augenblick erinnern. Er sah gut aus. Und er war vorsichtig.

Ich kann mich daran erinnern, dass Amber und Noel mit einem Volleyball spielten. Ich kann mich daran erinnern, dass sich Bryan um den Grill kümmerte. Vom Picknicktisch klang Lachen herüber. Und dann kam Robbie.

Ich fragte ihn, ob er sich uns anschließen wolle. Er meinte, dass sei genau der Grund, warum er gekommen sei.

Robbie war ein Reisender. Er hatte eine gewaltige Entfernung zurückgelegt, von Südkalifornien nach Eugene in Oregon, und war gerade in Portland angekommen.

Auf dem Weg hatte er eine Frau gefunden. Und sie wieder verloren.

Er war erst Anfang zwanzig, hatte aber schon viel Kummer erlebt. Das erzählte er mir gleich am Anfang unserer Bekanntschaft.

Wir wurden schnell enge Freunde. Diese Freundschaft hüte ich wie einen Schatz.

Schon in den ersten Tagen, nachdem wir uns kennengelernt hatten, redeten wir über geistliche Dinge. Robbies spiritueller Weg hatte ihn an eine Weggabelung geführt. Er erzählte uns von seiner Kindheit. Seine Eltern hatten sich vor langer Zeit scheiden lassen. Sein Vater war ein einflussreicher evangelischer Pastor gewesen, freundlich und weise. Seine Mutter neigte eher zum New Age und war mit ihrem spirituellen Leben sehr zufrieden.

Der Grund, warum Robbie sich uns anschloss, hatte auch damit zu tun, dass wir zu Jesus gehörten. Er suchte nach Menschen, die sich mit ihm über den Glauben unterhielten, und so ließ uns jener geheimnisvolle Kompass, der uns die Lebensrichtung angibt, stracks aufeinander zugehen.

Es war eine wunderbare und ehrliche Erfahrung, in den ersten Jahren mit ihm den Glauben Stück für Stück durchzugehen. Er lehrte mich so viel.

Letzten Endes konnte Robbie den christlichen Glauben nicht annehmen, so sehr er es auch versuchte. Ich kann mich noch gut an das Gespräch am Küchentisch erinnern.

»Wenn alle Menschen auf der Welt so viel konsumieren würden wie die Amerikaner, bräuchten wir fünfeinhalb Planeten, damit wir alle versorgt sind, wusstet ihr das?« Das war keine Hasstirade. Robbie redete immer nüchtern und bedacht. Das war seine Art.

Damals lebten wir in einem kleinen Haus, das auf einer Ranch hätte stehen können. Nach vorne hinaus gab es ein Zimmer, auf jeder Seite schloss sich daran noch ein kleiner Raum an. Das Vorderzimmer hatte eine Wand, die nicht ganz gerade war, und die elektrischen Anschlüsse waren schon lange nicht mehr überholt worden. Diese Wand hatten wir rot gestrichen. Von unserem Tischchen aus konnten wir durch das Fenster auf die belebte Straße blicken. Auf der anderen Seite gab es eine Baulücke, auf der man rostige Schrottautos abgestellt hatte.

Ich entgegnete: »Du meinst also, wenn alle sechs Milliarden Menschen auf der Welt essen würden wie die Amerikaner, Auto fahren würden wie die Amerikaner und einkaufen würden wie die Amerikaner, bräuchten wir fünfeinhalb Planeten wie die Erde, um unsere« – ich suchte nach dem richtigen Wort – »Konsumsucht zu befriedigen?«

»Das sagen die Daten aus, ja.«

»Das habe ich nicht gewusst, aber es überrascht mich auch nicht.«

Robbie fuhr fort. »Wir beuten unsere Welt aus. Und dennoch machen wir weiter, als ob alles in Ordnung wäre. Wir leben einfach weiter, ohne uns einzugestehen, dass wir auf dem Weg der selbst verschuldeten Zerstörung sind. Die Weltbevölkerung nimmt nicht ab. Der Konsum nimmt nicht ab. Unsere Gier nimmt nicht ab.«

Ob Sie es nun glauben oder nicht, diese Worte fielen während einer Unterhaltung über den Glauben. In vieler Hinsicht war mir dieses Nebeneinander von Gott und Erde neu. Robbie war es nicht neu. Die Erde und Gott waren notwendigerweise ineinander verwoben. Ich dagegen war nicht so erzogen worden, als dass ich diese Verbindung von selbst erkannt hätte. Robbie half mir dabei.

»Als ich ein Kind war, haben wir in der Gemeinde nie darüber geredet«, sagte ich. »Eigentlich haben wir uns über die Hippies und Umweltschützer eher lustig gemacht. Man brachte mir bei, dass ihnen der entscheidende Punkt entgangen sei. Natürlich behauptete niemand, dass ein guter Christ die Erde kaputt machen wolle. Aber sich um die Umwelt zu kümmern, war bestenfalls ein Nebenthema.«

Robbie stand der Kummer in die Augen geschrieben. »Ja. Genau das meine ich. Letzten Endes hat die Kirche keine plausible Antwort auf die Umweltfrage. Und aus diesem Grund weiß ich jetzt, dass ich *niemals* Christ sein könnte.«

Bis dahin hatte er sich beim Reden immer vorsichtig vorgetastet. Dieses Mal war es anders, als hätte ein Auktionator seinen Hammer niedersausen lassen. Nicht zum ersten Mal hatte er gezeigt, dass er den christlichen Glauben ablehnte, doch nun war es sein Schlussargument. Damit war seine Flirtphase mit dem Christentum endgültig beendet. Und seitdem hat er nicht einmal zurückgeblickt.

Trotz unserer metaphysischen Differenzen gehörte Robbie zur Familie. Im Lauf der Jahre zog er immer wieder bei uns ein und blieb einige Zeit bei uns. Meine Jungen nennen ihn »Jahjee«, was auf das albanische Wort für »Onkel« zurückgeht. Und er ist ihr Lieblingsonkel.

Immer wieder packte ihn das Fernweh und schließlich hielt er es nicht mehr aus. Er kam vorbei und verkündete, dass er jetzt seinen Rucksack packen, sein Rad schnappen und nach Neuseeland ziehen würde. Er erzählte uns, dass er nur ein paar hundert Dollar in der Tasche hätte, ihm das aber nichts ausmache. Er wollte auf Biobauernhöfen arbeiten und jeden Zentimeter dieser wunderbaren Inseln sehen.

Und dann war er auch schon weg.

Nach vielen Monaten war sein inneres Tagebuch bis zum Platzen mit Eindrücken, Geräuschen und Gerüchen Neuseelands gefüllt. Er packte also seine wenigen Habseligkeiten zusammen und zog weiter nach Thailand. Dort fand er eine hervorragende Stelle. Sie war gut bezahlt. Sie lag ihm. Und vor allem öffnete sie ihm ein Tor zur Welt. Robbie ging es wie einer Märchenfigur, der auf einmal alle Träume erfüllt werden. Die Welt lag ihm buchstäblich zu Füßen und er bekam noch Geld dafür, dass er sie kennenlernte.

Dann wurde Robbies Großvater krank. Robbie flog sofort zu einem Kurzbesuch in die Vereinigten Staaten zurück. Während seines Aufenthalts fand er die Zeit, nach Portland zu kommen, um seine Familie zu besuchen: seine Mutter, seine Schwester und uns.

Als er bei uns eintraf, fand er uns in einer schwierigen Situation vor. Wir wussten, dass er nur einige Tage bleiben konnte, und deshalb versuchten Aimee und ich, eine fröhliche Fassade vorzuschützen. Doch wenn man sich wirklich gut kennt, funktioniert die Sache mit der Fassade niemals so richtig. Er durchschaute sie sofort und stellte sensibel die richtigen Fragen, um zur Wahrheit durchzudringen.

Die Probleme waren zu Krisen angewachsen. Mein Geschäft lief nicht mehr. Ich arbeitete bis spät abends und hatte trotzdem in den letzten Monaten gar kein oder nur wenig Geld nach Hause gebracht. Wir waren pleite und liefen Gefahr, unser Haus zu verlieren. Das Bankkonto war leer und die finanziellen Reserven schon lange aufgebraucht. Ich war gestresst. Aimee war völlig am Ende. Wir hatten drei kleine Jungen, von denen zwei noch in den Windeln lagen. Und um unsere Ehe war es schlecht bestellt.

Wie ein Geysir sprudelten wir mit allen unseren Sorgen und Nöten heraus, die wir so lange aufgestaut hatten. Robbie hörte zu. Seine Augen blickten freundlich und er war offen. Immer wieder sagte er, dass er das nicht geahnt hätte. Wir setzten ihm auseinander, dass wir unsere Probleme nicht vor ihm hatten verbergen wollen, sondern nicht gewusst hatten, wie wir ihm das erklären sollten, als er so weit von uns entfernt lebte. Er nickte voller Verständnis.

An seinem letzten Abend in der Stadt besuchte er uns zum Essen. Er half uns, die Jungen ins Bett zu bringen, wie er es immer gemacht hatte, und dann setzten wir drei uns zum Essen hin.

Wie immer hatte Aimee aus dem wenigen, was wir besaßen, das Beste gemacht und im Esszimmer veranstalteten wir ein kleines Festessen.

Robbie betrat den Raum und sagte zu Aimee: »Das hättest du nicht –«

Bevor er den Satz noch zu Ende bringen konnte, ging sie auf ihn zu, umarmte ihn und sagte: »Wir haben eine Theologie des Feierns. Heute Abend feiern wir dich, und das Essen heute soll das widerspiegeln, so gut es geht.«

Und wir feierten. Wir machten eine billige Flasche Wein auf. Wir vergaßen unsere Sorgen für eine Weile. Wir erzählten uns die alten Geschichten. Wir lachten, wie wir lange nicht gelacht hatten. Und einige Augenblicke lang ließen wir das Leben stillstehen. Wir ruhten zusammen aus, so wie man es beim Sabbat von alters her machte.

Als wir unser Festmahl beendet hatten, legte Robbie sein Besteck auf den Teller und wischte sich den Mund mit seiner Serviette ab. Er stöhnte ein wenig, um anzudeuten, dass er keinen einzigen Bissen mehr hinunterbekommen würde. »Danke für dieses Essen!«

Wir ließen den Blick im Esszimmer umherschweifen, ohne bestimmtes Ziel. Es war eine angenehme Pause am Ende eines angenehmen Essens.

Dann ergriff Robbie das Wort. Er setzte sich ganz gerade hin. Aus seiner Stimme hörten wir die Entschlossenheit heraus. »Da ist etwas, über das ich mit euch reden muss.«

Es sah ihm überhaupt nicht ähnlich, solch einen entschiedenen Ton anzuschlagen. Er hatte meine volle Aufmerksamkeit.

»Bevor ich zum eigentlichen Punkt komme, müssen wir noch etwas klären. Über das, was ich gleich sage, gibt es keine Diskussion. Ihr habt in diesem Punkt kein Mitspracherecht. Wir werden uns darüber nicht austauschen. Keine Diskussion. Verstanden?«

Aimee und ich blickten uns an. Wir runzelten die Stirn. Dann zuckten wir die Achseln und meinten zu Robbie: »Gut, einverstanden. Also, was hast du angestellt?«

Er lächelte. Doch dieses Lächeln verschwand schnell wieder aus seinem Gesicht. Er ließ sich nicht ablenken. »Meiner bescheidenen Meinung nach braucht ihr Hilfe. Und ich will euch diese Hilfe anbieten, in guten und in schlechten Zeiten. Also, ich habe folgende Idee.« Er machte eine Kunstpause. »Ich ziehe bei euch ein.«

»Wie bitte?«

»Na, na, na … keine Diskussion. Schon vergessen?«

Robbie meinte es ernst. Im Lauf der nächsten zehn Minuten erklärte er uns genauer, was ihm durch den Kopf gegangen war. »Ich ziehe bei euch ein. Aimee, ich will euch mit den Jungen helfen, damit ihr einmal durchatmen könnt. Bei den Rechnungen will ich euch auch unter die Arme greifen. Ihr beide solltet mal wieder zusammen ausgehen. Ich suche mir einen Teilzeitjob, damit ich für euch Zeit habe.« Dann erklärte er uns, dass er sich auch um Weiterbildung bemühen wollte. Er hatte seine Entscheidung gut durchdacht und versprach uns: »Ich bleibe bei euch, so lange es nötig ist.«

Wir schafften es jedoch nicht, uns an die Regel zu halten, nicht darüber zu diskutieren. Wir fragten ihn nach seiner Stelle. Er erwiderte, dass er schon angerufen und gekündigt habe. Wir fragten ihn nach seinem Traum, herumzureisen und Abenteuer zu erleben. Schon bei unserer ersten Begegnung hatte er uns seine Sehnsucht anvertraut, in der Welt umherzuziehen. Wir konnten doch jetzt nicht einfach tatenlos dasitzen und zusehen, wie er diesen Traum begrub.

Robbie tastete sich vorsichtig voran und nahm erst mit Aimee, dann mit mir Blickkontakt auf. »Ich habe die letzten beiden Tage viel darüber nachgedacht, wer ich bin und was mir am meisten am Herzen liegt. Ich liebe meine Arbeit, und Gott weiß, dass ich gerne verreise, und ich werde immer die Sehnsucht haben, die Welt zu sehen. Aber letzten Endes ist das Wichtigste in meinem Leben die Familie. Ihr seid meine Familie. Und wenn ich mein Leben für euch nicht mal im Leerlauf laufen lassen kann, was wäre ich dann für ein Mensch? Also, die Entscheidung steht. Keine Diskussionen mehr.«

Und damit legte er die Hände auf die Tischplatte und stemmte sich hoch. Er stapelte die drei Teller übereinander und sammelte das Besteck zusammen. Als er damit in die Küche marschierte, rief er uns über die Schulter zu: »Ich mach den Abwasch.«

//

In der Geschichte vom barmherzigen Samariter nimmt ein Reisender viele Mühen auf sich, um einem anderen zu helfen. Er ist ein Ausländer und seine geistliche Herkunft ist einer der entscheidenden Punkte, warum diese Geschichte heute so skandalös wirkt. Der barmherzige Samariter lässt sein eigenes Leben um eines anderen Menschen willen in der Warteschleife laufen. Er opfert seine Zeit, seine Fähigkeiten, sein Geld, einen Ruf und seine Zukunftspläne. Genau wie Robbie.

Als Junge lehrte man mich, dass es in diesem Gleichnis darum geht, Menschen zu lieben, die anders sind als man selbst. Das stimmt, diese Botschaft gehört dazu. Ich kann mich allerdings nicht daran erinnern, dass jemand ausdrücklich darauf hinwies, dass der geistliche Held dieser Geschichte, den das Evangelium als Vorbild hinstellt, eine andere Religion hatte. Der Samariter und der verletzte Jude hatten völlig andere religiöse Anschauungen und trotzdem half ihm der Samariter und brachte dafür sogar Opfer.

Großzügigkeit ist zweifellos eine Tugend. Sie strömt aus dem Wesen Gottes, der gibt und sich für uns opfert. Wenn ich jedoch ehrlich darüber nachdenke, wurde mir im Lauf meines Lebens ebenfalls beigebracht, der Großzügigkeit eine Grenze zu setzen. Das gebieten Weisheit und Mäßigung – so hatte ich es gelernt. Bis zu einem bestimmten Punkt sollen wir großzügig mit unserem Geld umgehen. Großzügigkeit bedeutet zehn Prozent, und wenn man die besondere Gabe der Großzügigkeit besitzt, vielleicht zwanzig Prozent. Wir sollen unsere Zeit großzügig zur Verfügung stellen. Damit sind die Sonntage gemeint, zwei Abende in der Woche und vielleicht eine Woche im Sommer. Wir sollen großzügig mit unseren Plänen und Träumen sein … aber was bedeutet das eigentlich?

Für Robbie bedeutete Großzügigkeit, einhundert Prozent zu geben. Großzügigkeit bedeutete für ihn, seine Pläne und Träume aufzugeben. Die Liebe ist die einzige Konstante.

Liebe deinen Nächsten wie dich selbst.

Und der Mann fragte: »Wer ist mein Nächster?«

Großzügigkeit wird nicht durch das definiert, was wir uns leisten können. Sie wird dadurch definiert, was wir uns nicht leisten können.

Durch Robbie und andere haben wir gelernt, die Kultur bei uns zu Hause zu verändern. Wir versuchen, unsere Türen offen zu halten. Wir versuchen, uns nicht an Geld und Gegenstände zu klammern. Wir beten, dass Gott uns helfen möge, zu guten Nachbarn und Nächsten zu werden.

23
Gleichnisse

In den Predigten von Jesus taucht immer wieder eine interessante Formulierung auf: Er forderte seine Zuhörer auf hinzusehen: »schaut euch die Vögel an … schaut euch den Feigenbaum an … schaut euch die Felder an … schaut euch den Denar an.« Es ist, als ob Jesus immer die Augen offen hielt, um das geoffenbarte Reich Gottes um ihn herum zu betrachten. Und nicht nur das, sondern er ermutigt jeden, der bereit ist, auf ihn zu hören, sich ihm anzuschließen und die Wahrheit zu erkennen.

Der Schatz im Acker

Als ich eines Nachmittags nach Hause kam, sah ich Heather, unsere Nachbarin von gegenüber, vor ihrem Haus. Sie arbeitete wie so oft im Garten. Heather ist ein ungewöhnlicher Mensch, und zwar auf eine erfrischende Art. Meistens erwischt man sie mit ein paar Erdkrümeln im Gesicht oder Hühnerdreck an ihren Schuhen. Vielleicht kennen Sie auch so jemanden. An diesem Tag trug Heather einen Wollpullover mit Blumenmuster, der an den Ellenbogen durchlöchert war, und kniehohe Gummistiefel. Immer wieder schob sie die Ärmel bis zu den Ellenbogen hoch. Das musste sie mit den Handgelenken bewerkstelligen, weil ihre Handschuhe vor Dreck starrten. Natürlich rutschten die Ärmel gleich wieder herunter und sie musste sie wieder hochschieben.

Ich überquerte die Straße und meinte: »Ich sehe, dein Garten ist von hinten nach vorn umgezogen«, um etwas Konversation unter Nachbarn zu betreiben.

»Ja. Den größten Teil des Rasens auf dieser Seite habe ich schon herausgerissen, die andere Seite kommt vielleicht im Frühling dran. Mal sehen.«

Ich sah mir das verbliebene Rasenstück an. Es wirkte vollkommen, wie ein grüner Teppich. Unkraut gab es nicht und der Rasen war absolut eben, nicht so wellig wie bei uns zu Hause. »Für mich sieht dein Rasen gut aus, warum hast du ihn herausgerissen?« Das war kein Vorwurf. Ich fragte eher aus Neugier und so verstand sie es auch.

Sie hatte sich inzwischen hingekniet und wühlte in der Erde herum. »Weißt du, woher die Idee stammt, einen Rasen anzulegen, vor allen Dingen im Vorgarten?«

»Keine Ahnung.«

»Das war ein Zeichen, dass man reich war – manche würden sogar sagen, dass man andere Menschen unterdrückte. Ursprünglich konnten es sich nur die reichsten Familien leisten, ein Stück Land bewusst unproduktiv zu lassen. Ein Rasen war im Grunde ein riesiges Plakat mit der Aufschrift: ›Wir besitzen so viel Land, dass wir es einfach verschwenden können. Wir sind reich und du bist arm; sieh zu, wie du damit fertig wirst.‹«

»Interessant«, erwiderte ich. »Das habe ich noch nie gehört. Reißt du darum deinen Rasen heraus, weil du glaubst, dass Rasen Unterdrückung symbolisiert?«

Heather lachte. »Natürlich nicht. Das ist einfach nur eine interessante historische Fußnote. Aber Symbole haben eine Bedeutung.« Sie drehte sich um und setzte sich im Schneidersitz auf die Erde. Aus dem Mundwinkel pustete sie ein paar Haare weg, die ihr übers Gesicht hingen. »Ich bin im Vorgarten, weil ich mich nicht gern hinterm Haus verstecken mag. Übrigens, weißt du, woher die Veranda eigentlich kommt?«

Ich lachte leise. »Schon gut.«

»Na, auch egal. Jedenfalls, ich lebe so, weil ich Pflanzen mag und frisches Gemüse und frische Eier.«

»Heather, hast du schon einmal durchgerechnet, wie viel dich das alles kostet? Hühnerfutter und organischer Dünger, Material und Werkzeug. Das ist alles nicht billig. Bekommst du dein Gemüse so billiger, als wenn du es im Supermarkt kaufst? Und dann müsstest du auch nicht immer draußen sein, von oben bis unten dreckig.« Ich bedauerte augenblicklich, dass ich das gesagt hatte. Wieder einmal hatte ich mein Gehirn nicht eingeschaltet und brabbelte in einem fort, ohne nachzudenken.

Heather ließ sich davon natürlich nicht aus der Fassung bringen. »Das mache ich nicht, um Geld zu sparen – und deine Rechnung geht übrigens auch nicht so ganz auf. Ich tue das alles, um ein ganzer Mensch zu bleiben. Ich glaube, meine Seele ist dazu bestimmt, dem Boden und allem Lebendigen verbunden zu bleiben. Einer der Gründe, warum unsere Welt dem Konsum nachjagt, liegt meiner Meinung nach darin, dass wir taub und gefühllos durch das Leben taumeln. Supermärkte haben ihren Sinn, aber sie schneiden uns auch vom Erdboden ab. Erde ist Land, und Land ist Geografie. Wie kann ein körperliches Wesen existieren, wenn es vom Raum, der es umgibt, abgeschnitten ist? Ich glaube, wir wurden geschaffen, um die Geografie unter unseren Fingernägeln zu haben.« Dabei streifte sie einen Handschuh ab und zeigte mir das Schwarze unter allen fünf Fingernägeln.

//

Was bedeutet es, ein Mensch zu sein? Heather hatte dazu eine eindeutige Meinung. Wir sind keine Freunde, sondern nur Bekannte, und ich habe keinen Grund anzunehmen, dass sie in der Bibel liest. Aus meinem Blickwinkel schien mir ihre Sicht der menschlichen Identität mitsamt ihrer Verbindung zu Pflanzen und Tieren damals – wie soll ich sagen – ein wenig aus dem Gleichgewicht geraten zu sein.

Ich *wusste*, woher Menschen ihre Identität beziehen. Der wichtigste Faktor ist dabei unsere Beziehung zu Gott. Der Mensch wurde erschaffen, um eine besondere Beziehung zu Gott zu pflegen. Gott sagte: »Wir wollen Menschen schaffen nach unserem Bild, die uns ähnlich sind.«[25] Diesen Vers kannte ich schon als junger Mann. Man findet ihn auf den ersten Seiten der Bibel. Diese Aussage zur

[25] 1. Mose 1,26

menschlichen Identität setzt die gesamte biblische Geschichte in Gang.

Bald nach meiner Unterhaltung mit Heather las ich wieder einmal die ersten Seiten der Bibel. Haben Sie schon einmal das Gefühl gehabt, dass auf wundersame Weise neue Verse in einem geliebten Bibeltext auftauchen? Hier ging es mir so.

Unten auf der ersten Seite der Bibel stieß ich wieder auf diese wunderbaren Worte, die von der Identität des Menschen sprechen: »Wir wollen Menschen schaffen nach unserem Bild.« Dieser Satz inspirierte mich wie jedes Mal zuvor – es war die Vorstellung, dass wir dazu geschaffen sind, mit anderen und mit Gott Gemeinschaft zu haben.

Dann bemerkte ich, vielleicht zum ersten Mal, dass das nur der erste Satz eines längeren Gedankenganges war. Der Abschnitt ging noch weiter. »Und Gott sprach: ›Seht her! Ich habe euch die Samen tragenden Pflanzen auf der ganzen Erde und die Samen tragenden Früchte der Bäume als Nahrung gegeben. Allen Tieren und Vögeln aber habe ich Gras und alle anderen grünen Pflanzen als Nahrung zugewiesen.‹ Und so geschah es.«[26]

Hatte ich den Vers, in dem vom »Bild Gottes« die Rede war, immer aus dem Zusammenhang gerissen? War mir der eigentliche Sinn entgangen? War mir ein entscheidender Aspekt unserer Identität entgangen? Nachdem ich ein Leben lang die Bibel gelesen hatte, entdeckte ich nun, was Heather instinktiv wusste.

//

Zu Hause begannen Aimee und ich darüber zu sprechen, wer wir sind und wozu wir gehören wollen; wie wir unsere Jungen erziehen wollen und wie wir uns ihre Verbindung und Zugehörigkeit zur Welt wünschen. Wir wussten, dass wir einen Teil der Antwort in diesem Abschnitt auf der ersten Seite der Bibel finden würden, wo es um unsere Identität geht. Das Ziel war, eine engere

[26] 1. Mose 1,29-30

Beziehung zu den Menschen und zu unserem Planeten herzustellen. Vermutlich gibt es eine Million Möglichkeiten, das zu tun, doch wir wollten darüber nachdenken, wie man das auf unsere Zeit und unseren Ort, unser Viertel beziehen könnte. Schon bald gruben wir um und legten einen Garten an. Wir machten es wie Heather in unserem Vorgarten, damit wir diese Erfahrung mit unseren Nachbarn teilen konnten.

Im nächsten Frühling holten wir uns Hühner. Und das war der Anfang eines ganz neuen Abenteuers.

Vom verlorenen Kind

»Möchtest du einen der furchtbarsten Sätze der englischen Sprache hören?«, fragte mich Dillon, als wir zusammen ein Bier tranken.

Wir saßen an einem der schweren Picknicktische im Biergarten von *Amnesia Brewing. Amnesia* ist berühmt für sein Ale. Es war ein warmer Nachmittag und etwa die Hälfte der ungefähr zwanzig Tische war mit Bierkennern besetzt, die sich angeregt unterhielten.

»Das klingt ja ziemlich bedrohlich«, entgegnete ich auf Dillons Frage. Ich zog die Mundwinkel weit auseinander und versuchte wie eine unheimliche Eidechse auszusehen.

Dillon griff nach seinem Glas und hielt es hoch. »Der schrecklichste Satz in unserer Sprache lautet: ›Du rätst nie, wie wenig ich dafür bezahlt habe.‹« Bei diesen Worten setzte er das Glas hart auf, sodass es überschwappte.

Ich beobachtete die kleinen Pfützen aus Bierschaum, die sich auf der Tischplatte sammelten. Dann meinte ich: »Ich kann dir nicht ganz folgen.«

Dillon fuhr fort. »Diese amerikanische Sucht, dauernd damit anzugeben, wie wenig wir für etwas bezahlt haben. Ich verstehe, dass das zum Teil auf unseren Wunsch zurückgeht, ein Schnäppchen zu machen. Aber manchmal ist ein Schnäppchen kein Schnäppchen.«

Ich setzte einen finsteren Blick auf. »Wenn das dein bester Versuch war, dich deutlicher auszudrücken, wird sich unser Gespräch ziemlich lange hinziehen.«

Dillon nickte mit gerunzelter Stirn. Er sah ein, dass er für mich einige Mühe aufwenden musste. »Manchmal ist ein Schnäppchen kein Schnäppchen. Gut, sagen wir mal, du gehst in eins von diesen großen Warenhäusern, wo du alles Mögliche kaufen kannst. Und sagen wir mal, du kaufst dort – keine Ahnung – einen Toaster.« Dillon wackelte mit dem Kopf. Man sah deutlich, dass er mit seinem Beispiel nicht ganz zufrieden war, doch davon ließ er sich nicht ablenken und fuhr fort. »Also, du gehst dorthin und kaufst dir einen Toaster, und der kostet 9 Dollar 99. Du bist begeistert. Sofort schießt dir der Gedanke durch den Kopf: *Was für ein erstaunlich niedriger Preis.* Und jetzt stelle ich dir die Frage: Warum begeistert dich dieser Preis so?«

Darüber musste ich nicht lange nachdenken. »Das ist doch klar, oder?« Ich wusste immer noch nicht, worauf er hinauswollte. »Ich bin begeistert, weil es billig ist.«

»Und was *bedeutet* billig?« Dillon machte große Augen und neigte den Kopf ein wenig zur Seite wie ein Spanielwelpe.

Ich verstand ihn immer noch nicht und er sah, wie verwirrt ich war.

Also kam er mir zu Hilfe. »Es bedeutet, dass du im tiefsten Innern weißt, dass er mehr kosten sollte. Das bedeutet es. Welcher Preis kommt dir für einen Toaster in den Sinn? Denk mal nach. Ich glaube, fünfzig Dollar für einen richtig schönen und zwanzig Dollar für ein einfaches Modell. Einverstanden?«

»Das kommt schon hin.« Ich hatte das Gefühl, ich verstünde ihn allmählich, obwohl ich immer noch nicht genau wusste, worüber wir eigentlich reden.

»Also, langer Rede kurzer Sinn.« Dillon war nun bereit, auf den Punkt zu kommen. »Du weißt, dass der Toaster mindestens zwanzig Dollar kosten müsste, und du bekommst ihn für zehn. Die Frage, die du dir stellen solltest und die wir uns niemals stellen, lautet: ›Wo sind die anderen zehn Dollar hin?‹«

Wie bitte? Er hätte ebenso gut Vietnamesisch sprechen können. »Was meinst du damit: ›Wo sind die anderen zehn Dollar hin?‹«

Er hatte recht. Diese völlig offensichtliche Frage hatte ich mir noch nie gestellt. Wo *sind* die anderen zehn Dollar geblieben?

Nach einem langen Schluck fuhr Dillon fort. »Die Herstellung eines Toasters folgt einer relativ starren Formel. Der gesamte Prozess lässt sich messen und vorhersagen: Material, Arbeit, Produktion der Teile, Zusammenbauen, Energie, Maschinen, Transport, Lagerhaltung, Verkäufer und so weiter. All diese Ausgaben tragen wesentlich zum Prozess bei und bei jedem Schritt fallen bestimmte Kosten an. Die meisten davon stehen fest. Es gibt dabei fast keinen Spielraum. Kannst du mir so weit folgen?«

»Ich versuche es wirklich.«

Dillon schien sich damit zufriedenzugeben und redete weiter. »Gut, die Energiekosten werden vom Markt festgesetzt. Die Kosten für die Maschinen auch. In Amerika gibt es einen Mindestlohn für die Angestellten. Die Kosten für den Schiffstransport eines Toasters nach Amerika stehen ebenfalls fest. Letzten Endes stehen die meisten Kosten fest und dann muss man erklären, wieso du deinen Toaster für 9 Dollar 99 bekommen hast.«

Jetzt klickte es bei mir. »Und du meinst, dass man diesen Toaster in Anbetracht all dieser Ausgaben unmöglich für 9 Dollar 99 verkaufen kann. Verstehe ich dich richtig?« Ohne die Antwort abzuwarten, versuchte ich selbst eine Erklärung zu geben. »Das bedeutet, dass der Laden den Verlust auffängt?«

Dillon musste laut lachen. »Das möchte ich ernsthaft bezweifeln.« Noch einige Sekunden lachte er fast lautlos. »Ich glaube, es gibt eine plausiblere Erklärung. Meiner Einschätzung nach kann man die Kosten nur an ein paar Stellen einsparen. Es gibt nur wenige Kosten, an denen man etwas drehen kann. Der wichtigste Faktor ist die Arbeit. Da lässt sich wirklich etwas einsparen.« Er nahm sich eine Erdnuss aus dem Schälchen auf dem Tisch und drehte sie zwischen seinen Fingern.

»Bist du sicher?« Ich war skeptisch.

»Wenn es nur um ein paar Cent geht, kann man die Produktion in ein Land auslagern, wo die Lebenshaltungskosten niedriger sind, und den Leuten trotzdem einen vernünftigen Lohn bezahlen. Aber wenn man richtig Geld sparen will, ist es am einfachsten, eine Produktionsstätte zu finden, wo man die Arbeiter überhaupt nicht bezahlen muss. Ob es dir nun gefällt oder nicht, es gibt heute siebenundzwanzig Millionen Sklaven auf der Welt. Die Zahl habe ich mir nicht ausgedacht, sie stammt von der UN. Und viele dieser Sklaven sind Kinder.« Jetzt blickte er richtig wütend. Er schnappte sich eine Erdnuss und warf sie mit aller Kraft, mit Schale und allem Drum und Dran auf die andere Straßenseite, wo sie von der Motorhaube eines Volvos abprallte. »Mist«, murmelte er. »Das Auto wollte ich nicht treffen.«

Dillon führte sich nicht einfach als Besserwisser auf. Es ging ihm wirklich nahe. Ich sah, wie sich seine Miene verfinsterte und er die Erdnussschalen auf dem Tisch zerdrückte. Dillon hat einen dreijährigen Jungen, und ich vermute, er stellte sich gerade vor, wie man ihn zwang, in einer Fabrik zu arbeiten.

Nach einigen Augenblicken sagte er noch etwas, doch dieses Mal blickte er mich nicht an. »Erinnerst du dich noch an das Kind, das letztes Jahr spurlos verschwand? Den Jungen mit der Brille und der Zahnlücke?«

»Den Jungen, den sie niemals gefunden haben, und alle verdächtigten die Stiefmutter?«, entgegnete ich. »Ja, ich kann mich daran erinnern. Jeden Abend kam es in den Nachrichten. Noch heute findet man manchmal Flugblätter in der Stadt.«

»Ja, das ist eine traurige Geschichte, kein Zweifel. Und ich hoffe, dass sie dieses unschuldige Kind noch finden. Aber ich frage mich, wie können wir so viel Geld investieren, um ein kleines weißes Kind aus einem Vorort zu finden ... und dann verschwenden wir nicht einen Gedanken an die Millionen verlorener Kinder auf der anderen Seite der Erde. Kinder, die in der Sklaverei verschwunden sind. Es ist furchtbar, das so zu sagen, aber meine Schnäppchenjagd trägt dazu bei, aus dem Leben dieser Kinder eine Horrorshow zu machen.«

Eine weitere Erdnuss flog in die Luft. Dieses Mal traf sie den Volvo nicht. Jesus sagte einmal: »Es wäre besser, mit einem großen Mühlstein um den Hals ins Meer geworfen zu werden, als die Strafe dafür erleiden zu müssen, dass man einem dieser Kleinen Schaden zugefügt hat.«[27]

Der weise Knecht

Ich habe einen Nachbarn namens Sam. Wenn wir uns auf der Straße begegnen, begrüßen wir uns nur mit einem kurzen »Hallo«. Ansonsten haben wir noch nie miteinander gesprochen. Sam ist nicht unhöflich, nur sehr beschäftigt. Sam ist der Bürgermeister von Portland.

Ich mag Sam. Mit seiner Politik bin ich nicht in allen Punkten einverstanden, aber dasselbe könnte ich über jede Person des öffentlichen Lebens sagen. Schon dass er im Norden von Portland wohnt und nicht in den besser geschützten Vierteln der Stadt, sollte uns etwas zu sagen haben.

Es kann nicht einfach sein, als Bürgermeister zu arbeiten, schon gar nicht in einer Stadt wie Portland. Fast eine Million Menschen, die alle etwas anderes wollen. Eine ganze Region von Pionieren und Aktivisten. Dazu eine hohe Arbeitslosenquote und eine schwache Wirtschaft. Er hat eine fast unmögliche Aufgabe. Aus diesem Grund gehört ihm meine Bewunderung.

Zu Sams Verantwortungsbereich gehört es, sich um die Kinder in unserer Stadt zu kümmern, vor allem im Hinblick auf Schulwesen und soziale Dienste. Einmal meinte Sam: »Jeder sagt, dass Portland zu den lebenswertesten Städten der Welt gehört, und das stimmt auch. Aber wie können wir unsere Stadt ›lebenswert‹ nennen, wenn so viele ihrer unschuldigsten Bürger leiden müssen?«

Ich glaube, er hat recht.

---

[27] Lukas 17,2

Das Schulsystem in Portland versagt. Das ist einfach eine Tatsache. Die knappen Mittel erlauben nur ein Minimum an Unterricht. Jedes Jahr werden mehr Lehrer entlassen. Die Klassen werden immer größer, der Unterricht fällt immer häufiger aus. Jede Art von Unterricht, die über Lesen, Schreiben und Rechnen hinausgeht, ist wegen des knappen Budgets unmöglich geworden. Die Schulhöfe sind voller Unkraut. Die Schulen verlassen sich auf freiwillige Arbeitseinsätze von Eltern, die unter der Woche mit Bürotätigkeiten aushelfen und sich am Wochenende um das Schulgelände kümmern.

So sieht es aus. Letztendlich muss die Stadtverwaltung all diese Probleme schultern und ich weiß, dass Sam die Last dieser Verantwortung spürt.

Der Etat für Portland wird schon so weit gestreckt wie überhaupt möglich. Sam möchte den Schulen helfen, doch was kann er tun? Es gibt keine anderen Mittel, aus denen er sich bedienen könnte. Man kann sich kaum vorstellen, wie er noch mehr Kosten einsparen soll.

Was macht man also, wenn man kein Geld mehr zur Verfügung hat? An wen wendet man sich? Sam tut genau das, was jeder von uns tun würde. Wir rufen unsere Freunde an. Und wenn wir keine Freunde haben, die uns helfen können, schließen wir neue Freundschaften … wo immer wir können.

Genau das tat Sam, und zwar in den Kreisen, die man kaum als Kandidat dafür in Betracht gezogen hätte. Sam bot den konservativen Christen in Portland die freundschaftlich ausgestreckte Hand. Ehrlich. Die meisten Menschen hier halten Sam für einen linken, liberalen Politiker. Außerdem ist er zufällig homosexuell. Man kann, ohne sich allzu weit aus dem Fenster zu lehnen, behaupten, dass homosexuelle und christlich-konservative Kreise in den letzten Jahrzehnten nicht allzu gut miteinander ausgekommen sind. Ich will niemandem dafür die Schuld in die Schuhe schieben, sondern nur diese unbestreitbare – und auch unschöne – Tatsache feststellen.

In der Vergangenheit hat Sam von den christlich-konservativen Kreisen keine politische Unterstützung erhalten. Sie setzten sich nicht für seine Wahl ein, und sollte er noch einmal kandidieren, würden sie praktisch geschlossen gegen ihn stimmen. Doch für Sam ging es nicht darum, gewählt zu werden. Es ging ihm darum, den Kindern zu helfen.

Sam traf sich mit christlichen Leitern am Ort und sagte: »Unsere Schulen brauchen mehr finanzielle Mittel, Ressourcen und Personal. Wie können wir Freunde werden, um uns gemeinsam dafür einzusetzen?«

Das hatte zur Folge, dass Sam als Sprecher des Magistrats eine wunderbare Partnerschaft mit einigen der konservativsten christlichen Strömungen in unserer Stadt einging. Man lud Gemeinden ein, sich mit einer Schule am Ort zusammenzutun, und in vielen Fällen bot man ihnen an, in zuvor nicht gekanntem Ausmaß aufs Schulgelände zu kommen und die Schülerschaft kennenzulernen.

In meinem Viertel, Nord-Portland, gibt es die größte Anzahl an Schulen, die den normalen Betrieb nicht mehr aufrechterhalten können. Nicht weit von unserem Haus gibt es eine besonders problematische Highschool. Dank dieser Bemühungen wurden alte Muster gebrochen und gibt es heute Dutzende von neuen sozialen Diensten. All das ist der Partnerschaft zwischen Stadt und Kirchen zu verdanken. Es stehen wieder finanzielle Mittel zur Verfügung und das Schulpersonal wird von großzügigen Gemeinden unterstützt.

So etwas wird möglich, wenn wir es wagen, Freundschaft mit Menschen zu schließen, die einst Fremde waren. So etwas wird möglich, wenn wir in einer Gemeinschaft leben, die auf Geben und Nehmen beruht. So etwas wird möglich, wenn wir nicht mehr nur unsere eigenen Interessen schützen wollen und daran glauben, dass für alle genug da ist.

Hätte ich nur den Mut und die Großzügigkeit, auf Menschen zuzugehen, die anders sind als ich! Könnte ich nur mein angeborenes Misstrauen überwinden! Könnte ich nur mit dem anderen Freundschaft schließen!

24

Der verlorene Sohn

»Was wäre, wenn wir Jesus einfach beim Wort nehmen würden?«

Zu Anfang hielten wir die Antwort auf diese Frage für offensichtlich.

Doch je länger wir darüber nachdachten, desto mehr begriffen wir, dass die Antwort keineswegs auf der Hand lag. Sie war schwierig. Vielleicht würde sie sogar unsere Sicht der Dinge auf den Kopf stellen.

Schließlich stellte sich heraus, dass wir niemals mehr dieselben Menschen sein sollten.

//

Die Idee war von einer bestechenden Einfachheit. Sie beruhte auf den Themen des sogenannten *Jesus Dojo*, geistlichen Übungen, die einige Freunde in San Francisco entwickelt hatten. Wir nannten es das »Finde-Frieden-Projekt«. Der Plan: Wir wollten uns regelmäßig eine Lehre Jesu heraussuchen und dann darüber nachdenken, wie wir sie mutig in unserem Leben umsetzen könnten.

//

Bobbin ist ein interessanter Typ.

Ich würde ihn mit einem Dachs vergleichen. Einmal habe ich gehört, dass ein Dachs das letzte Lebewesen ist, mit dem man sich anlegen möchte. Bobbin ist hartnäckig, kompakt gebaut und gibt niemals auf. Mit anderen Worten: ein Dachs.

Bobbin ist ein Paradox. Auf der einen Seite achtet er sehr auf seine äußere Erscheinung. Die Haare sind ordentlich frisiert, die Koteletten tadellos, und er ist immer glatt rasiert. Auf der anderen Seite habe ich ihn noch nie in einem Oberhemd gesehen. Außer bedruckten T-Shirts und Jeans scheint er nichts zu brauchen. Am auffallendsten jedoch sind seine vielen Piercings: in der Nase, zwischen den Augen, hinten am Hals, und dazu noch Löcher in den Ohren so groß wie eine Garnrolle (und das sind noch nicht mal alle Piercings).

Er ist gegen das Establishment und die Regierung eingestellt und außerdem ein Verschwörungstheoretiker. Bobbin hat eine Flagge in seinem Zimmer, und zwar nicht, damit er sie an der Fahnenstange hochziehen und dazu salutieren kann. Er bewahrt sie nur für den Fall auf, dass er sie einmal aus Protest anzünden muss. Das ist Bobbin.

Er vertritt seine Meinung unnachgiebig.

//

Als wir mit unserem »Finde-Frieden-Projekt« anfingen, luden wir Nachbarn und Freunde dazu ein. Wir waren nicht sicher, ob überhaupt jemand aufkreuzen würde. Auf die Einladung hatten wir den Satz geschrieben: »Komm und lerne, wie man Jesus beim Wort nimmt.« Ein interessanter Vorschlag, jedoch etwas nebulös formuliert, und eigentlich hatten wir geglaubt, dass wir damit nur eine Handvoll Leute ansprechen würden.

Zu unserer Freude kamen etwa ein Dutzend.

Mit einigen Minuten Verspätung traf Bobbin ein. Das war eine besondere Überraschung.

Es bestand kein Zweifel daran, dass Bobbin uns ein lieber Freund war. Schon seit langer Zeit nahm er an unserem Gemeinschaftsmahl am Sonntagabend teil. Er war loyal, das stand fest. Doch nur einige Wochen zuvor hatte er sich am Tisch darüber ereifert, dass er mit dem Christentum überhaupt nichts anfangen könne und sich am ehesten noch als Buddhist bezeichnen würde.

Trotzdem war er gekommen. Bobbin wollte mit uns den Weg Jesu erkunden.

Er benahm sich, als wäre es das Normalste auf der Welt, dass er mitmachen würde. Es fiel mir schwer, mein Grinsen zu verbergen, als er versuchte, unauffällig ins Wohnzimmer zu schlendern, als wäre das keine große Sache. Hat man je einen Dachs schlendern sehen? Sehr komisch.

Wir brauchten einige Wochen, um die Lehre Jesu unter die Lupe zu nehmen, und entschieden uns dann für unser erstes Experiment. Wieder einmal war die Idee bestechend einfach: Wir wollten uns ein Jesuswort heraussuchen und herausfinden, wie man es konsequent umsetzen kann.

Nach viel Gebet, Gespräch und Gelächter stießen wir auf ein Wort, das uns, ehrlich gesagt, alle überraschte. Ich vermute, so kommt es, wenn man in der Gruppe einen freien Austausch pflegt, vor allen Dingen, wenn Gottes Geist, der uns begleitet, daran beteiligt ist.

Wir landeten bei dem Vers: »Wenn ihr also vor dem Altar im Tempel steht, um zu opfern, und es fällt euch mit einem Mal ein, dass jemand etwas gegen euch hat, dann lasst euer Opfer vor dem Altar liegen, geht zu dem Betreffenden und versöhnt euch mit ihm. Erst dann kommt zurück und bringt Gott euer Opfer dar.«[28] Wie gesagt, ein sehr überraschender Abschnitt. Von allein wären wir nicht darauf gekommen.

Nach einem lebhaften Austausch kamen wir überein, uns mit den Menschen in unserem Leben radikal zu versöhnen. Zu diesem Zweck fassten wir den Entschluss, dass jeder mit drei Menschen sprechen sollte: Freunden, Familienangehörigen und Kollegen. Wir wollten ihnen Fragen stellen, die mit unserer Beziehung zu tun hatten: Müssen wir uns in einem bestimmten Punkt versöhnen? Bin ich dir in einem bestimmten Punkt ein schlechter Freund [Sohn, Schwester, Kollege etc.]? Mache ich es dir manchmal schwer, mir die Wahrheit zu sagen? Fühlst du dich in mancher Hinsicht von mir manipuliert? Wo verberge ich vor dir mein wahres Ich?

Das Ziel war zuzuhören, um Vergebung zu bitten und Fehler wiedergutzumachen. Das Ziel war es, mit anderen im Frieden zu

---

[28] Matthäus 5,23-25

leben und frei zu werden, um zu Gott zu kommen, so wie Jesus es uns lehrte.

Je mehr wir redeten, desto heißer wurde die Diskussion. Die Hitze ging von der Ecke aus, in der Bobbin saß. All das machte ihm gewaltige Angst. Er riss das Gespräch praktisch an sich. »Muss ich das wirklich tun? Was ist denn, wenn sie uns nicht zuhören? Müssen wir alle Fragen stellen? Was ist denn, wenn sie uns dauernd vorhalten, wir hätten alles vermasselt? Oder wenn so ein Gespräch Stunden dauert? Oder wenn wir nicht mit dem übereinstimmen, was sie sagen? Müssen wir um Vergebung bitten?«

Er klang gereizt, doch andererseits stellte er genau die Fragen, die allen auf der Seele brannten, obwohl wir sie nicht zu stellen wagten. Es war ein langer Prozess gewesen. Über jeden Schritt, den wir gehen wollten, waren wir uns einig gewesen; doch trotzdem war sich keiner von uns ganz sicher, wohin das letzten Endes führen würde. Als Gruppe erinnerten wir Bobbin und uns selbst daran, dass diese Art von Demut unser Leben verändern könne. Wir erinnerten uns daran, dass wir nicht mit einer Gegenleistung rechneten. Bei unserem Plan ging es darum, auf den Schmerz des anderen zu hören … und ihn dann um Vergebung zu bitten.

Als der Abend ausklang, schwieg Bobbin. Er saß im kamelhaarfarbenen Sessel am Kamin und starrte auf die Fragen, die auf der Karteikarte in seiner Hand standen. Ich konnte nur vermuten, was in diesem Hitzkopf vorging.

//

Eine Woche später kamen wir wieder zusammen, um uns unsere Versöhnungsgeschichten zu erzählen. Man konnte die Energie im Raum förmlich mit Händen greifen. Kollektiv atmeten wir erleichtert aus, dass das Experiment dieser Woche vorüber war.

Dann erzählten wir uns von unserem Mangel an Demut und von erneuerten Beziehungen. Kris, unser bärtiger Musiker, schilderte, wie ein alter Freund ihm einzusehen geholfen hatte, wie selbstsüchtig er ist. Kathryn, eine freundliche und großartige Frau, hatte sich mit einer Kollegin an der Schule unterhalten. Amber hatte gewagt, ihrem Vater die Fragen zu stellen.

So ging es reihum. Jeder trug einige persönliche Offenbarungen bei und sagte, welche Kraft solch ein mutiges Eingeständnis freisetzen könne. Still saß Bobbin da. Er nahm kaum Blickkontakt mit den anderen auf, während die anderen sprachen.

Irgendwann hatten alle ihre Geschichten erzählt, mit einer Ausnahme: Bobbin. Wir alle wussten, dass diese Woche für ihn besonders schwierig gewesen war, und wir wollten ihn nicht drängen, seine Geschichte zu erzählen.

Schließlich ergriff er das Wort. Seine Stimme klang leise und er brachte die Sätze nur zögernd heraus. »Ich habe mit sechs Menschen gesprochen.«

Wir platzten heraus: »Wie bitte? Drei hätten gereicht.« Um ehrlich zu sein, hatten viele von uns nur mit ein oder zwei Leuten gesprochen.

Bobbin wirkte schüchtern. »Ich weiß. Um die Wahrheit zu sagen, brauchte ich etwas Übung, oder vielleicht brachte ich erst mit der Zeit den Mut auf.«

»Was willst du damit sagen?«, fragte Jeremiah. Von allen Teilnehmern unserer Gruppe betrachtete ich Jeremiah als Vorbild an Demut und Anteilnahme, und sein aufrichtiger Blick reichte aus, um Bobbin zum Weiterreden zu bringen.

»Sobald wir auf dieses *blödsinnige* Experiment verfallen waren, wusste ich genau, was ich tun musste. Ich habe auf eine Million Arten versucht, mich da herauszuwinden, aber trotzdem wusste ich es genau. Ich sollte meine Exfrau aufsuchen und ihr diese Fragen stellen.«

Bobbin ist ein junger Mann, erst Mitte zwanzig, und nicht alle im Raum wussten, dass er schon einmal verheiratet gewesen war. Wer es wusste, wusste allerdings auch, dass sie sich seit der Trennung entfremdet hatten. Die Scheidung war schmutzig gewesen. Beide hatten tiefe Wunden davongetragen. Wir wussten, dass Bobbin immer noch zornig war, und konnten uns vorstellen, dass auch seine Frau emotional immer noch sehr mitgenommen war.

Es dauerte einige Zeit, bis wir die Geschichte aus ihm herausgekitzelt hatten. Er fing mit den fünf Gesprächen »zum Aufwärmen« an, die schon für sich selbst genommen recht dramatisch klangen, doch es war der Austausch mit der Frau, die er einst von sich weggestoßen hatte, der uns alle veränderte.

Aus Respekt vor Bobbin will ich hier nicht im Detail darauf eingehen, wie sie seine Fragen beantwortete. Aber das kann ich Ihnen sagen: Das Gespräch dauerte über eine Stunde. Eine Stunde ungefilterter Vorwürfe von einer Frau, die immer noch litt. Bobbin stellte die Fragen, und dann – das muss man ihm zugutehalten – hielt er den Mund. »Gibt es einen Punkt in unserer Beziehung, in dem wir unversöhnt miteinander leben? In welcher Hinsicht war ich dir ein schlechter Ehemann? Wo hast du dich von mir manipuliert gefühlt?« Auf jede Frage antwortete seine Frau eine Viertelstunde oder länger. Die Anschuldigungen spritzten wie Säure aus einem Feuerwehrschlauch.

Bobbin bekannte immer wieder, dass sie recht hatte, vielleicht nicht mit jedem einzelnen Wort, aber im Grunde hatte sie recht. Das wusste er. Durch alle Fragen hindurch bemühte er sich, emotional präsent zu bleiben. Verzweifelt versuchte er, sich an jedes Fehlverhalten zu erinnern, das sie ihm vorwarf.

Als sie endlich fertig war und ihr Gedächtnis wie eine fast leere Zahnpastatube ausgequetscht hatte, ergriff Bobbin das Wort. Mit eigenen Worten wiederholte er, wo er sie verraten und betrogen hatte, ohne Ausflüchte zu machen. Er war nur noch ein Häuflein Elend und brachte gerade noch die Kraft auf, sie um Vergebung zu bitten. Für jedes einzelne Fehlverhalten bat er um Entschuldigung. Er war im Unrecht. Sie hatte etwas Besseres verdient.

Einen Augenblick saßen sie so da, kaum mehr als Ballons, aus denen die Luft entwichen war.

Schließlich blickte sie ihn an. Sie hatte mit der Sache abgeschlossen und wollte, dass Bobbin das auch wusste. Sie sagte: »Ich werde dir *nie* vergeben.«

//

Mit gebrochenem Herzen und halb betäubt saßen wir in unserem Wohnzimmer. Bobbin versuchte die ganze Geschichte herunterzuspielen, als wäre das keine große Sache. Er meinte: »Es ist so, wie es ist. Ich bin immer noch froh, dass ich es getan habe. Für mich war es wichtig, um Entschuldigung zu bitten.«

Wir versuchten ihn dazu zu bewegen, über seine Gefühle zu reden, doch Bobbin spielte wie die meisten von uns in dieser Hinsicht nur ungern mit offenen Karten.

Schließlich erinnerte er sich an etwas. »Übrigens, am nächsten Tag hat sie mir eine SMS geschickt.«

»Wirklich? Was stand drin?«

»Sie war ziemlich kurz, aber sie sagte ›Danke‹.«

Kris meinte: »Ja, das ist, glaube ich, ziemlich wichtig.«

»Ja, das war es. Sie meinte auch, dass ich sie ›befreit‹ hätte.«

Er wiegelte uns gegenüber nicht ab, wie zerbrochen er sich fühlte. Auch ihr gegenüber hatte er keine Ausflüchte gemacht. Wir saßen einfach da und beobachteten unseren anarchistischen Dachsfreund, wie er direkt vor unseren Augen Versöhnung lebte.

Bobbin ist mein Held.

Beziehungen ähneln einem Ferienhotel. Es gibt so viel Potenzial, so viel, das man gemeinsam erleben kann. Unzählige Räume lassen sich miteinander erkunden, es gibt so viel Großartiges, so viel, an dem man sich freuen kann. Dann beginnen wir den anderen kennenzulernen und wir lassen zu, dass er uns kennenlernt. Damit liefern wir ihm die Munition, mit der er uns verwunden kann. Dann schlagen wir zurück. Mit jedem neuen Schmerz, mit jedem Verrat, mit jedem Vertrauensmissbrauch schließen wir einige Räume des Hotels ab. Wir beginnen mit einzelnen Zimmern. Bald schon verriegeln wir ganze Flure, sodass ganze Flügel voneinander abgeschnitten sind und keine Chance mehr auf Gemeinschaft besteht. Die meisten Beziehungen spielen sich dann nur noch an den Orten ab, an denen man sich sicher fühlt, in der Lobby und vielleicht auf dem Tennisplatz. In manchen Beziehungen läutet dann die Totenglocke, und die Eingangstüren werden für immer verschlossen.

Bobbin weigerte sich, seine Beziehung in diesem verschlossenen Zustand zu lassen. Er ging im Glauben vorwärts. Wir haben eine Kultur etabliert, in der es normal ist, aus einer Beziehung auszusteigen, doch Bobbin ist gegen alles Etablierte eingestellt. Wir haben die Gewohnheit entwickelt, uns zurückzuziehen und in Passivität zu verharren, doch Bobbin ist ein Aktivist.

Er zertrümmerte die verschlossene Tür. Er zertrümmerte sie mit Stille, mit Zuhören, mit Demut, mit Reue – zumindest für die Dauer eines Gesprächs. Und manchmal kann ein Gespräch ein ganzes Leben verändern. Manchmal kann es uns sogar »befreien«. Ich weiß nicht, ob Bobbin das zugeben würde, doch meiner Meinung nach setzte sein Mut sogar mehr Freiheit in ihm frei als in ihr.

Um die Wahrheit zu sagen: Bobbin und seine Exfrau öffneten nicht gleich das gesamte Hotel ihrer früheren Beziehung. Doch sie schlenderten wieder in der Lobby herum. Und im Lauf der Zeit mag sich noch mehr daraus ergeben, wer weiß?

Jesus sagte einmal: »Salz ist gut, um zu würzen. Aber wenn es seinen Geschmack verliert, wie soll man es wieder salzig machen? Ihr müsst die Eigenschaft des Salzes in euch tragen und in Frieden miteinander leben.«[29] Diese Worte Jesu klingen auch an, wenn Paulus sagt: »Tragt euren Teil dazu bei, mit anderen in Frieden zu leben, soweit es möglich ist!«[30]

Der Traum, mit anderen in Frieden zu leben, ist eine Einladung Jesu. Und es ist ein Unterfangen, das Mut erfordert.

Das sind nur einige der Gleichnisse, die Jesus um uns herum schreibt. Sie stammen von unseren Nächsten, unseren Nachbarn, den Leuten, mit denen wir leben, denen wir zuhören und von denen wir lernen. Das sind die Ströme der Veränderung, die in Gottes Geschichte durch unseren Ort fließen, an dem wir leben. Welche Ströme fließen durch Ihren Ort?

---

29 Markus 9,50
30 Römer 12,18

Schluss

Es gibt ein altes christliches Fest, das im Kirchenjahr zwei Wochen nach Weihnachten gefeiert wird. Man erinnert sich an diesem Tag an die Weisen, die das Jesuskind besuchten. In der alten Kirche betrachtete man es als notwendig, jedes Jahr den heidnischen Weisen aus dem Osten Verehrung entgegenzubringen. Diese Weisen waren keine Juden, und ganz gewiss waren sie keine Christen, denn an diesem Punkt der Menschheitsgeschichte gab es überhaupt noch keine Christen. Diese Männer liebten und suchten Gott und die Geschichte, die er mit den Menschen schrieb. Sie fühlten sich gedrängt, dieser Geschichte nachzuspüren, wohin auch immer sie das führen würde. Sie waren bereit, ihre Zeit, ihre Reisepläne und ihr Geld dafür zu opfern.

Der Tag, an dem die alte Kirche die Weisen feierte, wurde *Epiphanias* genannt. Der Begriff geht auf das griechische Wort für »erscheinen« zurück.

Während ich dies schreibe, bete ich, dass Ihnen meine Freunde im Glauben auf diesen Seiten etwas zu sagen hatten, wie sie mir etwas zu sagen hatten, und ich bitte Gott darum, dass Sie dabei Ihr eigenes Epiphanias erleben und Gott darin entdecken.

Nach der Lektüre glauben Sie vielleicht, dass ich kein besonders guter Christ bin. Und ich würde Ihnen nicht widersprechen. Ich habe mit Zweifeln zu kämpfen. Ich bin einundvierzig und meine Macken überwältigen mich manchmal so, dass ich froh bin, wenn ich abends einfach wieder sicher nach Hause komme. Noch besser ist es, wenn mich hinter der Haustür jemand erwartet und umarmt.

Das war nicht immer so. Mit fünfundzwanzig glaubte ich, ich hätte den Glauben für mich gepachtet. Die meisten Leute meinten, ich wäre ein richtig guter Christ. Leider glaubte ich ihnen.

Ich kann mich an ein Erlebnis erinnern, als ich mit fünfundzwanzig die Monroe Avenue in Corvallis, Oregon, entlangging. Ich kam an einer Studentenverbindung vorbei, einem Café und einem kleinen Lebensmittelladen. Die Sonne schien mir ins Gesicht und mit meinen Gedanken war ich irgendwo anders. Und dann schoss er mir durch den Kopf – ein Gedanke, so klar und deutlich wie ein Gewehrschuss. Der Gedanke war folgender: *Vielleicht bin ich nicht einmal ein Sünder.* Möglicherweise ist das der Gedanke, für den ich mich in meinem Leben am meisten schäme.

Damals glaubte ich, ich hätte das religiöse Spielchen richtig gut im Griff. Meiner Meinung nach konnte Jesus sich ziemlich glücklich schätzen, dass ich in seinem Team mitspielte. Damals glaubte ich, dass es zwei Teams auf der Welt gäbe. Das musste ich glauben, weil ich ein Star in Gottes Team sein wollte.

An diese Welt glaube ich nicht mehr.

Ich glaube an das Evangelium von Jesus Christus. Es ist das Manifest meines Lebens.

Das Evangelium ist so einfach wie der Satz Jesu »Folge mir nach« – was das bedeutet, kann schon mein Vierjähriger verstehen (und meistens sogar besser als ich). Das Evangelium ist so reich und tiefgründig, dass wohl die ganze Welt nicht die Bücher fassen könnte, die man schreiben würde, wenn man alles festhalten wollte. Es ist die Geschichte einer zerbrochenen Welt. Es ist die Geschichte eines Gottes, der uns nachgeht. Es ist die Geschichte der von Gott geliebten Schöpfung. Es ist die Geschichte eines Retters, der sich selbst opfert. Diese Geschichte handelt davon, dass Gott einmal alles in Ordnung bringen wird.

Letzten Endes sehnen sich alle Menschen nach dieser Geschichte. Sie wollen ihre Themen verstehen und wissen, was sich daraus ergibt: für das Gestern mit seinem Schmerz, das Heute mit seinen Problemen und das Morgen, für das uns die Hoffnung fehlt.

Es ist Gottes Geschichte. Er weiß uns diese Geschichte zu vermitteln. Er ist die Hauptfigur. Er ist der Held. Er ist die Quelle. Das Problem liegt allerdings darin, dass ich an den meisten Tagen nicht sicher bin, ob Gott und ich miteinander sprechen. Zum Glück hat Gott wie ein guter Vater Geduld mit mir. Er hat Geduld mit uns allen.

Gott möchte seine Geschichte erzählen. Und er entscheidet, wo, wie und wem er diese Geschichte offenbart. Häufiger als ich zugeben mag, brachte mir Gott die Themen dieser Geschichte durch Menschen nahe, die nicht dieselbe religiöse Uniform und das gleiche geistliche Namensschild trugen wie ich (»Hallo! Ich gehöre folgender Religion an …«), und ganz gewiss hatten sie nicht dieselben Erfahrungen oder denselben Hintergrund wie ich. Doch trotzdem sprach Gott durch sie.

In Albanien lernte ich zum ersten Mal, Gottes kreativer Stimme keine Grenzen zu setzen. In den Jahren, da ich »einsam und verloren« war, lernte ich, mich Gottes Heilungsprozess zu unterwerfen, auch wenn er aus unerwarteten Ecken herannahte. Am Reed College fand ich innere Ruhe in meinem Glauben an Jesus und in einer Gemeinschaft, die sich durch viele unterschiedliche Formen und Inhalte des Glaubens auszeichnete. Und in dem Viertel, in dem ich heute wohne, lerne ich, dass mein geistliches Wachstum sich letzten Endes im Rahmen dieser ganz bestimmten Zeit, dieses ganz bestimmten Ortes abspielt.

Der Andere ist nicht mein Feind. Er ist die Hand, die mir Heilung schenkt, er ist der Mund, durch den ich neue Einsichten gewinne.

Als die engsten Freunde Jesu seine Geschichte aufschrieben, fügten sie auch seinen Stammbaum ein. Man findet ihn auf den ersten Seiten der Lebensgeschichte Jesu von Matthäus und Lukas. Zu diesem Stammbaum gehören zum Beispiel Josef, der Adoptivvater Jesu, König David und Abraham. Dazu gehören aber auch Rahab, eine ausländische Prostituierte, und Rut, eine Moabiterin, außerdem einige fragwürdige Gestalten wie beispielsweise Mörder, Ehebrecher, Betrüger und Zweifler. Sie alle werden in der Vorgeschichte gleichermaßen erwähnt.

Wenn einmal mein geistlicher Stammbaum aufgestellt wird, werden darin mit Sicherheit meine Großmutter Gigi, mein Vater und meine Mutter sowie einige christliche Mentoren und Freunde erwähnt werden. Kühn und kompromisslos werden aber auch Weise aufgeführt, wie zum Beispiel Fidnet, meine albanische Großmutter, mein Freund Luli und ein namenloser muslimischer Geistlicher. Pope, Katarina und Dennis, der Barkeeper, gehören dazu, ebenso Jared, Carlos und ein paar Dutzend Studenten am Reed College, die an den Donnerstagabenden gemeinsam träumten; auch Robbie und Bobbin finden ihren Platz in meinem Stammbaum – lauter Menschen, die mir zu Nachbarn und Nächsten geworden sind.

Mögen wir zusammen vor dem herrlichen Sonnenuntergang stehen, dem Evangelium von Jesus Christus, und ihn erforschen, bewundern und lieben. Mögen wir lernen, zusammen vor Gott zu stehen und über ihn zu staunen. Und mögen wir lernen, auf Gottes ewige, kreative Stimme zu antworten, und ihm unser Leben übergeben.

Mögen wir ein solches Epiphanias erleben. Amen.

Danksagung

Es fällt mir schwer, die Tiefe meiner Dankbarkeit in Worte zu fassen.

Während ich an diesem Buch schrieb, starben mein Vater und meine Großmutter Gigi. Ich schulde ihnen Dank, weil sie zu meinem Leben und meiner geistlichen Entwicklung vieles beigetragen haben. Genauso wichtig sind meine Mutter und meine Schwester, die mich ein Leben lang unterstützt und verteidigt haben. Danke.

Ich bin von Herzen dankbar für meine Frau Aimee und ebenso für unsere drei kleinen Jungen, weil sie mich lieben, ermutigen und mir jeden Tag Lebenssinn schenken.

Ich möchte auch der Gemeinschaft danken, in der ich meinen Glauben lebe und die mich weit über den Rahmen eines Buchs hinaus begleitet: der Hausgemeinde, der Abbey, dem Sabbatessen-Kreis und den Männern, die am Freitagmorgen zusammenkommen.

Was den eigentlichen Prozess des Schreibens betrifft, danke ich vor allem Dan Elliot, der als Erster in mir den Gedanken weckte, mit dem Schreiben anzufangen, und Donald Miller, der darauf vertraute, dass etwas von mir veröffentlicht werden könnte. Ich danke David Sanford und Matt Baugher, die dieses Buchprojekt angestoßen haben. Und ich möchte etwa drei Dutzend Menschen danken, die mir während der Abfassung des Manuskripts kreative und handwerkliche Ratschläge gaben.

Wenn man so ein Leben wie ich führt, gibt es nichts Wertvolleres als Menschen, die einen in guten wie in schlechten Zeiten unterstützen und an einen glauben. In meiner Lebensgeschichte gibt es solche Menschen. Stellvertretend möchte ich an dieser Stelle Don und Kathryn Mansfield meinen Dank aussprechen. Über die einundzwanzig Jahre, von denen dieses Buch handelt, haben sie mich verteidigt und mein Versagen mitgetragen, und dafür werde ich immer dankbar sein.

Über den Verfasser

Tony Kriz erwarb den Doktorgrad im Bereich *Spiritual Formation* (»Geistliches Wachstum«). Durch die Massenmedien und soziale Netzwerke, an Universitäten, auf Konferenzen und in Gemeinden bringt er seinen Zuhörern Fragen des Glaubens und der Kultur nahe.

Tony arbeitete mit einer Reihe von internationalen Organisationen zusammen und verbrachte mehrere Jahre in Osteuropa, wo er unter Muslimen in Albanien und im vom Krieg gezeichneten Jugoslawien arbeitete.

Viele Menschen lernten Tony unter seinem Spitznamen »*Tony the Beatpoet*« kennen. Eine Zeit lang lebte er mit Studenten des linksliberalen Reed College in Portland zusammen. Einige seiner Erlebnisse dort wurden in dem Bestseller *Blue Like Jazz* von Donald Miller geschildert.

Heute setzt Tony seinen geistlichen Weg mit einer multiethnischen Gemeinschaft fort – in einem der kulturell vielfältigsten Viertel von Portland. Er setzt sich für lebensverändernde Mission im städtischen Umfeld ein. So unterstützt er das *Parish-Collective*-Netzwerk, möchte das Evangelium ganzheitlich leben und berät Gemeindegründer aus unterschiedlichen Traditionen.

Tony lebt mit seiner Frau Aimee und ihren drei Söhnen (Malachi, Hudson und Tristan) in einer freien Glaubensgemeinschaft. Gemeinsam gründeten sie verschiedene geistliche Gemeinschaften, die unter den desillusionierten, künstlerischen und postchristlichen Kulturen im östlichen Portland wirken.

Weitere englischsprachige Informationen findet man unter www.tonykriz.com.

River Jordan

Was ich erlebte, als ich anfing, für fremde Menschen zu beten

Klappenbroschur, 13,5 x 20,5 cm, 288 Seiten
Nr. 395.478,
ISBN 978-3-7751-5478-9

River Jordan betet jeden Tag für einen fremden Menschen, der ihr irgendwo begegnet. Wenn sie auf sie zugeht, erlebt sie oft erstaunliche und berührende Momente. Die vielen kurzen Erlebnisse zeigen eindrücklich die Bedeutung von Begegnung, Anteilnahme und Gebet.

Mike Yaconelli, Anja Schäfer

Gott liebt Chaoten

Warum wir nicht ständig besser werden müssen

Paperback, 13,5 x 20,5 cm, 144 Seiten
Nr. 226.556,
ISBN 978-3-4172-6556-9

Mike Yaconelli räumt mit der Vorstellung auf, dass die persönliche Beziehung zu Gott sich sortieren lässt wie ein Bücherregal. Das Chaos im Leben als Christ ist etwas ganz Normales. Allerdings ist es schwierig, sich damit abzufinden. Und hier hilft dieses Buch mit vielen Beispielen.

Bitte fragen Sie in Ihrer Buchhandlung nach diesen Büchern!
Oder schreiben Sie an: SCM Hänssler, D-71087 Holzgerlingen;
E-Mail: info@scm-haenssler.de; Internet: www.scm-haenssler.de